KNAUR

Über den Autor:
Laurence Anholt hat in seiner 30-jährigen Karriere als Schriftsteller und Illustrator schon mehr als 200 Bücher veröffentlicht. Er stammt aus einer niederländischen Familie mit persischen Wurzeln und hat in London bildende Kunst studiert. Heute lebt er mit seiner Frau Catherine in Südengland in einem Öko-Cottage am Meer und interessiert sich vor allem für Bücher, Bienen und Buddhismus.

LAURENCE ANHOLT

DER ACHTSAME MR. CAINE und der Mittwinter-Mord

KRIMINALROMAN

Aus dem Englischen von
Kristina Lake-Zapp

KNAUR

Die englische Originalausgabe erschien 2021 unter dem Titel
»Solstice of Death« bei Constable / Little, Brown; London.

Besuchen Sie uns im Internet:
www.knaur.de

Aus Verantwortung für die Umwelt hat sich die Verlagsgruppe Droemer Knaur zu einer nachhaltigen Buchproduktion verpflichtet. Der bewusste Umgang mit unseren Ressourcen, der Schutz unseres Klimas und der Natur gehören zu unseren obersten Unternehmenszielen. Gemeinsam mit unseren Partnern und Lieferanten setzen wir uns für eine klimaneutrale Buchproduktion ein, die den Erwerb von Klimazertifikaten zur Kompensation des CO_2-Ausstoßes einschließt. Weitere Informationen finden Sie unter: www.klimaneutralerverlag.de

FSC www.fsc.org MIX Papier aus verantwortungsvollen Quellen FSC® C014496

Deutsche Erstausgabe Oktober 2022
Knaur Taschenbuch

Redaktion: Gisela Klemt
Covergestaltung: Alexandra Dohse / grafikkiosk.de
Coverabbildung: Collage von Alexandra Dohse unter Verwendung von Motiven von Alexandra Dohse und Shutterstock.com
Satz: Daniela Schulz, Gilching
Druck und Bindung: GGP Media GmbH, Pößneck
ISBN 978-3-426-52932-4

2 4 5 3 1

Mit Liebe für Claire,
mein Mittwinter-Mondkind

Kapitel eins

TÖDLICHER TAGESANBRUCH

Schnee.
Schnee fiel.

Schnee fiel sanft vom Himmel auf die Salisbury Plain.

Zuerst bildete er eine feine Puderschicht auf dem gefrorenen Gras, dann wirbelten die Schneeflocken wie Asche durch die Luft. Während der Nacht war ein heftiger Schneesturm von Osten über die Hochebene hereingebrochen, der die Schafe dazu trieb, an Böschungen und Hecken Schutz zu suchen.

Es war Wintersonnenwende – die kurze Zeitspanne, in der die Erde aus ihrer Umlaufbahn zu geraten scheint. In der die Dunkelheit mit dem Licht ringt. In der unsere Vorfahren zusammenkamen, um sich ihr heidnisches Gebräu einzuverleiben. Eine Zeit des Opferns und Sterbens.

Nachdem der Schneesturm vorbeigezogen war, blieb nur noch der Wind. Nur der heulende Wind und die Krähen, wie zerlumpte Hexen über einer Welt kreisend, die so weiß war wie die leeren Blätter einer ungeschriebenen Geschichte.

In dem austerngrauen Licht vor Tagesanbruch setzte sich eine Prozession vom Besucherzentrum in Stonehenge in Richtung Steinkreis in Bewegung. Über zweitausend Menschen, geduckt gegen den beißenden Wind, angeführt von skandierenden Druiden und allerlei New-Age-Spinnern. Ihnen folgten Touristen in leuchtenden Wetterjacken, Fotografen und neonbekleidete

Mitarbeiter von English Heritage, dem ehemaligen Amt für Denkmal- und Naturpflege, heute eine Organisation, die sich der Verwaltung und Pflege in Staatsbesitz befindlicher Denkmäler und archäologischer Stätten widmet.

Inmitten des Gedränges befand sich ein neunzehnjähriges Mädchen namens Jojo Bloom, das in einem mit Kondenswasser beschlagenen Taxi vom Bahnhof Salisbury eingetroffen war, bekleidet mit einer silbernen Pufferjacke, die taillenlangen Zöpfe unter der pelzverbrämten Kapuze versteckt. Jojo war hier, um eine mystische Erfahrung zu machen, doch was sie nicht wusste, war, dass die Wintersonnenwende ihr Leben für immer verändern sollte.

Die vielfüßige Menge mit ihren Gewändern, Geweihen und Folklorekostümen schlängelte sich durch die Sicherheitsabsperrungen und wurde von gutmütigem Wachpersonal mit Sturmhauben nach Flaschen, Messern oder Sprühfarbe abgetastet. Man rechnete nicht mit Unannehmlichkeiten, und es wurde auch lediglich ein Mann mit einem Pferdekopf und einer Tasche voll Ecstasy aus dem Verkehr gezogen.

Als sich die Prozession dem Tempel ohne Dach näherte, war die Luft erfüllt von dem *Kra! Kraa! Kraaa!* der knopfäugigen Wächter – den Rabenvögeln, Krähen, Dohlen und Raben, die seit Jahrhunderten ihre windzerzausten Nester in die Lücken zwischen den aufrecht stehenden Tragsteinen und den horizontalen Decksteinen des monumentalen Bauwerks quetschten.

Die Versuchung, ins Innere des Steinkreises zu drängen, war groß, doch ein Gefühl der Ehrfurcht hielt die Besucher davon ab. Langsam bildeten sie einen Gürtel rund um die Steine und starrten auf die jungfräuliche Schneedecke am Boden, hie und da aufgewühlt von an den Dreizack des Teufels erinnernden Vogelspuren.

Als die letzten Nachzügler eingetrudelt waren, hob der Oberdruide eine Hand, die rot war vor Kälte. Er hatte einen ausladenden Schmerbauch und einen Bart, der Ähnlichkeit mit einer Kumuluswolke aufwies. Ein Feuer speiender Drache prangte auf seinem weißen Gewand. Der Mann war von Beruf Imker. Jetzt hielt er einen Stechpalmenzweig in die Höhe, übervoll mit roten Beeren, und rief mit dröhnender Stimme: »Nach der Dunkelheit der längsten Nacht nehmen wir Abschied vom Ilexkönig!« Sein Atem bildete in der eisigen Luft eine Wolke, weiß wie sein Bart.

Der Zweig ging über in die greifenden Finger seiner Gefährtin zur Linken – einer Teilzeithexe aus Aylesbury –, dann wanderte er weiter von Hand zu Hand, vorbei an den Blausteinen, vorbei an den Sarsentrilithen, vorbei am Schlachtstein und dem Altarstein, bevor er endlich zu dem fettleibigen Druiden zurückkehrte.

Alle Augen waren auf den weiß gewandeten Mann gerichtet, der nun den Ilexzweig in einen Kessel zu seinen Füßen warf und sich bückte, um einen Eichenzweig aufzuheben.

»Der Eichenkönig des Lichts ist wiedergeboren«, übertönte er mit donnernder Stimme den heulenden Wind. »Aufs Neue herrschen unser Gott und unsere Göttin gemeinsam. Das Licht kehrt zurück in unser Land … SEIET GESEGNET!«

»SEIET GESEGNET!«, echoten die Anhänger.

In der Menge konnte Jojo Bloom ihre Begeisterung kaum zügeln, denn der Druide hatte die Zeremonie perfekt getimt. Exakt um acht Uhr neun erschien am Osthimmel der oberste Teil der Sonnenscheibe. Viertausend Hände wurden verschränkt. Und dann fiel zu ihrer aller Verblüffung ein Laserstrahl aus Sonnenlicht wie eine Schwertklinge durch den steinernen Korridor.

Es ertönten Ah- und Oh-Rufe, gefolgt von Jubel, Jauchzen und Freudengeschrei – ein Moment, der von Tausenden iPhones festgehalten wurde.

So oft war der Tagesanbruch von einer Wolkenbank verschleiert worden, doch heute war die Sonne unverstellt flammend rot in ihrer vollen Pracht zu bewundern.

Nun rückte die blinzelnde Menge vor in die Umarmung des Monuments, frohlockend vor Freude über die Nähe zu den heiligen Steinen, die Hände ausgestreckt, um die rauen Flechtenoberflächen der Sarsensteine zu streicheln und zu liebkosen.

Manche küssten die Steine. Andere meditierten. Joints wurden angezündet, Hörner voll Met herumgereicht. Flötenklänge ertönten und vermischten sich mit Gitarrenrhythmen zu einer wilden, misstönenden Kakofonie. Im Herzen des dachlosen Tempels schlug eine sich wild gebärdende Frau mit hennabemalten Händen eine Stammestrommel.

Unter einem mächtigen Trilithen öffnete Jojo Bloom ihre federgeschmückten Zöpfe, schüttelte die Haare aus und tanzte einen ungestümen Tanz für die neu anbrechende Zeit, wurde eins mit der Wintersonnenwende und den Steinen. Ihr Körper zuckte. Ihre Augen waren geschlossen. Ihre Finger zeichneten animalistische Formen in den sonnenglitzernden Morgen.

Die Polizisten bei den mobilen Toilettenhäuschen entspannten sich; Sanitäter tranken Tee aus den mitgebrachten Thermoskannen; Wachleute streichelten ihre Hunde. Wieder einmal schien es so, als wären die Götter den hilflosen Sterblichen wohlgesinnt.

Zuerst ignorierte Jojo Bloom den warmen Tropfen, der auf ihrer Wange landete. Als ein weiterer folgte, nahm sie an, es handele sich um geschmolzenen Schnee. Doch als er bis zu ihrer Lippe rollte und sie ihn mit der Zunge ableckte, schmeckte sie etwas Süßes, Metallisches. Sie öffnete die Augen und fuhr sich mit der Hand über die Wange. Als sie sie zurückzog, bemerkte sie Blut auf ihren Fingerspitzen. Sie verspürte einen Anflug von Panik. Hatte sie sich im Gesicht geschnitten, und wenn ja, wie?

Sie starrte zu dem Deckstein über ihrem Kopf hinauf und sah eine Hand aus dem daraufliegenden Schneeberg baumeln. Eine Hand, wie sie noch nie eine gesehen hatte.

Um Jojo herum bildete sich eine Menschenmenge, die sich voller Ehrfurcht aneinanderklammerte. Die Hand war groß. Die Hand war grün. Blut tropfte von der Hand, rote Kugeln, wie Ilexbeeren.

Jojo schrie.

Kapitel zwei

EIN RICHTIGER STONEHEAD

Detective Inspector Shantala Joyce balancierte auf einem Stuhl, den sie im Polizeipräsidium von Yeovil auf eine Schreibtischplatte gestellt hatte. Sie zielte sorgfältig und wollte gerade abdrücken, als ihr Handy klingelte.

»Verflucht noch mal, Benno, ich hoffe, es ist wichtig«, schimpfte sie, als sie den Anruf entgegennahm.

Sergeant Bennetts Baritonstimme klang angespannt.

»Viel zu tun, Chefin?«

»Ich hänge buchstäblich in der Luft, Benno.«

»Nun, das hier wird dich auf den Boden zurückholen. Ist ein ziemlicher Schocker.«

»Gib mir einen kurzen Augenblick, okay?« Wieder zielte sie sorgfältig und tackerte die weihnachtliche Papiergirlande mit einer Heftklammer an den Styropordeckenplatten fest. Zufrieden begutachtete sie ihr Werk, dann kletterte sie vorsichtig vom Schreibtisch. »Schieß los, Benno.«

»Also gut. Du weißt doch, wo ich wohne, oder? Am Stadtrand von Salisbury, nicht weit von Stonehenge entfernt.«

»Ja, Benno, das weiß ich. Sicherlich ist es dort ganz entzückend. Du und deine Frau, ihr könnt euch glücklich schätzen.«

»Es ist etwas passiert bei den Steinen«, sagte er. »Ziemlich bizarr, wenn du mich fragst.«

Shanti nahm ihren Kaffee von dem bambusfarbenen Aktenschrank und stellte das Handy auf Lautsprecher.

»Was ist das für ein Geheule, Benno? Ich kann dich kaum verstehen.«

»Das ist der Wind, Chefin.«

Obwohl die Büros hinlänglich beheizt waren, fühlte Shanti, wie sie innerlich fröstelte. »Stonehenge ist aber nicht unser Zuständigkeitsbereich, oder?«, fragte sie hoffnungsvoll.

»Nicht unbedingt. Aber das Präsidium in Wiltshire hat explizit dich und DI Vince Caine angefragt. Sie haben schon wieder diese Formulierung verwendet – die, die du so hasst.«

Shanti seufzte. »Welche Formulierung?«

»Seit ihr den Havfruen-Fall geknackt und dann auch noch den Mord an Ethan Flynn aufgeklärt habt, hat sich die Bezeichnung ›Team für die abgefahrenste Scheiße in ganz Südwestengland‹ etabliert.«

Der Kaffee unten in der Tasse war pulverig und vermischt mit dem nicht ganz aufgelösten Zucker. Bitter und süß zugleich. Der anerkennenden Formulierung nicht unähnlich.

»Ich bin zutiefst gerührt, Benno, aber leider müssen sie sich jemand anderen suchen – vorzugsweise keine alleinerziehende Mutter, schon gar nicht in der Woche vor Weihnachten.«

»Das verstehe ich, Chefin. Allerdings mache ich diesen Job nun schon mein Leben lang, genau wie mein Vater und vor ihm mein Großvater, und so ein Fall ist mir noch nie untergekommen. Ich bin jetzt vor Ort, und ich sage dir, da ist etwas absolut Unheimliches im Gange. Du und Vince, ihr seid die Einzigen, die dafür infrage kommen.«

Sie sah sich im Büro um. Lamettafäden hingen einsam und verlassen über Trennwänden und Monitoren. An der Pinnwand prangte eine Handvoll Weihnachtskarten aus den örtlichen Geschäften. Aus dem Aufenthaltsraum drang das dröhnende Gelächter von Dunster und Spalding, die sich anscheinend in einer Art manisch-demobilisierter Stimmung befanden, wie sie in der

Weihnachtszeit häufig vorkam. Shanti seufzte. Sogar die unregelmäßig blinkenden Lichter des Weihnachtsbaums schienen nur dazu da zu sein, ihr auf die Nerven zu gehen.

Noch während sie all das in sich aufnahm, löste sich die gut zwanzig Meter lange Papiergirlande von der Decke, segelte majestätisch durch die Luft und landete auf den Teppichfliesen.

»Ich glaube kaum, dass du Caine dazu bringen kannst, seine Winterklausur zu unterbrechen. Er feiert Weihnachten nicht. Hast du vergessen, dass er Buddhist ist?«

»Ich denke, da irrst du dich«, widersprach Benno.

»Wieso? Ist er konvertiert?«

»Ich will damit sagen, dass er bereits im Taxi sitzt. Er müsste in ungefähr zehn Minuten bei dir sein.«

»Warte. Wie bitte? Wie konntest du Kontakt mit ihm aufnehmen? Rund um Caines Hütte gibt es keinen Empfang. Ihm gefällt das so.«

»Ich hatte Glück. Er war auf dem Weg nach Lyme, genau wie ich, um Vorräte einzukaufen. Ich habe ihn am Straßenrand aufgelesen und ins Bild gesetzt. Es hat mich genauso überrascht wie dich, aber er war total aus dem Häuschen, als ich ihm die Details erzählte. Er wollte sich gleich ein Taxi nach Yeovil ins Präsidium nehmen. Anscheinend ist Vince ein richtiger ›Stonehead‹.«

»Ein ›Stonehead‹?«, fragte Shanti verständnislos.

»So nennt man diejenigen, die verrückt sind nach den alten Steinen – glühende Stonehenge-Fans sozusagen.«

»Klar ist er verrückt danach«, sagte Shanti. Vor ihr inneres Auge trat das Bild ihres langhaarigen Kollegen – in voller Druidenmontur und mit weit ausgebreiteten Armen. »Dann weihe mich halt ebenfalls in die Details ein, aber ich mache keine Versprechungen.«

»Also gut. Du weißt, was für ein Tag heute ist?«

»In der Tat. Heute ist Dienstag, der einundzwanzigste Dezember. Der Tag der Weihnachtsfeier. Und aus traditionellen und zutiefst sexistischen Gründen bleiben die Vorbereitungen dafür an der einzigen verfügbaren Frau hängen. In diesem Fall an mir, Benno.«

»Ehrlich, Chefin, ich hatte wirklich die Absicht …«

»Letztes Jahr – mein erstes Weihnachten an diesem trostlosen Ort – habe ich dem gesamten Team Wichtelgeschenke gekauft und zum Teil sogar selbst gebastelt. Siebenundzwanzig Personen. Und rate mal, was ich im Gegenzug bekommen habe?«

»Deodorant, Chefin. Das hast du mir erzählt.«

»Hübsch eingepackt, das muss ich zugeben. Aber tatsächlich ein Deo. Ein Herrendeo, wohlgemerkt. Damit kann ich so richtig was anfangen. Ich nehme es überall mit hin, und siehe da: Es wirkt wahre Wunder …«

»Bei allem Respekt, aber das hier ist doch um einiges wichtiger als die Weihnachtsfeier im Präsidium. Heute ist Wintersonnenwende, allgemein bekannt als Weihnachtscountdown oder Julfest. Und trotz der Wetterbedingungen versammelten sich wie jedes Jahr zahlreiche Menschen, um die Feierlichkeiten zu begehen. Um acht Uhr dreiundzwanzig, kurz nach Tagesanbruch, tanzte eine junge Dame namens Jojo Bloom unter einem der Trilithen …«

»Was ist denn ein Trilli…?«

»Eine Art Durchgang, bestehend aus zwei Tragsteinen und einem Deckstein, wie ein riesiges Krocket-Tor. Ein Tropfen Blut ist ihr ins Gesicht gefallen. Als sie aufschaute, entdeckte sie eine Hand – eine riesige grüne Hand, die mehrere Meter über dem Boden baumelte. Ich betrachte sie gerade – und ich kann den Umriss eines gewaltigen Mannes ausmachen, der unter einem Haufen Schnee auf dem Deckstein liegt. Richtig sehen tut man aber nur die Hand, die im Wind hin und her schwingt.«

»Und warum ist die Hand grün?«, wollte Shanti wissen.

»Könnte ein Heide sein. Du wirst schon sehen, davon gibt es hier jede Menge: Druiden, Schamanen … Während wir sprechen, nehmen sich die Kollegen vom Präsidium in Wiltshire gerade einen Herrn mit Pferdekopf vor.«

»Moment mal … willst du damit sagen, dass außer dem Team noch andere Leute am Tatort sind?«

»Ungefähr zweitausend, grob geschätzt. Normalerweise wären es so um die fünftausend, aber wegen des Wetters sind diesmal weniger gekommen.«

»Ach du liebe Güte! Gibt es einen Ort, an dem wir sie in Ruhe befragen können?«

»English Heritage hat uns das Besucherzentrum zur Verfügung gestellt. Es ist ungefähr zwei Meilen von den Steinen entfernt, die Räumlichkeiten werden dir gefallen. Es ist hübsch und warm dort, und es gibt eine prima Kantine mit frischem Kaffee und Mince Pies, falls du die magst.«

»Klingt, als hätten wir es mit einem Verbrechen genau nach meinem Geschmack zu tun. Und wir sind sicher, dass er tot ist?«

»Er ist tot, Chefin. Letzte Nacht herrschten Temperaturen um minus neun Grad. Noch rätselhafter als die Steine selbst ist jedoch die Frage, wie zur Hölle er da raufgekommen ist. Ich bin kein abergläubischer Mann, aber der Anblick jagt einem Schauder über den Rücken. Warum ausgerechnet heute?«

»Um diese Jahreszeit schnellt die Anzahl der Verbrechen immer in die Höhe. ›Weihnachtskriminalität‹ nennt man das. Als ich noch in Camden gearbeitet habe, gab es immer irgendeine festliche Messerstecherei oder einen hübsch verpackten Raubüberfall …«

»Ich meine die Wintersonnenwende, Chefin. Hier, bei diesen Steinen, glaubt man …«

»Was?«

»Die Alten glauben, dass aus den Grabhügeln auf der Hochebene Urkräfte aufsteigen.«

»Schön und gut, aber leider sind wir Polizisten, Benno. *Wir* glauben nicht an solchen Unsinn. Ist sonst schon irgendwer vor Ort?«

»Dawn Knightly und ihr SOCO-Team sind gerade eingetroffen. Das Problem ist, dass Dawn niemandem erlaubt, bei diesen Wetterbedingungen auf die Steine zu klettern.«

»Was will sie tun? Bis zum Frühjahr warten?« Wie sollten die Scenes of Crime Officer ihren Job machen, wenn sie keine Spuren sicherstellen konnten?, fragte sich Shanti stirnrunzelnd.

»Sie hat ein Gerüst angefordert, das rund um den Trilithen aufgebaut werden soll. Das Ganze will sie mit einer Zeltplane ummanteln und überdachen lassen, außerdem braucht sie einen Generator und Scheinwerfer. Jetzt gerade sausen Gerüststangen durch die Luft wie in einem Buster-Keaton-Film.«

»Wie schön für Dawn. Es geht doch nichts über Sicherheit und Komfort. Wie lange wird es dauern, bis alles aufgebaut ist?«

»Bis du hier bist, ist das Ganze sicher fertig.«

»Warte, ich habe nicht gesagt …«

Shanti trat an das beschlagene Fenster, wischte mit dem Ärmel eine kreisrunde Fläche frei und blickte hinunter auf die graue Straße, um Ausschau nach einem Taxi zu halten.

»Ich kann dich nicht hören, Chefin.«

»Ich denke nach.«

Worüber sie nachdachte, war Paul. Ihre Liebe zu dem Jungen war eine Art süße Qual, und seit einem Monat versprach sie ihm Tag für Tag, das großartigste aller Weihnachtsfeste mit ihm zu feiern. Einen Mord konnte man aufklären, die Zwickmühle moderner Mutterschaft nicht.

»Ich werde meinen Beliebtheitsgrad auch nicht gerade steigern«, sagte Benno, als hätte er ihre Gedanken gelesen. »Das Timing ist ungünstig, da stimme ich dir zu, aber es sind immerhin noch vier Tage bis Weihnachten. Wenn wir uns jetzt zu Anfang ordentlich ins Zeug legen, können wir die Ermittlungen unter Umständen für kurze Zeit auf Eis legen.«

»Sehr witzig, Benno.«

Drei Stockwerke tiefer hielt ein Taxi am Bordstein an. Shanti beobachtete, wie ein hochgewachsener Mann an der Beifahrerseite ausstieg und dem Fahrer die Hand schüttelte, als wären sie schon ewig befreundet.

Ihr Kollege sah dem davonfahrenden Wagen nach. Was um Himmels willen hatte er da bloß an? Shanti kniff die Augen zusammen. Er trug einen langen, schweren Wintermantel, Handschuhe, Wanderstiefel, einen grauen Schal und eine fellgefütterte Fliegermütze mit riesigen Seitenklappen, die aussahen wie herabhängende Ohren, in den Nachböen des nächtlichen Schneesturms flatternd. Über seine Schulter hatte er einen abgewetzten Leinenbeutel geschlungen.

»Caine ist da«, sagte Shanti ins Handy. »Wir sind in einer Stunde bei dir.«

»Das weiß ich zu schätzen, Chefin.«

»Du weißt, was du unterdessen zu tun hast: Lass das Gelände absperren und stell Posten auf. Ich möchte die Kontaktdaten von jedem Mann, jeder Frau und jedem Kind haben, und wenn irgendjemand etwas gesehen hat, und sei es auch nur eine Schneeballschlacht, benötigen wir eine detaillierte Aussage. Mit Ausnahme der Spurensicherung darf sich keine Menschenseele dem seltsamen grünen Riesen nähern.«

»Verstanden. Ach, übrigens …«

»Ja, Benno?«

»Du solltest dich warm anziehen. Mütze, Thermounterwäsche, das volle Programm.«

»O Gott, ist es so kalt?«

»Kalt wie ein Pinguinpenis, Chefin.«

Sie wusste, dass er nicht reinkommen würde – die beigefarbenen Flure und Räume waren für einen Mann wie Caine ein Gräuel. Sie wusste, dass er geduldig auf den Stufen vor dem Polizeipräsidium warten würde, so fehl am Platz wie ein Polarfuchs aus den Wäldern, der sich zwischen die Betonbauten von Yeovil verirrt hatte.

Vielleicht spürte er, dass sie ihn beobachtete, denn er schaute hinauf und hob grüßend die Hand. Sogar von hier oben konnte sie das betörende Lächeln auf seinem olivfarbenen Gesicht erkennen.

Shanti wandte sich ab und fing an, ein paar grundlegende Dinge in ihre Tasche zu stopfen: Taschenlampe, Pfefferspray, Handschellen, Schokolade. Als sie damit fertig war, nahm sie ihre Lederjacke und eilte in den Aufenthaltsraum, in dem ein halbes Dutzend uniformierte Kollegen saßen und einander schmutzige Witze erzählten.

»Tut mir leid, wenn ich euch den Spaß verderbe, aber die Party ist vorbei.«

»Ach, Chefin!«

»Mutmaßlicher Mord in Stonehenge. Ich fahre mit DI Caine zum Tatort.«

»Sie werden doch nicht etwa die Weihnachtsfeier absagen?«

»Vielleicht. Wahrscheinlich. Mal sehen, wie's läuft. Ihr müsst hier die Stellung halten. Bleiben Sie nüchtern, Spalding.«

»Warum ich, Chefin?«

»Weil Sie derjenige sind, der jetzt schon mindestens eine Flasche Skol intus hat.«

Kapitel drei

DER KARMA-COP

Mit quietschenden Reifen setzte Shanti rückwärts aus der Parklücke und lenkte den Saab über den vereisten Parkplatz auf die Straße.

»Wie geht es Ihnen, Shanti?«, fragte Caine und ordnete das Durcheinander aus Spielsachen, Akten, Büchern und Einwickelpapieren zu seinen Füßen. »Sie sehen …«, er betrachtete sie mit sanftem Blick, »… glänzend aus.«

Der Mann verströmte einen ganz speziellen Duft – etwas, was man nicht in den Läden kaufen konnte. Nach Kiefern. Weihrauch. Erde.

Trotzdem würde sie sich nicht darauf einlassen. Sie hatte einen Job zu erledigen und zu Hause einen Sohn, der sie brauchte. Gefühle waren da gänzlich überflüssig. Die Tatsache, dass Caine mit diesem Zen-artigen Lächeln und einem Dreitagebart auf den markanten Wangenknochen von der Undercliff aufgetaucht war und mehr als einmal ihr Herz berührt hatte, spielte keine Rolle.

Als sie zu sprechen begann, erinnerten ihre Worte an die Heftklammern aus dem Tacker, mit dem sie im Büro die Papiergirlande an die Decke geschossen hatte.

»Also. Schnellste Route nach Stonehenge. Caine? Benno sagt, die meisten Nebenstraßen sind unpassierbar.«

»Nehmen Sie die A359 nach Sparkford«, erwiderte er, als würde er ein Gedicht rezitieren. »Dann fahren Sie nach Osten auf die A303 Richtung Andover. Das sind maximal fünfundvierzig Minuten.«

Obwohl es noch nicht einmal neun Uhr dreißig war, wimmelte es auf den Gehsteigen von Einkaufslustigen – normale Familien, die normale Dinge taten. Ein Wald aus eingenetzten Weihnachtsbäumen sorgte dafür, dass Shanti sich noch schlechter fühlte.

»Sie können sie jetzt absetzen«, sagte sie.

»Was denn, Shanti?«

»Die Mütze, Caine. Ich komme mir vor wie in einer Beatrix-Potter-Geschichte.«

Als er die Fliegermütze absetzte und seine Haare ausschüttelte, wurde der Wagen erfüllt von dem flüchtigen Duft seines Zedernholzshampoos.

Caine wollte einfach nicht begreifen, dass ein Tatort ein Kriegsgebiet war und dass sie in diesem Moment ihre Rüstung anlegte. Emotionen ausschalten. Verstand einschalten. Dieser Karma-Cop war viel zu soft.

»Raus mit der Sprache«, sagte sie. »Warum waren Sie so versessen darauf, mit an Bord zu kommen? In meinem gesamten Berufsleben bin ich nie einem zögerlicheren Polizisten begegnet, und jetzt erzählt mir Benno, dass Sie sich förmlich ins Taxi gestürzt haben.«

Sie musste ihm nicht das Gesicht zuwenden, um sich das gütige Lächeln vorzustellen, die dunklen Augen, tief und unergründlich wie zwei Ölquellen.

»Ich gebe zu, er hat mich neugierig gemacht. Ein Leichnam auf dem Deckstein eines Trilithen in Stonehenge. In der Nacht der Wintersonnenwende. Wie um alles in der Welt befördert man eine Leiche sieben Meter hoch in die Luft?«

»Ich denke, die Frage kann ich Ihnen beantworten. Mit einer Hebebühne oder einem Gabelstapler.«

»Das ist durchaus möglich, allerdings hätte man in dem Fall

Spuren im Schnee finden müssen. Ich gehe davon aus, dass das Ganze weitaus mysteriöser ist.«

»Sie können mir nichts vormachen. Ich kenne Ihr wahres Motiv …«

»Tatsächlich?«

»Geben Sie es zu: Diese Winterklausurgeschichte ist doch ein bisschen traurig, oder? Mutterseelenallein in einer Hütte im Wald zu hocken, während der Rest der Welt feiert.«

»Meditation ist weder fröhlich noch traurig, Shanti.«

»Wie Sie, Caine. Sie sind auch weder fröhlich noch traurig. Nur nervig.«

Die Stadt war voller, als sie erwartet hatte. Kurz überlegte sie, ob sie das Blaulicht einschalten sollte, aber das war bei diesen Straßenverhältnissen riskant. Man musste nur auf eine vereiste Stelle geraten, und schon würden die Fußgänger umkippen wie Schokoweihnachtsmänner.

»Aber Sie haben recht«, sagte Caine. »Es gibt noch einen anderen Grund – ich arbeite gern mit Ihnen zusammen. Das wissen Sie doch, oder?«

»Klar. Wir können dieses Thema in aller Kürze abhandeln: Ich bin mir sicher, Sie erinnern sich an die Regeln, die schrecklich einfach sind. Stellen Sie sich eine Trennlinie zwischen Pflicht und Vergnügen vor …« Ihre Finger strichen über die Handbremse zwischen ihnen, als stünde sie stellvertretend für besagte Trennlinie. »Auf der einen Seite ist der Job, den es zu erledigen gilt – der heroische Kampf für die Gerechtigkeit. Auf der anderen Seite ist … hm … anderes Zeugs, das hier nichts zur Sache tut.«

Sie überfuhr die rote Ampel auf der Spitze des Hügels und bog scharf nach rechts auf die A359 ein, die übersät war mit schmutzigen Schneewehen. Hier draußen war gestreut worden, und Shanti fing an, sich an den langsameren Fahrzeugen vorbeizuschlängeln, was ihr wiederholtes Hupen sowie zornige Beschimpfungen der anderen Fahrer einbrachte.

»Sie fahren sehr schnell, Shanti.«

»Ich bin hervorragend dafür ausgebildet, Caine. Wenn ich mich richtig erinnere, bin ich beim Fahrsicherheitstraining für Fortgeschrittene ›Fahrerin des Jahres‹ geworden. Ich nehme an, Sie hingegen haben die Fahrradprüfung bestanden?«

»Sie sind eine brillante Fahrerin, und mir ist bewusst, wie kostbar die Zeit ist … die Goldene Stunde und all das, aber ohne zu sehr ins Detail gehen zu wollen: Bei den Steinen ist alles gefroren, wir haben daher vermutlich etwas mehr Zeit als sonst.«

»Bleiben Sie einfach still sitzen wie ein braver Junge und überlassen Sie das Fahren mir.«

Sie hatte die Heizung aufgedreht, und Caine schnallte sich ab und fing an, sich aus seinem dicken Mantel zu schälen. Als er es geschafft hatte, drehte er sich nach hinten und legte ihn ordentlich gefaltet zusammen mit seinem Schal und der Mütze auf den Rücksitz. Shanti beging den klassischen Fehler, auf die Stelle zwischen Hemd und Jeans zu blicken, die dabei sichtbar wurde. Klar, dass seine Ernährung während der Klausur unzureichend war. Aus irgendeinem Grund schoss ihr das Wort »Waschbrett« durch den Kopf.

Caine schnallte sich wieder an und betrachtete die Landschaft, wo sich verschneite Felder wie frisch gewaschene Bettdecken bis zum Horizont erstreckten.

»Sehen Sie sich das an, Shanti – das Mittwinterlicht. Ist das nicht außergewöhnlich? Sie hätten heute Morgen die Undercliff sehen sollen, es war, als befände man sich in einer anderen Welt.«

Das stimmte. Von der weißen Puderzuckerlandschaft ging eine Leuchtkraft aus, die so intensiv war, dass man davon Kopfschmerzen bekam.

»Erzählen Sie mir von Stonehenge«, bat sie ihn. »Benno meint, Sie seien ein echter Kenner.«

»Das würde ich nicht behaupten, aber als Teenager war ich ziemlich fasziniert davon …«

»Hing in Ihrem Zimmer etwa ein Poster des Bauwerks an der Wand?«

»Nun, ich … Woher wissen Sie das?«

Sie hasste den Sarkasmus in ihrer Stimme, daher sagte sie schlicht: »War nur so eine Vermutung.«

»Möchten Sie wissen, woher mein Interesse damals rührte?«

»Ich nehme an, ich werde es gleich erfahren.«

Er sah sie begeistert von der Seite an. »Erinnern Sie sich an *Unsere Nachbarn aus der Jungsteinzeit?*«

»Das müssen Sie mir näher erklären.«

»Als Teenager habe ich *Unsere Nachbarn aus der Jungsteinzeit* geliebt – eine großartige Fernsehsendung. Sie müssen doch noch die Titelmelodie im Kopf haben …« Er summte ein seltsames Klagelied, bis Shanti ihm einen scharfen Blick zuwarf. »Die Sendung lief etwa zehn Jahre«, fuhr er fort. »Ich weiß noch genau, wie enttäuscht ich war, als sie abgesetzt wurde. Als hätte man mir etwas sehr Kostbares genommen. Nun ja, im Wesentlichen ging es darum, dass eine Gruppe experimenteller Archäologen in einer Stammesgemeinschaft in der Nähe von Stonehenge zusammenlebte, drei oder vier Familien mit Kindern in meinem Alter. Die Gemeinschaft baute Rundhütten und kleidete sich in Häute und Felle, genau wie unsere Vorfahren. Jede Woche erwarb man eine neue Fähigkeit – Nahrungssuche, Körperkunst oder die Bearbeitung von Feuersteinen.«

»Unverzichtbar in Camden Town.«

»Wissen Sie was, Shanti? Ich habe meine *Unsere Nachbarn aus der Jungsteinzeit*-Bücher noch immer, und – bitte behalten Sie das für sich – ich habe vor, eins davon Paul zu Weihnachten zu schenken.«

Herrje! Warum musste er das tun? Eine Erinnerung kam in ihr

hoch: Paul, der Caine über den Küstenpfad folgte, umgeben von Sonnenschein und Glück. Die beiden suchten nach Wildspuren, sammelten Feuerholz, spitzten Stöcke an … Der Junge vergötterte Caine.

»Beschränken Sie sich auf die Fakten, bitte«, sagte sie kurz angebunden. »Nur das Notwendigste.«

»Also gut: Stonehenge ist ein komplexer Kreis aus aufrecht stehenden Steinen, der mittlerweile zum Weltkulturerbe zählt, erbaut etwa dreitausend Jahre vor Christus. Was mich als Jugendlicher echt umgehauen hat, war, dass diese gigantischen Steine von weit her herbeigeschafft wurden – manche kommen aus den Preseli-Bergen in Wales.«

»Aha, ein Ring aus alten Steinen, die von woanders auf die Hochebene gebracht wurden.«

»Magische Steine, Shanti.«

»Andere Wortwahl, Caine.«

»Dann eben äußerst mysteriöse Steine. Das spürt man innerlich.«

»Wie Periodenschmerzen.«

Wieder das gütige Lächeln.

Er griff in den Fußraum und sammelte ein paar Legos auf. »Vielleicht liegt es daran, dass die Technologie so anachronistisch erscheint«, sagte er. »Es ist einfach unglaublich, dass die Trilithen zusammengesteckt sind wie riesige Legosteine. Man findet daran Zapfenverbindungen wie die eines Zimmermanns. Außergewöhnlich raffiniert.«

»Ich nehme an, die Menschen damals hatten nicht viel anderes zu tun.«

»Aber es handelt sich um die Steinzeit, Shanti! Mehr als Geweihe und Feuersteine hatten sie nicht zur Verfügung, und Blaustein ist härter als Granit. Das gibt einem so viele Rätsel auf …«

»Wenn Sie jetzt das Wort ›UFO‹ aussprechen, springe ich aus dem Wagen.«

Er legte die Legosteine ordentlich ins Handschuhfach.

»Warten Sie, bis Sie dort stehen – es ist unmöglich, sich nicht davon in den Bann ziehen zu lassen.«

»Aber wozu dient der Ort, Caine? Ich meine, welche Bedeutung haben die Steine?«

»Das ist ja gerade das Faszinierende – niemand kann das mit Bestimmtheit sagen. Eines allerdings habe ich bei *Unsere Nachbarn aus der Jungsteinzeit* gelernt: Stonehenge war ein Himmelskalender – ein Steinzeitcomputer, könnte man sagen. Und das bedeutendste Ereignis des astronomischen Jahres findet genau jetzt statt … heute.«

»Die Wintersonnenwende ist am kürzesten Tag des Jahres, richtig?«

»Ja. Unsere Hälfte des Planeten erreicht dann die maximale Neigung weg von der Sonne. In Wahrheit geht es jedoch ausschließlich um Sex.«

»Nein, tut es nicht. Ich habe mehrfach im Stau gestanden und auf diese Steine gestarrt, und die sind alles andere als sexy.«

»Da wären unsere Vorfahren anderer Meinung. Sie betrachteten die Wintersonnenwende als einen Moment himmlischer Ekstase, in dem Mutter Erde vom Sonnengott geschwängert wird. Sie findet nämlich exakt neun Monate vor der Ernte statt.«

»Herr im Himmel, gib mir Kraft.«

»Ich nehme an, es schenkte den Menschen in den kargen Monaten einen Funken Hoffnung. Stellen Sie sich das doch nur einmal vor! Es gab ein Festgelage, halluzinogene Tänze und – ich wage es kaum auszusprechen – Menschenopfer.«

»Augenblick mal. Sie wollen doch nicht etwa sagen …«

»Der Leichnam auf den Steinen? Ich habe keine Ahnung. Aber wir werden es herausfinden.«

Shanti überholte einen ausladenden Lkw. Aufspritzender Schneematsch landete auf der Windschutzscheibe, was sie dazu zwang, blind zu fahren, bis die Scheibenwischer ihren Dienst taten.

»Tja, dafür bleiben uns genau drei Tage, Caine – höchstens vier. Ich weiß, dass Ihr Terminkalender ziemlich leer ist, auf mich hingegen warten zu Hause so einige Herausforderungen …«

»Ach, Shanti. Es tut mir leid, das zu hören. Ich weiß, wie schwer es für Sie ist. Möchten Sie darüber reden?«

»Nicht unbedingt, nein«, antwortete sie, aber sie erzählte es ihm trotzdem. »Pauls Dad hat ihn über Weihnachten zu sich einladen wollen, aber er macht das nur, um mir eins auszuwischen. Er bietet Paul alle möglichen Dinge an, bei denen ich nicht mithalten kann. Es tut dem Jungen nicht gut, das ist der Punkt. Wann immer Paul seinen Vater besucht, kommt er völlig durcheinander zurück, und Mum und ich brauchen eine Ewigkeit, um ihn wieder in die Spur zu bringen. Und deshalb … deshalb habe ich ihm ein dämliches Versprechen gegeben, das ich doch niemals halten kann.«

»Was für ein Versprechen?«

»Ach, ich … ich habe ihm das beste Weihnachtsfest aller Zeiten versprochen.«

»Das ist wundervoll. Was für eine fantastische Mutter Sie sind, Shanti.«

»Eine fantastische Mutter? Wollen Sie mich auf den Arm nehmen? Pauls Freundin Sienna ist im Augenblick mit ihrer Mummy und ihrem Daddy unterwegs nach Lappland, um den Weihnachtsmann zu treffen. Sie wollen eine Rentierschlittenfahrt mit Glöckchenklingeln machen. Und wo sind wir, Caine? Wir fahren östlich von Yeovil auf der A303 zu einer Leiche und einem Haufen alter Steine!«

»Aber so ist es nun mal – Pauls Mum ist leitende Ermittlerin in einem wichtigen Fall. Sie ist wie Superwoman. *Sie* sind Pauls Mum, Shanti!«

»Ach, Caine.« Tränen stiegen ihr in die Augen. »Wie schaffen Sie es nur, mich auszuhalten?«

»Ich verrate es Ihnen, Shanti: Das Universum hat uns zusammengewürfelt, weil Sie der einzige Mensch sind, der mir das Gefühl gibt …«

Sie manövrierte um einen Streuwagen und damit ums Thema herum.

»Wir kommen dem Ziel schon näher …«

Halb vergraben in einer tiefen Schneewehe stand ein Schild, auf dem das bekannte Fallgittermotiv von English Heritage abgebildet war.

»Im Taxi habe ich mich an ein Zitat erinnert«, sagte Caine. »Ein kluger Mensch hat einmal gesagt, dass jede Generation das Stonehenge bekommt, das sie verdient.«

»Und welches verdient unsere Generation?«

»Das der Reglementierung, nehme ich an. Man stellt sich für ein Ticket innerhalb eines vorgegebenen Zeitfensters an. Man besteigt den Shuttlebus zum Bauwerk und umrundet es im Uhrzeigersinn hinter einer Absperrung aus Seilen.«

»Benno hat mir erzählt, heute Morgen hätten Menschen zwischen den Steinen getanzt.«

»O ja. Heute ist eine Ausnahme. *Kontrollierter freier Zugang*, so nennt man das. Bei der Frühjahrs-Tagundnachtgleiche, der Sommersonnenwende, der Herbst-Tagundnachtgleiche und heute, bei der Wintersonnenwende, werden die Regeln etwas großzügiger ausgelegt, und die Besucher dürfen das Monument betreten. Ich denke, man verzichtet sogar auf den Eintritt. Vermutlich ist das ein Zeichen der Anerkennung der religiösen Rechte derjenigen, die Stonehenge als heiligen Ort betrachten.«

»Und wer tut das?«

»Wicca-Anhänger. Heiden. Druiden.«

»Druiden gibt es nicht wirklich, oder?«

»Gewiss gibt es sie.«

»Dann existieren womöglich historisch begründete Spannungen zwischen den verschiedenen Gruppen?«

»Das ist korrekt. Die Steine dienten stets als Blitzableiter für widerstreitende Fraktionen – Archäologen, Umweltschützer, Landbesitzer, New-Age-Reisende, das Militär, Politiker, die Tourismusindustrie, Heiden … Nehmen Sie doch nur die jüngste Kontroverse um den Bau des Straßentunnels. Je nachdem, welche Sichtweise man vertritt, ist Stonehenge ein wichtiges spirituelles Zentrum für die Menschen oder ein empfindlicher archäologischer Schatz, der von den Behörden geschützt werden sollte.«

»Ich vertrete Letzteres.«

»Hm. Ich würde sagen, es geht darum, für ein Gleichgewicht zwischen den beiden Standpunkten zu sorgen, auch wenn das sicher eine heikle Angelegenheit ist. Im Allgemeinen jedoch trete ich für Freiheit und elementare Menschenrechte ein.«

»Das liegt daran, dass Sie im Grunde Ihres Herzens ein Anarchist sind. Sie haben den völlig falschen Beruf ergriffen, ist Ihnen das eigentlich bewusst? Man sollte Ihren Berufsberater feuern!«

»Da haben Sie absolut recht, Shanti. Es vergeht kein einziger Tag, an dem ich nicht darüber nachdenke, meine Dienstmarke abzugeben.«

»Ja, ja. Das ist der Moment, in dem Detective Inspector Caine gern ein Kompliment über seine intuitiven Ermittlerfähigkeiten hören möchte …«

»Inuit-Fähigkeiten wären heute sicherlich nützlicher.«

»Zum Glück sind wir da, Sie können also Ihre Fuchsfellmütze wieder aufsetzen, wenn wir uns auf den Weg zu unserem Date mit einem grünen Kadaver machen.«

Kapitel vier

DER MÖRDER IN DER MENGE

Das Besucherzentrum von Stonehenge war ein modernistischer Bau, der sich wie ein Reiher mit ausgebreiteten Flügeln aus Glas und Kastanienholz auf der windgepeitschten Hochebene niedergelassen hatte. Es erinnerte Shanti an einen Flughafen, zumal man das eigentliche prähistorische Monument, das gut zwei Meilen östlich lag, von dort aus nicht sehen konnte.

Als sie sich der Schranke zum Parkplatz näherten, stürmte eine Meute laut rufender, sensationslüsterner Schlagzeilenjäger auf den Wagen zu und drückte auf nahezu beängstigende Weise ihre Kameras gegen die Autofenster.

»Ach du lieber Himmel, wie lange sind die denn schon hier?«, fragte Shanti den bewaffneten Uniformträger, der ihre Dienstausweise kontrollierte.

»Ungefähr vierzig Minuten, Ma'am«, antwortete er durch seine Sturmhaube. »Es werden von Minute zu Minute mehr.«

Zuverlässig wie immer, hatte Benno die letzte freie Parklücke mit einem Verkehrshütchen für sie reserviert. Shanti quetschte sich zwischen zwei Streifenwagen und stellte den Motor ab. Der Parkplatz war komplett belegt, nicht nur mit den Autos, zerbeulten Lieferwagen und Motorrädern der Wintersonnenwendfeier-Teilnehmer, sondern auch mit Einsatz- und Rettungsfahrzeugen, den Vans der SOCO und zwei olivgrünen Militärlastern.

Ein brutaler Wind schlug ihnen entgegen, als sie aus dem Saab stiegen und in den blendend weißen Morgen traten. Shanti schnappte nach Luft und lehnte sich Halt suchend gegen den Wagen, dann klappte sie den Jackenkragen hoch und wankte zum Kofferraum, wo sie Wanderschuhe anzog, einen Schal um den Hals wickelte und anschließend Handschuhe und die mauvefarbene Mütze überstreifte, die ihre Mutter ihr vor vielen Jahren gestrickt hatte. Schon damals waren ihr die beiden Bommel überflüssig erschienen.

»Sagen Sie nichts, Caine«, zischte sie, als sie seinen fragenden Blick bemerkte.

Getragen von einem Wald aus Stahlstreben, schien das gewellte Dach des Besucherzentrums unter seiner Schneelast zu ächzen. Die beiden DIs betraten einen breiten Durchgang, in dem sich eine gespenstische Reihe unbemannter Ticketschalter befand. Weiter vorn öffnete sich der Durchgang zum Busbahnhof, der mit einer glitzernden Eisschicht überzogen war. Zu ihrer Rechten befanden sich das Museum und die »Stonehenge Experience«, wo die Besucher mithilfe von Virtual-Reality-Brillen einen Eindruck von den Steinen aus der Nähe vermittelt bekamen. Zur Linken stand der Glaskubus mit dem Andenkenladen voller Stonehenge-Krimskrams: Geschirrtüchern, Postern des monumentalen Steinkreises und einer Reihe von Stonehenge-Schneekugeln. Warum war sie noch nie mit Paul hier gewesen? Er würde es lieben. Vielleicht verkauften sie im Laden ja auch T-Shirts mit dem Aufdruck *Schlechteste Mutter des Jahres.*

Bennos stämmige Gestalt zeichnete sich hinter der gewaltigen Glasfront des Cafés ab, wo er unerschütterlich Wache stand. Die automatischen Schiebetüren glitten auseinander, und Caine und Shanti betraten das lärmige Innere, das aussah wie ein riesiges Aquarium, gefüllt mit Tausenden exotischer Fische.

Es dauerte eine ganze Minute, bis sie das chaotische Wimmelbild entwirrt hatten – Heiden, Hexen, Ritter, Touristen und schräg gekleidete Scholasten saßen dicht gedrängt an den klobigen Designertischen. Manche schienen unter Schock zu stehen oder an

Unterkühlung zu leiden, andere schluchzten erschüttert und wurden von einem Team von Sanitätern und Kadetten versorgt, die heiße Getränke und Foliendecken brachten. Am gegenüberliegenden Ende des Raumes hockte eine Gruppe Tee trinkender, festlich gewandeter tätowierter Druiden. Der Boden unter ihren Füßen war voller Schneematsch, auf der Tischplatte vor ihnen lagen Motorradhelme.

Benno kam auf Caine und Shanti zu, um sie zu begrüßen, das Gesicht gerötet vor Kälte und Sorge. Aus Gründen, die Shanti nie ganz verstanden hatte, schien der alterfahrene Sergeant Caine zu bewundern – mehr noch: Er verehrte ihn nahezu –, und auch jetzt nickte er dem jüngeren Mann respektvoll zu.

»Danke, dass ihr so schnell gekommen seid«, sagte er.

»Sieht so aus, als wäre uns die Presse zuvorgekommen«, stellte Shanti fest, nahm die Strickmütze ab und stopfte sie in ihre Tasche. »Wie konnte das passieren, Benno?«

»Es wird dir nicht gefallen, Chefin, aber anscheinend befinden sich einige Influencer und Lokalpressefuzzis unter den Besuchern, die die laufenden Ermittlungen mehr oder weniger live streamen. *#stonehenge* kann man bereits auf sämtlichen Plattformen verfolgen.«

»Genau das, was wir brauchen«, murmelte Shanti und schüttelte entsetzt den Kopf.

»Ich nehme an, das ist die perfekte Story für diese Jahreszeit«, mutmaßte Caine.

Shanti ließ den Blick über das Durcheinander schweifen. Hier fehlte definitiv jemand, der entschlossen das Ruder in die Hand nahm. Sie gab sich einen Ruck und schaltete ihren Ermittlerinnenmodus ein. *Leitende* Ermittlerin, wohlgemerkt.

»Okay, Benno, wir sollten alles Menschenmögliche tun, um das Chaos so schnell wie möglich aufzulösen. Ich bin der festen Überzeugung, dass die Leute hier auch gern nach Hause möchten.«

»Wir machen schon Fortschritte«, versicherte er ihnen. »Seht ihr die Frau von der Spurensicherung dort drüben? Sie ist dabei, Beweismittel zu sammeln, und sie hat alles auf Video. Die Kollegen und ich nehmen die Kontaktdaten jedes einzelnen Anwesenden auf und gleichen sie mit den Nummernschildern der Fahrzeuge auf dem Parkplatz ab. Mir entgeht niemand, das könnt ihr mir glauben.«

»Darauf verlassen wir uns voll und ganz«, sagte Caine mit warmer Stimme. »Kennst du als Einheimischer eigentlich irgendwen von diesen Leuten?«

»Ein oder zwei. Den Bikern bin ich schon mal begegnet, und ich kenne einige der Armeeoffiziere …«

»Ja, erzähl uns etwas über die«, bat Shanti. »Was ist mit den Soldaten? Ich hatte sie nicht angefordert.«

Eine Gruppe sehr junger Kadetten räumte das Mobiliar um und bot den älteren Besuchern unter dem wachsamen Auge eines aalglatten Offiziers im Kampfanzug Unterstützung an.

»English Heritage unterhält eine langjährige Beziehung zu den hiesigen Kasernen«, sagte Benno. »Die dort stationierten Truppen könnten nicht zuvorkommender sein. Ich stelle euch dem Major vor …«

»Vielleicht später«, lehnte Shanti ab. »Ich möchte nicht undankbar erscheinen, aber das ist eine Polizeiangelegenheit. Wenn wir knapp besetzt sind, fordern wir Unterstützung aus Yeovil an – ich habe bereits die Weihnachtsfeier abgesagt. Mehr oder weniger.«

»Darüber werden die Kollegen aber gar nicht glücklich sein, Chefin«, gab Benno zu bedenken.

»Glücklich? Das hier ist doch kein Song von Pharrell Williams!« Bevor einer von den beiden »Because I'm happy« summen konnte, fuhr sie fort: »Wie kommen wir von hier aus zum Tatort?«

»Dawn weiß, dass ihr da seid«, sagte Benno. »Sie gibt uns Bescheid, wenn sie und ihr Team so weit sind. Bis dahin möchtet ihr vielleicht einen Kaffee trinken …«

Wie aufs Stichwort schob ein hochgewachsener Bursche einen Rollwagen aus der Küche. Benno reichte Shanti einen Cappuccino und Caine eine Tasse Tee. Es gab sogar ein kleines Töpfchen mit Honig aus der Region, der sich *Henge Hives* nannte, als stammte er aus steinzeitlichen Bienenstöcken von der Hochebene.

»Gibt es irgendwen, mit dem wir uns näher befassen sollten?«, erkundigte sich Caine und rührte einen Löffel voll in seinen Tee.

»Seht ihr die junge Dame dort hinten? Neben dem Kerl mit dem weißen Bart …«

»Hier hat jeder Mann einen weißen Bart«, stellte Shanti fest. »Ich komme mir vor wie bei einer Weihnachtsmännervollversammlung.«

»Silberne Pufferjacke und Zöpfe. Das ist Jojo Bloom. Sie hat die Leiche entdeckt.«

Das Mädchen in Silber war aschfahl und wirkte seltsam erstarrt, als wäre es gefroren. Zu ihren Füßen kniete eine junge Polizistin, die versuchte, sie zu trösten.

»Sieht aus, als wäre sie traumatisiert«, sagte Caine. Auf seinem Gesicht spiegelte sich schmerzliches Mitgefühl.

»Sie ist tatsächlich ein bisschen durch den Wind«, pflichtete Benno ihm bei. »Wir haben sie ausführlich befragt, konnten aber nichts von Bedeutung aus ihr herausbekommen. War zur falschen Zeit am falschen Ort, mehr steckt wohl nicht dahinter. Ihre Mutter ist schon unterwegs. Meine neue Praktikantin ist bei ihr.«

»Gibt es irgendwelche Hinweise auf die Identität des Opfers?«, fragte Shanti. »Vielleicht wurde jemand als vermisst gemeldet?«

»Fehlanzeige. Aber die meisten Leute liegen wohl noch im Bett und können deshalb niemanden vermissen.«

»Bett – wie schön wäre das denn?«, murmelte Shanti, dann wandte sie sich wieder an ihren Sergeant. »Wir brauchen eine Einsatzzentrale. Gibt es hier einen Raum, den wir dafür benutzen können, Benno?«

Benno schüttelte den Kopf und ließ den Blick durch den Glaskubus wandern. »Ich glaube nicht. Allerdings habe ich Wandschirme gesehen und einen Projektor. Wir könnten die Druiden bitten, sich an einen anderen Tisch zu setzen, und den hinteren Bereich der Kantine abtrennen – und schon hätten wir eine annehmbare Einsatzzentrale.«

»Kümmerst du dich darum, Benno? Caine und ich werden ein Teambriefing durchführen, sobald wir vom Tatort zurück sind.«

Ein leicht panischer Ausdruck huschte über Caines Gesicht. Er war kein geborener Redner, der gern vor der Öffentlichkeit sprach.

»Wie schmeckt der Kaffee?«, fragte Benno. »Wenn du möchtest, gibt es auch Croissants. Diese Kantine ist weiß Gott auf einem anderen Niveau als unsere.«

Shanti hatte nicht gefrühstückt, und der Duft nach frischem Gebäck war betörend, doch ein gewisses Dringlichkeitsgefühl trieb sie zur Eile.

»Noch eine Frage, Benno«, schaltete sich Caine ein. »Ich war ein paarmal zur Sonnenwende in Stonehenge, und ich bin jedes Mal zu Fuß über die Ebene gekommen. Wie können wir sicher sein, dass uns keiner der Besucher entwischt ist?«

»Gutes Argument«, erwiderte der. »Das ist das einzig Positive an diesem Wetter. Wie du richtig sagtest: Normalerweise strömen die Besucher aus allen Richtungen über Nebenstraßen und Fußwege herbei, doch nach dem Schneesturm gestern Nacht hat die Security beschlossen, den Zutritt auf den Haupteingang zu beschränken. Das bedeutet, dass alle so hergekommen sind wie ihr.«

»Dann könnte sich der Täter also in diesem Moment unter uns befinden?«, überlegte Shanti.

»Das ist durchaus möglich.« Benno nickte.

»Der Mörder in der Menge«, sinnierte sie.

Sie beobachteten die Streifenkollegen, die sich systematisch vorarbeiteten und zunächst die älteren Leute und diejenigen mit Kindern befragten, damit sie endlich nach Hause fahren konnten. Danach kamen die Aufdringlichen – die Arroganten, Streitlustigen, die sich wie immer zu wichtig fühlten, um sich so lange zu gedulden, bis sie an der Reihe waren.

Benno nahm einen Anruf entgegen. Während er telefonierte, zog er den Reißverschluss seiner Jacke auf.

»Das war Dawn«, sagte er. »Sie hatte Probleme mit dem Licht, aber das Gerüst steht, und die Kriminaltechniker haben angefangen, den Tatort zu durchkämmen. Also, sobald ihr bereit seid, fahre ich euch hin. Sie geht davon aus, dass ihr bei der Ausgrabung dabei sein wollt …«

»Ausgrabung?«, fragte Shanti argwöhnisch.

»Der Leichnam muss aus dem Schnee ausgegraben werden, Chefin.«

Eine Abneigung gegen den Tod ist ein Urinstinkt, welcher sich als Trauma, Angst, Beklommenheit oder Abgestoßenheit bis hin zu Übelkeit manifestiert. Diese Instinkte sind der Weg der Natur, Krankheiten, Ansteckungen und lebensgefährdende Bedrohungen zu vermeiden. Etwa einer von hundert kann lernen, diese inhärenten Reaktionen außer Kraft zu setzen – Chirurgen, Soldaten, Bestatter, Pathologen und ermittelnde Polizisten. Shanti war nicht immun dagegen – ein Geheimnis, das sie sich kaum selbst eingestehen wollte. Der tote Mann, der sie auf der Hochebene erwartete, erfüllte sie zu gleichen Teilen mit Faszination und eiskalter Furcht.

Kapitel fünf

DIE WINDE DER VERGANGENHEIT

Eingeklemmt zwischen Seilen, Schaufeln, Leitkegeln und einem dicken roten Rammbock saß Caine auf dem Rücksitz von Bennos Land Rover und betrachtete die vorbeiziehende Landschaft. Ihm entging nicht, dass die blütenweiße Hochebene im Gegensatz zu der nassen, matschigen Asphaltstraße vollkommen unberührt schien.

Die Stimmen im vorderen Teil des Wagens klangen gedämpft und einschläfernd, wie während langer Autofahrten in seiner Kindheit.

»Das ist dieselbe Strecke, die die Shuttlebusse nehmen«, erklärte Benno. »Hier sind heute früh alle Besucher entlanggezogen.«

Die Sonnenwende hatte Caine schon immer auf seltsame Weise berührt. Es war ein unbeschreibliches Ereignis, das mit der Aufhebung der Zeit zu tun hatte. Wie der Bardo-Zustand, von dem die alten Buddhisten sprachen. Eine Art Zwischenzustand, der Übergang zwischen Tod und Wiedergeburt.

»Kannst du dich an frühere Zwischenfälle in Stonehenge erinnern?«, hörte er Shanti wie aus weiter Ferne fragen.

»Keine von Bedeutung«, antwortete Benno. »Zumindest nicht seit den Achtzigern. Damals gab es das sogenannte Stonehenge Free Festival, ein Musikfestival, das jedes Jahr zur Zeit der Sommersonnenwende zwischen den Steinen stattfand. Nackte Feierwütige, die auf den Steinen tanzten …«

»Da warst du aber nicht dabei, oder, Benno?«, fiel ihm Shanti ins Wort.

»Das war vor meiner Zeit. Aber ich erinnere mich, dass Dad eines Tages zutiefst schockiert nach Hause kam. Es war zu gewalttätigen Konflikten gekommen zwischen den Festivalbesuchern, die viele abfällig als *travellers,* also ›Reisende‹, bezeichneten, und der Polizei von Wiltshire, als diese einen Friedenskonvoi auf dem Weg aufs Gelände zu stoppen versuchte.«

Caine zwang sich, in die Parallelwelt der Polizeiroutine zurückzukehren. »Die Schlacht im Bohnenfeld«, meldete er sich zu Wort.

»Ich dachte, Sie würden schlafen«, sagte Shanti.

»Ein bahnbrechender Moment in der britischen Überwachungsgeschichte«, ergänzte Caine. »Alles wurde gefilmt – man findet noch heute Videos auf YouTube.«

»Ja. Wenngleich nicht gerade die Glanzstunde britischer Überwachungsgeschichte«, pflichtete Benno ihm bei.

»Apropos Überwachung«, sagte Shanti. »Es muss hier doch Kameras geben. Haben wir irgendwelche Videoaufnahmen von gestern Nacht?«

Benno hielt sich in der Mitte der langen, schnurgeraden Straße, auf der außer ihnen niemand unterwegs war.

»Da habe ich gute und schlechte Nachrichten für euch«, antwortete er. »Es gibt eine Livestreamingkamera, die sich ›Stonehenge Skyscape‹ nennt. Sie ist solarbetrieben und verfügt über eine 220-Grad-Fischaugenlinse. Theoretisch kann man die Steine damit rund um die Uhr betrachten, und zwar von überall auf der Welt.«

»Ich höre ein Aber heraus«, sagte Shanti.

»Aber leider sind die Aufnahmen von letzter Nacht überwiegend weiß«, fügte Benno prompt hinzu.

»Du meinst, es klebt Schnee vor der Linse?«, fragte Caine.

»Richtig. Man sieht, wie gegen fünf der Schneesturm aufzieht. Kurz darauf setzen sich Schneeflocken auf der Linse ab. Und dann ist alles weiß.«

»Ausgesprochen praktisch«, befand Shanti. »Da, wo ich herkomme, hätte man das mit einer Sprühdose erledigen können.«

»Es muss doch noch andere Kameras geben«, wunderte sich Caine.

»Am Besucherzentrum jede Menge, aber leider hat das Securityteam wegen des Wetters früh Feierabend gemacht. Danach sind keinerlei Aktivitäten mehr zu verzeichnen.«

»Du hast uns noch gar nichts über die Sicherheitsleute erzählt«, sagte Shanti.

»Den Job hat eine Firma namens GoodGuys aus Salisbury übernommen. Das sind anständige Kerle, darunter auch ein paar ehemalige Polizisten, Kollegen meines Vaters. Normalerweise unternehmen sie nachts regelmäßige Patrouillengänge um die Steine, vor allem vor der Sonnenwende.«

»Was für ein wunderbarer Job«, ließ Caine sich vernehmen. »Und gestern Nacht haben sie das nicht getan?«

»Einer von ihnen hat zugegeben, dass er und seine Kollegen nach mehreren Stunden Wachdienst im Van nach Hause gefahren sind. Die Temperaturen waren weit in den Minusbereich gesunken, und sie waren der festen Überzeugung, dass bei diesem Wetter niemand aufkreuzen würde. Außerdem war Quizabend in der Stonehenge Tavern.«

»Mein Gott«, stöhnte Shanti. »Wann also hatte jemand das letzte Mal freie Sicht auf die Steine, bevor heute Morgen die Besucher über das Gelände hereinbrachen?«

»Die Securityleute von GoodGuys sind sich hundertprozentig sicher, dass noch keine Leiche auf dem Deckstein lag, als sie Feierabend gemacht haben. Meine neue Praktikantin ist ein wahres Recherchegenie, und es ist ihr gelungen, in den sozialen Netzwerken ein paar hübsche Fotos von gestern aufzustöbern – überwiegend von Touristen fotografiert. Auf dem Trilithen war definitiv nichts zu sehen – weder am Vormittag noch am Nachmittag. Was nahelegt, dass sich der Vorfall entweder gestern in den späten Abendstunden oder heute früh bei Tagesanbruch ereignete.«

»Und das wiederum legt nahe, dass ein Mörder mitten in einem Schneesturm hier aufgetaucht ist und einen blutenden grünen Riesen auf den Deckstein eines riesigen Trilli… Krocket-Tors gehievt hat«, fasste Shanti zusammen.

»Das nennt man Trilith, Chefin.«

»Ich frage mich, ob es nicht etwas zu früh ist, um von Mord auszugehen«, meldete sich Caine zu Wort.

»Ja, wahrscheinlich ist ihm einfach nur unwohl geworden und er hat sich da oben hingelegt, um ein Nickerchen zu machen.«

Hier draußen zeigte die Salisbury Plain andere Eigenschaften. Offenheit. Kargheit. Zeitlosigkeit. Nach ein paar Minuten beugte Caine sich vor und drückte Bennos Schulter. »Könntest du uns hier absetzen?«, bat er.

»Wird Ihnen etwa übel vom Autofahren?«, fragte Shanti.

»Sie wissen, wie ich die Dinge gern angehe, Shanti«, erwiderte er freundlich. »Ich möchte ein Gefühl für den Ort bekommen.«

»Sie wollen mir doch nicht etwa weismachen, dass Sie zu Fuß weitergehen?«

»Von hier aus ist es weniger als eine halbe Meile.«

»Eine halbe Meile? Haben Sie den Verstand verloren? Ihr buddhistisches Gespür in allen Ehren, aber Zeit ist das A und O bei den Ermittlungen, außerdem ist es scheißkalt hier draußen.«

»Wir könnten uns bei den Steinen treffen«, schlug er vor.

Shanti wusste, wann sie eine Schlacht verloren hatte. Sie wusste auch, dass er wie ein Polarfuchs herumschnüffeln musste. Caine war bereits ausgestiegen und durchstreifte die Gegend. Orientierte sich. Streckte die Nase in die Luft und nahm Witterung auf.

»Okay, danke, Benno. Könntest du uns wieder abholen? Sagen wir in … fünfzig Minuten?«

»Kein Problem, Chefin.«

»Aber schick bitte keinen anderen Fahrer. Ich möchte, dass du dir die Leiche ansiehst. Vielleicht hast du den grünen Riesen ja schon einmal gesehen.«

»Geht klar. Bis dahin befasse ich mich weiter mit den Besuchern.«

»Ach ja, die Einsatzzentrale – vergiss nicht, dich darum zu kümmern. Ich möchte, dass du das ganze Team zu einem Briefing zusammentrommelst.«

Während der Land Rover wendete und zu dem in der Sonne gleißenden Besucherzentrum zurückkehrte, schloss sie sich Caine an und folgte ihm über den langen Asphaltstreifen in Richtung Steine. Der eisige Ostwind fuhr in ihre Kleidung, suchte erbarmungslos nach jeder noch so kleinen offenen Stelle.

Caine war stehen geblieben und drehte sich langsam um sich selbst. Mit seinen ausgebreiteten Armen, den flatternden Mantelschößen und den Ohrenklappen sah er aus wie ein Vogel, der auf der Stelle kreiste.

»Sehen Sie sich das an!«, rief er. »Diese Buckel dort drüben sind Begräbnishügel, Shanti, und das da ist der Stonehenge-Cursus. Normalerweise wäre hier alles voller Touristen, deshalb ist dies eine einmalige Gelegenheit!«

»Einmalig, da haben Sie verdammt noch mal recht!«, brüllte sie zurück. »Ich werde nie wieder mit Ihnen zusammenarbeiten!«

»Man kann fast spüren, wie einen die Jahrtausende durchströmen.«

»Ich spüre bloß den eisigen Wind, der durch meine Thermounterwäsche strömt.«

Sie setzte sich energisch in Bewegung, den Körper gegen den

Wind gestemmt, einen Arm schützend vors Gesicht gelegt. »Und wo sind jetzt diese Steine? Hinter dem Hügel? Oh! Oh, ach du liebe Güte!«

Shanti blieb abrupt stehen und starrte staunend auf das, was sich vor ihr entfaltete …

Kapitel sechs

EIN PORTAL FÜR DIE TOTEN

Wenn man noch nie in Stonehenge war, sollte man sich ein steinzeitliches Manhattan vorstellen. Konzentrische Kreise aus wuchtigen Gesteinsbrocken – primitiv und doch raffiniert. Riesig und doch winzig unter dem umgedrehten Milchnapf des Himmels.

Ringsherum flatterte rot-weißes Polizeiband. Innerhalb des Monuments ging ein Schwarm von Kriminaltechnikern in weißen Tyvek-Overalls auf Händen und Knien seiner Arbeit nach, wie ein wunderlicher Stamm von Schneemenschen.

Jeder der groben Decksteine trug eine dicke Schneemütze, mittendrin ragte Dawns nylonverkleideter Gerüstturm auf wie ein riesiger Zuckerwürfelstapel oder eine modernistische Skulptur von Christo.

»Na schön«, sagte Shanti, »ich gebe zu, das ist ein wahrhaft beeindruckender Anblick.«

»Er ist der Wahnsinn!«, seufzte Caine, als sie sich der Absperrung näherten. »Wissen Sie, was ich mir als junger Mann gern vorgestellt habe?«

»Dass Raquel Welch in einem Fellbikini auftaucht?«

Er grinste.

»Ich habe mir ausgemalt, wie dieser Ort auf die damaligen Besucher gewirkt haben muss. Die Steine, die wir heute sehen, waren jahrtausendelang der Witterung ausgesetzt, doch als Stonehenge erbaut wurde, leuchteten sie in strahlendem Weiß. Stellen

Sie sich das nur vor, Shanti! Die Pilger, die diese Stätte aufsuchten, standen vor einem blendend weißen Tempel! Ein Tribut an die Götter und gleichzeitig ein gewaltiges Statussymbol für diejenigen, die ihn erschufen. Da fragt man sich doch …«

»Da fragt man sich doch, warum diejenigen, die ihn erschufen, nicht an eine Überdachung gedacht haben. Sehen Sie, das da drüben muss der Weg sein, der aufs Gelände führt.«

Der Weg war der einzige Zugang für alle am Tatort eintreffenden Mitarbeiter. Er diente sonst dazu, den Besucherzustrom zu kontrollieren und ein Betreten des Monuments zu verhindern. Es war unwahrscheinlich, dass der Täter diesen Weg genommen hatte, doch das war ohnehin irrelevant, denn der Boden war so zertrampelt, als wäre eine Herde Rentiere darübergaloppiert.

An der Absperrung kontrollierte ein bewaffneter weiblicher Officer ihre Dienstausweise.

»Ich schlage vor, Sie bleiben auf dem Weg, Chief«, sagte sie zu Shanti und deutete auf eine Art Steg aus Gitterrosten. »Sie können sich an dem Seil festhalten.« Ihr Blick schweifte weiter zu Caine. »Übrigens: hübsche Mützen.«

Sie folgten dem provisorischen Steg ins Innere des Tempels, und Shanti meinte, eine atemberaubende Opernbühne zu betreten.

»Das ist der Hammer!«, sagte sie andächtig. »Der Mörder bekommt Bestnoten für seine fantasievolle Inszenierung.«

Noch während sie sprach, tauchte die stämmige Gestalt von Dawn Knightly, der Leiterin der Spurensicherung, vor einem Zelt auf. In ihrem weißen Ganzkörperanzug erinnerte sie an den Michelin-Mann. Als sie die DIs erblickte, winkte sie mit ihrem weißen, aufgebauschten Schlaucharm. Shanti und die ältere Pathologin waren sich von Anfang an sympathisch gewesen – die Chemie zwischen den beiden Müttern stimmte, und beide hatten den gleichen Galgenhumor.

»Frohe Weihnachten, Shanti!«, rief sie. »Ich kann dich leider nicht umarmen – Kreuzkontamination, du weißt schon.«

»Das erinnert mich an Corona«, sagte Shanti.

»Das ist nicht besonders lustig«, erwiderte Dawn in ihrem weichen Somerset-Dialekt. »Na los, sehen wir zu, dass wir aus diesem verfluchten Wind rauskommen. Du musst dich ohnehin noch schick machen.«

Shanti sah sich um und vergewisserte sich, dass Caine außer Hörweite war, dann sagte sie: »Hör mal, Dawn, ich hab's nicht so mit der Höhe. Wie hoch ist dein Gerüstturm eigentlich?«

»Ungefähr sieben Meter. Vertrau mir, ich würde dort oben nicht arbeiten, wenn es nicht sicher wäre. Dir passiert nichts, das verspreche ich dir. Und jetzt komm.«

Caine gesellte sich zu ihnen, und gemeinsam betraten sie ein windgebeuteltes Schutzzelt. Ein Officer reichte ihnen einen Tyvek-Overall und bat sie, sich in die Liste der am Tatort anwesenden Personen einzutragen.

»Wie ist dein erster Eindruck?«, wollte Caine von Dawn wissen.

Dawn zog ihre Maske ein Stück hinunter. Ihr rundes Gesicht glühte vor Aufregung.

»Das Ganze kommt mir ziemlich widersprüchlich vor, Vince. Irgendwie inszeniert.«

»Was hat das zu bedeuten?«, fragte Shanti.

»Das kann ich dir nicht genau sagen«, erwiderte Dawn. »Die Vorgehensweise war brutal, als hätte sich der Täter in einem Zustand der Raserei befunden, es müsste also jede Menge Spuren geben. Bislang haben wir allerdings keine gefunden. Nichts. Wer immer das getan hat, kannte sich aus, das sagt mir mein Bauchgefühl. Keine DNA-Spuren.«

»Ein Polizist?«, überlegte Shanti.

»Wer weiß?«, sagte Dawn. »Fest steht nur, dass irgendwem das Weihnachtsfest vermasselt wurde.«

»Ihm und seiner Familie.« Caine nickte traurig. »Für seine Angehörigen wird Weihnachten nie mehr so sein, wie es mal war.«

Shanti verdrehte die Augen. »Benno meinte, es seien ein paar technische Probleme aufgetreten«, sagte sie und schlüpfte in ihren Overall.

Dawn nickte. »Die Scheinwerfer haben den Schnee geschmolzen. Mussten also gegen LED-Lampen ausgetauscht werden, was ziemlich spaßig war. Ratet mal, was wir gefunden haben, als wir endlich oben waren?«

»Ähm, den Toten, nehme ich an?«

»Krähen, Shanti. Oder Raben, keine Ahnung. Auf jeden Fall hüpften diese verfluchten schwarzen Vögel auf seiner Brust herum und pickten an ihm.«

Shanti waren die Biester nicht entgangen, die sie von den Steinen aus beäugt hatten. Mit ihrem schwarzen, capeähnlichen Gefieder erinnerten sie an die Schurken aus alten Theaterstücken.

»Ein Krähenmord«, murmelte Caine. »Soweit ich weiß, hat Stonehenge eine eigene Corvus-Kolonie. Hier gibt es Raben, Krähen und auch Dohlen. Sie sind schon seit Generationen hier. Hochintelligente Geschöpfe. Angeblich erinnern sie sich an menschliche Gesichter.«

»Willst du etwa alle als Zeugen befragen?«, wollte Shanti wissen.

»Ich weiß nur, dass sie mir höllisch Angst einjagen«, sagte Dawn. »Und dass sie eine Riesensauerei mit meiner Leiche veranstaltet haben.«

»Andere Leute sitzen jetzt gemütlich im Pub«, seufzte Shanti. Sie ließ sich auf einen Klappstuhl fallen und streifte Überschuhe mit Gummizug über.

»Glaub mir, Shanti, das hier willst du dir nicht entgehen lassen. Das ist der abgefahrenste Fall, der mir je untergekommen ist, und ich habe schon so einiges zu sehen bekommen. Der Kerl ist riesig, und soweit wir das bisher erkennen können, ist er komplett mit grüner Körperfarbe bemalt. Außerdem trägt er einen auffälligen Bart.«

»Hier trägt jeder einen auffälligen Bart«, sagte Shanti. »Ich glaube, ich werde mir auch einen wachsen lassen.«

»Wie dem auch sei, mach dich fertig und überzeug dich selbst. Wir sehen uns oben.«

Als sie weg war, zog Shanti doppelte Einweghandschuhe an. Caine reichte einem Officer seinen Mantel, schlüpfte in einen Overall und zurrte die Gummizugkapuze über seiner Fellmütze zusammen.

»Sieht echt stark aus«, bemerkte Shanti.

»Wir haben auch Helme da, falls Sie einen tragen möchten«, bot der Officer an und hielt ihnen zwei gelbe Schutzhelme hin.

Caine lehnte ab, aber Shanti zog ihre Bommelmütze vom Kopf und stülpte den Helm auf die Nylonkapuze ihres Schutzoveralls, dann folgte sie Caine hinaus in den eisigen Sturm.

Als sie den Gerüstturm erreichten, hielt einer der uniformierten Kollegen die Öffnung in der Zeltplane für sie auf. Gemeinsam betraten sie die riesige, gleißend helle Haube, die den Trilithen umgab. Verzinkte Gitterroste auf dem matschigen Boden, der aus Schlamm, Kreide, Eis, Gras und klebrigem rotem Blut bestand, dienten als Trittplatten. Ringsherum befanden sich zahlreiche gelbe, mit Zahlen versehene Tatortnummernschilder zur Sicherung von Spuren und Beweismitteln.

Das genial konstruierte Gerüst war mehr als dreimal so hoch wie Shanti und mit Leitern und Falltüren versehen, welche die drei Ebenen miteinander verbanden. Als Shanti nach oben blickte, hatte sie den Eindruck, dass sich das Gebilde im blendenden Himmelsraum auflöste.

Innerhalb des Gerüsts erschienen die uralten Säulen wie gewaltige versteinerte Bäume. Aus der Nähe konnte man erkennen, dass der grob behauene Stein mit orange- und ockerfarbenen Flechten übersät und mit den Exkrementen der unheimlichen Vögel beschmiert war.

Am Fuß der ersten Leiter trat Caine zur Seite, um Shanti vorzulassen, aber sie drängte ihn, als Erster hinaufzuklettern. Von ihrer Höhenangst einmal abgesehen, mochte sie es gar nicht, wenn ihr jemand die Sprossen hinauf folgte.

Caine war geschmeidig wie eine Katze. Trotz seines unförmigen Overalls stieg er geschwind nach oben, während Shanti sich an jeder vereisten Sprosse festklammerte. Um sie herum zitterten die Zeltwände im Sturm.

Als sie die erste Ebene erreichte, sah sie, wie Caine sich vorbeugte und einen Arm in der schmalen Lücke zwischen den Tragsteinen auf und ab schwenkte.

»Das ist ein Durchgang«, sagte er und blickte sie mit seinen schwarzen Augen an.

»Wenn Sie das sagen, Caine.«

»Ein Durchgang, der zu schmal ist, um einen Menschen einzulassen.«

»Ja, das hätte man beim Bau bedenken sollen.«

»Es ist ein Portal für die Toten«, flüsterte er.

Am Ende der dritten Leiter drehte er sich um und wollte ihr durch die letzte Falltür helfen, doch wieder verneinte sie.

Also schwang er sich auf die oberste Ebene, und Shanti blieb allein zurück. Aus den Augenwinkeln sah sie etwas sanft hin- und herschwingen und stellte mit einem Anflug von Panik fest, dass es sich um die Hand des Riesen handelte – eine übergroße grüne Hand, genau wie Benno sie beschrieben hatte, mittlerweile in einen durchsichtigen Plastikbeutel verpackt, der sorgfältig beschriftet und am Handgelenk mit Kabelbindern gesichert war. An den grünen Nägeln der beiden längsten Finger hingen gefrorene, rostrote Blutstropfen.

Schockiert schaltete sie in den Profimodus um: Die extreme Kälte, theoretisierte DI Shantala Joyce, war sicher in Betracht zu ziehen, aber wenn das Blut jetzt gerann, musste der Tod vor nicht allzu langer Zeit eingetreten sein – höchstens vor ein paar Stunden.

Als sie endlich den Kopf durch die Falltür zur dritten Ebene des Gerüstturms streckte, sah sie acht weiße Überschuhe, die Caine, Dawn und zwei Mitgliedern des SOCO-Teams gehörten. Die vier patrouillierten auf dem Oberdeck wie die Besatzung eines arktischen U-Boots.

»Willkommen in meiner Welt!«, rief Dawn munter.

Kapitel sieben

EIN WUNDERSCHÖNER RITUALMORD

Der tote Mann lag lang und breit wie ein steinerner Ritter unter seiner weißen Decke.

Dawn hatte die Vögel erwähnt, dennoch war Shanti nicht vorbereitet auf das, was sie nun erblickte: Der Schnee rings um den Brustkorb des Riesen sah aus wie ein dunkelroter Schlabberlatz – aufgewühlt und zertrampelt von den unermüdlichen Rabenvögeln, deren unverwechselbare Fußabdrücke überall zu sehen waren. Aus dem überfrorenen Blutschorf ragten hier und da silberne Bartbüschel.

»Ich werde zunächst den Schnee von seinem Gesicht entfernen und anschließend einen genaueren Blick auf den Oberkörper werfen.« Die Gerichtsmedizinerin wedelte mit einer Sonde in Richtung Wunde. »Ich möchte euch nicht das Mittagessen verderben, aber ich fürchte, die Vögel wurden von einer äußerst hässlichen Verletzung angelockt.«

Beklommen sahen sie zu, wie Dawn ein ganzes Sortiment an Utensilien auspackte und akribisch begann, mit einer Kelle vom Scheitel abwärts den Schnee vom Kopf des toten Mannes zu entfernen. Sie leerte jede Kelle sorgfältig auf ein Stahltablett, um es später auf Spuren zu untersuchen. Neben ihr hielt die Fotografin den Leichenfundort aus jedem erdenklichen Winkel fest.

»Trägt er etwas auf dem Kopf?«, fragte Caine.

Dawn nickte. »Einen Kranz, so, wie es aussieht. Vielleicht eine Blumenkrone?«

Als Dawn den Schnee vom Blattwerk entfernte, kam eine silberne Mähne zum Vorschein, die dem Mann, stellenweise grün verfärbt, in sanften Wellen über die grünen Ohren mit den silberberingten Ohrläppchen bis auf die Schultern fiel.

»Ich werde mir jetzt das Gesicht vornehmen«, verkündete Dawn. »Darf ich euch bitten, ein Stück zurückzutreten, um uns etwas Platz zu machen?«

Sie taten wie geheißen, drängten sich in der gliederbetäubenden Kälte am Rand der Plattform zusammen, während sich Dawn und ihre Assistenten über den Leichnam beugten. Millimeter für Millimeter ging die Gletschergrabung weiter. Während Dawn sich vorarbeitete, hörten Shanti und Caine sie murmeln: »Donnerwetter! Das ist seltsam. So etwas habe ich ja noch nie gesehen.«

Endlich drehte sie sich um. »Ich hoffe, ihr seid bereit für den Anblick.«

Shanti und Caine machten einen Schritt nach vorn.

»Allmächtiger«, hauchte Shanti.

»Möge er in Frieden ruhen«, sagte Caine.

Sie schauten in das ausdrucksstarke Gesicht eines Mannes Ende sechzig. Die labyrinthartigen Falten wurden durch die grüne Patina betont, was ihn irgendwie menschlich machte. Seine Miene war wohlwollend und beinahe majestätisch – die Miene eines Mannes, der ein langes, außergewöhnliches Leben geführt hatte.

Was Shanti jedoch ganz besonders in den Bann zog, waren seine Augen.

Unter den froststarren Brauen blickte der grün bemalte Riese in den Himmel, doch dort, wo die Pupillen hätten sein sollen, befanden sich gefrorene weiße Teiche.

Für gewöhnlich zog sie Caine gern damit auf, wie wenig er sich für seinen Job eignete, aber in Momenten wie diesem ging es ihr selbst nicht anders. Sie fragte sich, wie sich derartige Situationen auf ihre geistige Gesundheit auswirken mochten. War sie tatsächlich stark genug, solch einen Anblick wieder und wieder zu ertragen – Anblicke, die sich normale Leute nicht in ihren kühnsten Träumen vorstellen konnten?

»Ich gehe davon aus, dass die Temperatur weit unter den Gefrierpunkt gefallen ist«, sagte Dawn anstelle einer Erklärung.

Shanti fühlte sich ausgeliefert und verletzlich. Ausnahmsweise war sie froh, Caine an ihrer Seite zu haben. Was für ein Mensch tat so etwas einem anderen Menschen an? Und dann holte die knallharte Realität sie ein: Der Mörder war noch auf freiem Fuß.

Dawn war aus härterem Holz geschnitzt. Mit einem Künstlerpinsel aus Marderhaaren bürstete sie den letzten Schnee von der knolligen Nase. Anschließend wandte sie sich dem Torso zu. Sie arbeitete jetzt schneller, entfernte mit einem Stahlspatel große Schneemengen und legte einen fassförmigen Brustkorb und einen stattlichen Bauch frei.

Jetzt war klar, dass der tote Mann von Kopf bis Fuß in durchweichte grüne Kleidung gehüllt war – eine lindgrüne Jacke über einem viridiangrünen Hemd, eine olivgrüne Cordhose mit überdimensionalen erbsengrünen Stiefeln. Das Gebinde auf seiner silbernen Mähne war eine Ilexkrone mit scharfrandigen, stechenden Blättern, verziert mit roten Beeren, die an Rubine erinnerten.

»Und jetzt«, verkündete Dawn, als die Fotografin fertig war, »jetzt ist es Zeit, dass wir uns der Verletzung zuwenden.«

Mit latexbehandschuhten Fingern hob sie den Bart hoch, und Shanti zog scharf die eisige Luft ein. Die Wunde war brutal – ein Zickzackschnitt über der Kehle, der aussah wie eine dilettantisch gezogene Feldfurche.

»Klaffender Einschnitt zum Kehlkopf«, teilte Dawn ihrem Diktiergerät mit. »Circa hundertfünfzig mal siebenundzwanzig Millimeter. Verdacht auf Luftröhren- und Halsaderverletzung.«

»Und was ist mit der tropfenden Hand?«, wollte Caine wissen.

»Mit der Hand ist alles in Ordnung«, sagte Dawn. »Soweit ich sehen kann, läuft das Blut vom Hals den Arm entlang.«

»Die Wunde ist in der Tat merkwürdig, nicht wahr, Dawn?«, sagte Caine.

»Ja, sie kommt mir ziemlich suspekt vor. Es handelt sich um eine äußerst grobe Schnittverletzung, sehr viel breiter als von einem normalen Messer.«

»Und das bedeutet was?«, fragte Shanti.

»Das bedeutet, dass ich keine Ahnung habe, womit man dem grünen Riesen den Hals aufgeschlitzt hat. Vielleicht mit einem scharfen Metallstück? So etwas habe ich noch nie gesehen.«

»Selbstverstümmelung ist ausgeschlossen?«

»Vergiss es. Jeder normale Mensch wird ohnmächtig, bevor er den Job zu Ende bringen kann. Außerdem: Warum sollte er sich ausgerechnet hier oben etwas antun?«

»Vielleicht ein Unfall?«

»Denkst du, er ist beim Rasieren eingeschlafen?«

»Wir müssen sämtliche Möglichkeiten ausschließen.«

»Moment mal ... Ich habe da etwas entdeckt ...«

Dawn beugte sich vor und zog mithilfe von Lupe und Pinzette drei oder vier winzige Partikel aus der Wunde, die sie in eine Beweismitteltüte legte.

»Was ist das?«, fragte Shanti.

»Das kann ich dir nicht sagen«, erwiderte Dawn und hielt die Beweismitteltüte in die Höhe. »Wir schicken das sofort ins Labor.«

»Dürfte ich eine Bemerkung machen?«, schaltete sich Caine ein.

»Schießen Sie los, Caine«, forderte Dawn ihn auf.

»Er wird irgendetwas Schlaues sagen«, warnte Shanti.

»Nun, er lag unter einer schweren Decke aus Schnee ...«

»Das ist uns nicht entgangen«, fiel Shanti ihm ins Wort.

»Doch auch *unter* seinem Körper befindet sich eine dünne, komprimierte Schneeschicht.«

Caine kniete sich neben den Leichnam und sah zu seinen Kolleginnen auf.

»Die dünne Schneeschicht lässt darauf schließen, dass es bei seiner Ankunft noch nicht lange schneite. Die dicke Schicht auf seinem Körper dagegen legt nahe, dass er während des Schneesturms hier war.«

»Ja, das ist richtig«, pflichtete Shanti ihm bei. »Mein Instinkt sagt, dass der Tod gegen vier eingetreten sein muss – vielleicht etwas später.«

»Aber da ist noch etwas«, fügte Caine hinzu. »Er ist ein sehr großer Mann …«

»Um die zwei Meter«, bestätigte Dawn, »wenn nicht sogar größer.«

»Trotz der schrecklichen Verletzung gibt es so gut wie keine Kampfspuren. Ich frage mich, warum er sich nicht gewehrt hat. Er macht den Eindruck, als sei er friedlich entschlafen.«

»Ich nehme an, er wurde unter Drogen gesetzt«, ließ Shanti sich vernehmen.

»Das ist definitiv möglich.« Caine richtete sich auf. »Ich tendiere zu der Annahme, dass er bereits tot war, als man ihn hierhergeschafft hat.«

»Wie kommen Sie darauf?«

»Nun, wenn er vor Ort gestorben wäre – hier, auf diesem Deckstein –, dann hätte seine Körperwärme den Schnee unter ihm schmelzen müssen und vermutlich auch einen Teil von dem, der auf ihn gefallen ist. Außerdem hätte er sehr viel stärker aus der Halswunde geblutet und nicht nur ein paar Tropfen verloren, die die arme Jojo Bloom abbekommen hat.«

Während Caine sprach, versuchte Shanti, nicht in das Gesicht des toten Mannes zu schauen. Die gefrorenen Teiche waren ein

Anblick, der sie in der Nacht heimsuchen würde, davon war sie überzeugt.

»Ich denke, wir sind hier so weit fertig«, sagte Dawn. »Gegen vier ist das Tageslicht weg, ich muss also schleunigst eine Art Flaschenzug aufbauen lassen, damit wir ihn hier runter und zur Obduktion in die Gerichtsmedizin schaffen können.«

»Du bist brillant, Dawn«, sagte Caine.

»Nur damit ich es richtig verstehe«, sagte Shanti. »Wir tippen auf …?«

»Wir tippen auf Mord. Auf einen wunderschönen Ritualmord.«

Kapitel acht

EIN NAME VON NUKLEARER SPRENGKRAFT

Sie hörten Schritte auf den Leitern zu den einzelnen Emporen und angestrengtes Keuchen, dann erschien Bennos Kopf in der Falltür. Mit rotem Kopf gesellte er sich zu ihnen, doch beim Anblick des toten Mannes blieb er wie angewurzelt stehen.

Für einen Moment starrte er den grünen Riesen fassungslos an. Dann schloss er die Augen, öffnete sie wieder und sah erneut hin.

»Ich glaube, ich kenne ihn, Chefin.«

»Ach«, sagte Shanti.

Benno nickte. »Ja, ich denke schon. Was ist mit seinen Augen passiert?«

»Gefroren«, antwortete Shanti. »Vergiss die Augen. Vergiss die grüne Farbe. Er ist zwei Meter groß, Benno, hat silberne Ohrringe und schulterlange weißgraue Haare. Ich würde sagen, er sieht ziemlich einzigartig aus.«

»Ich glaube, das ist der Mann, der Finch genannt wird.«

»Finch? Wie der Vogel? Fink? Ist das ein Spitzname?«

»So heißt er nun mal. Wenn ich recht habe und das ist tatsächlich dieser Finch, dann ist der Fall um einiges größer, als ihr vermutet. Um genau zu sein, ist er von nahezu nuklearer Sprengkraft!«

»Du sprichst in Rätseln. Könntest du vielleicht etwas genauer werden?«

»Oh, tut mir leid. Finch gehört zur hiesigen Aristokratie. Er gilt als exzentrisch. Wir hatten über die Jahre ein paarmal miteinander zu tun – Landfriedensbruch, Hausfriedensbruch, Nichtigkeiten. Hm, was weiß ich sonst noch über ihn? Ach ja, für gewöhnlich hat er zwei riesige Hunde bei sich. Er ist bei der örtlichen Polizei als Umweltaktivist bekannt, aber ich habe ihn immer für einen anständigen Kerl gehalten. Etwas wie das hier …«, er wandte den Blick ab, »hat er auf keinen Fall verdient.«

»Du sagst, der Fall hat die Sprengkraft einer Atombombe?«

»Finch ist die Kurzform für Hector Lovell-Finch. Kommt euch der Name bekannt vor?«

»Ja, den habe ich tatsächlich schon einmal gehört …«, sagte Caine nachdenklich, und auch Shanti nickte.

»Hector Lovell-Finch ist der Vater einer berühmt-berüchtigten Persönlichkeit. Ich denke, ihr wisst, wen ich meine.«

»O mein Gott!« Shanti schnappte nach Luft. »Wo sind wir da nur hineingeraten?«

Kapitel neun

DIE GRÖSSTE STORY SEIT CHRISTI GEBURT

Als sie auf dem Parkplatz des Besucherzentrums ankamen, wo sich gerade die letzten Besucher auf den Heimweg machten, fing es wieder an zu schneien – das fluffige Weiß rieselte so langsam zu Boden wie Federn bei einer Kissenschlacht in Zeitlupe.

Die Druiden setzten ihre Helme auf und stiegen auf Motorräder oder in die dazugehörigen Beiwagen, die Motoren schwerer Maschinen – überwiegend Triumph, Norton und Harley – brüllten auf, bevor sie über den schlammigen Boden schlitterten.

In der Einsatzzentrale, die Benno mit Wandschirmen an der Rückseite der Kantine hatte abtrennen lassen, bemerkte einzig Vincent Caine das Chiaroscuro-Meisterwerk, das sich in der riesigen Fensterscheibe spiegelte. Ungefähr dreißig Cops lehnten an den Wänden oder saßen zusammengedrängt an den Tischen, viele warm verpackt in Schals, Handschuhe und Sturmhauben. Im Mittelpunkt der Komposition war Shanti Joyce zu sehen, die im hellen Lichtstrahl des Projektors auf und ab tigerte.

»Es ist kurz vor Weihnachten«, wandte sie sich an ihre Kollegen. »Und ich bin genauso versessen darauf, nach Hause zu kommen wie Sie. Leider haben wir es mit einem besonders brutalen Tötungsdelikt zu tun. Da draußen läuft ein Mörder herum, meine Damen und Herren«, sie deutete durch die Fensterscheibe hinaus, »und zwar kein gewöhnlicher, der im Affekt seinen Lebenspartner, Nachbarn oder Saufkumpan umbringt. In diesem Fall haben wir es mit einem zutiefst gestörten Individuum zu tun, wenn nicht gar mit mehreren.«

Auf einem Tisch vor ihr hatte ein vorausschauender Officer ein maßstabgetreues Modell des Monuments aufgebaut und eine ausgeschnittene Pappfigur stellvertretend für das Opfer auf dem entsprechenden Stein positioniert. Caine warf ihm einen anerkennenden Seitenblick zu, während sich Shanti weiter für ihr Thema erwärmte.

»Was mich zum nächsten Punkt führt. Für den Fall, dass Sie es noch nicht bemerkt haben sollten: Draußen vor der Schranke versammelt sich eine immer größer werdende Horde internationaler Journalisten, die megascharf sind auf eine pikante Weihnachtsgeschichte. Und das hier, meine Damen und Herren«, sie machte eine theatralische Pause, »ist die größte Story seit Christi Geburt. Bitte beachten Sie, dass diese Medienfuzzis jeden Trick anwenden werden, um aufs Gelände zu gelangen, was nicht nur den Ermittlungen schadet. Wir laufen zudem Gefahr, dass die traurige Botschaft den nächsten Angehörigen nicht mit dem dafür erforderlichen Fingerspitzengefühl übermittelt wird. Was uns wiederum die Möglichkeit nimmt, deren erste Reaktion mitzuverfolgen, die oftmals entscheidend zur Aufklärung eines Falles beiträgt. Die Schlüsselworte in diesem Fall lauten daher *streng vertraulich.*«

Sie machte eine Pause, zum einen, um den dramatischen Effekt zu steigern, zum anderen, um einen Schluck heiße Schokolade mit Marshmallows zu trinken.

»Das ist die höfliche Variante. Die unbeschönigte Formulierung lautet: Sollte irgendwer in diesem Raum bei einem Glas Sherry mit seiner Mum auch nur ein einziges Wort über diesen Fall verlieren, steht er schneller in der Schlange vor dem Jobcenter, als er ›Ho, ho, ho!‹ sagen kann. Habe ich mich klar genug ausgedrückt?«

Das Schweigen, das auf ihre Worte folgte, war eine hinreichende Antwort.

»Das hier ist eine ausgesprochen dynamische Ermittlung. Wir gehen derzeit verschiedenen Hinweisen zur Identität des Opfers nach, die ich so lange unter Verschluss halten möchte, bis wir die definitive Bestätigung bekommen. Nur so viel: Der Verstorbene ist Ende sechzig und außergewöhnlich groß. Es tut mir leid, dass ich mich so zugeknöpft gebe, aber wir gehen davon aus, dass es sich um einen Einheimischen handelt, der über die nähere Umgebung hinaus bekannt war.

Ich werde Ihnen ein paar Fotos zeigen.« Sie nahm eine Fernbedienung zur Hand und wandte sich halb der Leinwand zu, auf die ein Beamer die Aufnahmen projizierte, die sie auf dem Computer aufrief. »Machen Sie sich auf etwas gefasst, ich fürchte, das ist kein angenehmer Anblick. Der Zweck dieser Übung soll sein, Ihnen verständlich zu machen, womit wir es zu tun haben. Wenn Sie glauben, den Mann zu kennen, teilen Sie dies bitte nicht Ihren Kollegen mit. Wenden Sie sich nach diesem Briefing einfach an Sergeant Bennett, DI Caine oder mich.«

Für gewöhnlich hielten sich Officer mit ein paar gelösten Fällen auf dem Buckel für alte Hasen, die meinten, schon alles gesehen zu haben, doch die Fotos von dem grünen Riesen, der ausgestreckt auf dem Deckstein des Trilithen lag, die Ilexkrone auf dem silberweißen Haupt, mit rauschendem Bart und eisigem Blick, ließ die meisten von ihnen nach Luft schnappen.

»Wir gehen davon aus, dass die seltsamen weißen Pupillen den extrem niedrigen nächtlichen Temperaturen zuzuschreiben sind. Weitaus relevanter allerdings ist die Tatsache, dass die Kehle des Mannes mit einem unbekannten Gegenstand durchtrennt wurde. Auch diese Bilder sind aufwühlend, aber es ist wichtig, dass Sie die besonders abscheuliche Natur des Verbrechens erkennen.«

Als Shanti die Aufnahme anklickte, die die klaffende Wunde unter dem Rauschebart zeigte, tauschten mehrere Officer fassungslose Blicke aus oder schüttelten entsetzt die Köpfe.

»Während dieses Briefings bereitet Dawn Knightly, Leiterin der Gerichtsmedizin, zusammen mit ihrem Team die Überführung des Toten in den Obduktionssaal vor. Die pathologischen Untersuchungen werden hoffentlich weitere Hinweise bringen. Und nun gebe ich das Wort weiter an meinen Kollegen DI Caine …«

Für einen Moment schwirrte Caine der Kopf, dann stand er benommen auf. Er trug immer noch seinen schweren, langen Wintermantel und die fellgefütterte Fliegermütze mit den herabbaumelnden Ohrenklappen. Als sie ihm die Fernbedienung reichte, meinte Shanti, einige der männlichen Officer im Raum grinsen zu sehen. Caine war bei den anderen als »Veggie-Cop« bekannt, ein Kollege, der keinen Alkohol trank und sich auch nicht an ihren Männergesprächen beteiligte. Trotzdem übte er, sehr zu Shantis Unmut, eine nahezu magische Anziehungskraft auf Frauen aus.

Caine war sich dessen nicht bewusst, doch sie spürte, wie sich ihr Beschützerinstinkt meldete, um ihren Partner zu verteidigen.

»Ähm, einen Augenblick … Ich bin mir sicher, Sie wissen, dass DI Caine als Experte für außergewöhnliche Verbrechen gilt? Er ist der Beste, den die gesamte Abteilung für Fälle wie diesen zu bieten hat, ich bitte Sie daher, ihm die gebührende Aufmerksamkeit zu schenken. Bitte, Caine, schießen Sie los.«

Caine schien etwas verwundert über diese Einleitung zu sein, aber er lächelte sein Publikum höflich an und wartete. Und wartete. Wartete darauf, dass die Kollegen ihre Gespräche einstellten. Wartete auf Ruhe. Wartete einfach etwas länger als nötig. Und dann fing er endlich an zu sprechen. Leise und besänftigend.

»Oft denke ich, dass der härteste Teil unseres Berufs darin besteht, die Hinterbliebenen über den Verlust eines geliebten Angehörigen zu informieren. Genau das werden DI Joyce und ich später tun. Ich bin mir sicher, uns allen ist bewusst, dass wir es mit einem Menschen zu tun haben. Einem Mann, der lebte, liebte und atmete. Das ist es, was wir stets im Hinterkopf behalten sollten. Ein älterer Mann, der Ihr Großvater sein könnte, eingebunden in seine Familie.

Meiner Meinung nach sind Ort und Zeit des Vorfalls entscheidend. Es versteht sich von selbst, dass Stonehenge zu den symbolträchtigsten Orten der Welt zählt, und die grauenhafte Tat fand exakt zur Wintersonnenwende statt, die im astrologischen Kalender von ganz besonderer Bedeutung ist. In meinen Augen kann das kein Zufall sein.

Ich möchte Ihnen erklären, was es mit der grünen Körperfarbe, der Kleidung und dem Ilexkranz auf sich hat. Das Opfer ist gekleidet wie der Ilexkönig – der Grüne König, der während der Wintersonnenwende verehrt wird.

Ich schlage daher vor, dass wir nach einem Täter suchen, der über Kenntnisse der entsprechenden Rituale verfügt – vermutlich jemand mit einem Interesse für das Mystische.«

Wieder machte Caine eine Pause, als wartete er auf Inspiration.

»Ich weiß nicht, was Sie davon halten, DI Joyce, aber auf mich wirkt dieses Verbrechen wie eine Inszenierung. Kann es sein, dass der Mord von jemandem begangen wurde, der das Rampenlicht sucht? Von einer Person, die gern im Fokus der Öffentlichkeit stehen möchte?«

»Sie meinen, von einem krankhaft extrovertierten Menschen?«, überlegte Shanti laut.

»Oder das Gegenteil«, gab Caine zu bedenken. »Vielleicht suchen wir einen Menschen, der sich machtlos und unbedeutend fühlt.«

Er verstummte. Schweigen senkte sich herab. Es war unklar, ob Caine mit seinen Ausführungen am Ende angelangt war oder ob er noch etwas hinzufügen wollte. Eine Art kollektive Verlegenheit breitete sich im Raum aus, bis Shanti einen Schritt nach vorn machte, die Fernbedienung aus Caines Fingern nahm und den Beamer abstellte.

»Nun, das sind nützliche Feststellungen, DI Caine. Vielen Dank. Ich möchte, dass sich jeder von Ihnen drei Schlüsselfragen stellt. Erstens: *Wer* hat diesen Gentleman auf eine derart bizarre Art und Weise ermordet? Zweitens: *Warum* hat man ihn ermordet? Und drittens: *Wie?* Wie um alles in der Welt gelangte dieser extrem große Mensch auf den Deckstein, ohne dass jemand etwas beobachtet hat?

Heute haben wir den einundzwanzigsten Dezember, und ich bin genauso erpicht darauf, nach Hause zu meiner Familie zu fahren wie ihr. Bedauerlicherweise respektieren Mörder keine Feiertage. Doch wenn wir als Team zusammenarbeiten, bin ich zuversichtlich, den gemeingefährlichen Täter zeitnah hinter Gitter zu bringen. Irgendwelche Fragen?«

»Handelt es sich um ein Menschenopfer, Ma'am?«

»Ich bin kein Fan dieser Bezeichnung, aber ich kenne verschiedene heidnische Bräuche, die in dieser Gegend gepflegt werden, daher schließe ich nichts aus. Wie DI Caine bereits sagte: Wir werden heute einige wichtige Befragungen durchführen. Es ist daher wahrscheinlich, dass wir die Identität des Opfers in Kürze bestätigt bekommen. Bis dahin bitten wir Sie um die nötige Diskretion.

Ich denke, das war's fürs Erste. Wir dürfen auf keinen Fall aus den Augen verlieren, dass der Mörder frei herumläuft, und wenn DI Caine recht hat und er Aufmerksamkeit sucht – aufgrund welcher Persönlichkeitsstörung auch immer –, wird er im Moment äußerst zufrieden mit sich sein. Vielleicht hält er schon Ausschau nach dem nächsten Opfer, und ich möchte, dass diese Möglichkeit jeden Einzelnen von Ihnen in Schrecken versetzt. Es liegt an uns, ihn aufzuhalten und zur Verantwortung zu ziehen. Ich möchte außerdem, dass Ihnen bewusst ist, dass uns die Zeit durch die Finger rinnt wie … wie schmelzender Schnee.«

Kapitel zehn

OPERATION MITTWINTER

Das war brillant, Shanti«, sagte Caine, nachdem das Team den abgegrenzten Teil der Kantine verlassen hatte. »Genau aus dem Grund überlasse ich solche Dinge gern Ihnen. Mir fehlt einfach die nötige Autorität.«

»Um fair zu sein: Sie dagegen haben einige entscheidende Punkte angesprochen«, erwiderte Shanti, den Blick auf das Miniaturmodell von Stonehenge gerichtet. »Was haben Sie noch gleich über das grüne Outfit gesagt?«

»Ach ja, die grüne Kleidung und die grüne Farbe. Ich bin mir ziemlich sicher, dass Finch gekleidet war wie der Ilexkönig, eine heidnische Personifizierung der Erde.«

»Ich dachte immer, Mutter Erde sei eine Frau?«

Er stand etwas zu nah bei ihr. Sah sie etwas zu gefühlvoll an.

»Ich weiß zu schätzen, was Sie über mich gesagt haben.«

»Was habe ich denn gesagt?«

»Dass Sie mich für den besten Detective der ganzen Abteilung halten.«

»Ich glaube kaum, dass ich das gesagt habe, Caine. So eine Formulierung würde ich niemals wählen.«

Benno gesellte sich zu ihnen, einen Stapel Zeitungen in der Hand, einen besorgten Ausdruck im Gesicht. »Vier«, verkündete er.

»Vier was?«, wollte Shanti wissen.

»Vier Officer haben den Toten auf den Aufnahmen erkannt. Ich bin mir sicher, dass Finch unser Mann ist.«

»Herrje. Können wir uns darauf verlassen, dass die vier den Mund halten?«

»Ich denke, sie haben den Ernst der Lage begriffen. Ich möchte nicht, dass du dir noch mehr Sorgen machst, Shanti, aber vielleicht solltest du mal einen Blick darauf werfen ...«

Er ließ die Zeitungen auf den Tisch fallen.

»Was? Wie konnten die ...?«

»Teleobjektive an der A303, so, wie es aussieht. Vielleicht eine Drohne – obwohl es dafür fast ein bisschen zu windig ist. Wie dem auch sei, ich habe zwei Constables darauf angesetzt.«

Shanti starrte bestürzt auf die Fotos des Steinkreises, der im funkelnden Sonnenlicht sagenhaft pittoresk wirkte. Sie waren überschrieben mit den unvermeidlichen Schlagzeilen: DER SCHLÄCHTER VON STONEHENGE. BLUT IM SCHNEE. EISKALTER KILLER. Dawns Turm war ebenfalls abgebildet, mitsamt den weiß gekleideten Mitarbeitern der Spurensicherung, die auf Händen und Füßen das Gelände absuchten. Ihr Blick fiel auf Caine, dessen Ohrenklappen im Wind flatterten, dann wanderte er weiter zu ihrem eigenen Konterfei. Sie stand im Wind, die alberne Bommelmütze auf dem Kopf, und erteilte Anweisungen. Entsetzt raffte sie die Zeitungen zusammen und drückte sie Benno in die Hand.

»Nicht besonders schmeichelhaft, würde ich sagen.«

»Ach, das liegt an diesen Hasenöhrchen. Du siehst damit aus wie ein verfrühter Weihnachtsbraten, Chefin.«

»Vielen Dank, Benno. Ich bin fest entschlossen, die Angehörigen in angemessener Weise zu informieren, das heißt, uns bleiben zehn Minuten, um etwas zu Mittag zu essen, dann brechen wir auf. Ist das in Ordnung für Sie, Caine?«

»Ich bin allzeit bereit«, gab er zurück.

»Darüber lässt sich streiten.«

»Ich würde euch, bevor ihr aufbrecht, noch gern mit der jungen

Masako bekannt machen«, ließ Benno sich vernehmen. »Sie stellt ein Dossier über die Familie Lovell-Finch zusammen, das einen faszinierenden Einblick in die Beziehung zwischen Finch und seinem Sohn vermittelt.«

Als sie sich umdrehten, um sich an der Theke etwas zu essen zu holen, wäre Shanti beinahe über eine Gruppe von Soldaten gestolpert, die damit beschäftigt waren, vor den Wandschirmen den Fußboden zu wischen.

»Was geht hier vor?«, zischte Shanti. »Ich dachte, wir hätten das besprochen.«

»Ich habe deine Nachricht bekommen, Chefin, aber sie waren so versessen darauf, uns zu unterstützen, dass ich einfach nicht Nein sagen konnte. Wie du siehst, machen sie einen fantastischen Job, und um ehrlich zu sein, können wir jede verfügbare Hand gebrauchen.«

Das stimmte. Sämtliche Oberflächen der Kantine glänzten, die Tische und Stühle standen akkurat ausgerichtet auf dem blitzblanken Fußboden.

»Das Teambriefing war streng vertraulich«, gab Shanti zu bedenken. »Und diese Wandschirme bieten keinerlei Schallschutz. Was, wenn sie uns zugehört haben?«

»Tut mir leid, Chefin. Es war ein Versehen.«

»Ich denke, Benno hat einiges um die Ohren«, glättete Caine die Wogen, als sie ihre Tabletts nahmen und sich in der Schlange vor der Ausgabe anstellten. »Außerdem waren Sie so vorausschauend, keinen Namen zu nennen, Shanti. Deshalb bin ich mir sicher, dass kein Schaden entstanden ist.«

»Es sieht ohnehin so aus, als wären sie bald fertig«, sagte Benno. »Da ist ja der Major …«

Ein hochgewachsener Mann in Tarnkleidung kam zackigen Schritts auf sie zu, blieb stehen und salutierte.

»Major McAble«, sagte Benno. »Darf ich Sie mit den DIs

Shantala Joyce und Vincent Caine bekannt machen? Sie leiten die Ermittlungen.«

Caine betrachtete den dicken, rotbraunen Schnurrbart, den der Major so zärtlich streichelte, als wäre er sein Lieblingshaustier. Er tauschte einen warmen Händedruck mit Shanti, während Caine für ihn unsichtbar zu sein schien.

»Eine schockierende Angelegenheit«, sagte er wichtigtuerisch. »Ich bin froh, dass wir Sie unterstützen konnten.«

Sein Akzent klang nach englischer Privatschule, aber Caine hörte noch etwas anderes heraus – er tippte auf Glasgower Dialekt.

»Wir könnten auch morgen ein wenig Zeit erübrigen«, sagte er. »So etwas ist ein gutes Training für die Rekruten.«

»Ähm, Augenblick«, entgegnete Shanti. »Hier liegt ganz klar ein Missverständnis vor: Wir schätzen Ihre Arbeit durchaus, Major Mac…«

»McAble.«

»Allerdings habe ich Sergeant Bennett gerade mitgeteilt, dass ich es vorziehen würde, wenn dies eine Polizeiangelegenheit bliebe. Wir haben unsere eigenen Methoden, die Dinge zu handhaben. Ich hoffe, Sie verstehen das.«

»Selbstverständlich. Voll und ganz. Wir möchten Ihnen auf keinen Fall im Weg stehen, deshalb werden wir sofort den Rückzug antreten.«

»Das ist nicht gegen Sie gerichtet«, beteuerte Shanti. »Ich bin mir jedoch sicher, Sie würden mein Team umgekehrt auch nicht gern als Teil einer militärischen Operation sehen.«

Er nickte. »Ich freue mich, Sie kennengelernt zu haben, DI Shantala Joyce, und Ihren Kollegen ebenfalls. Viel Erfolg bei den Ermittlungen und ähm … guten Appetit.«

Ein weiteres leutseliges Grinsen. Ein weiterer zackiger Salut.

Nachdem der Major seine Leute zusammengezogen und durch die Schiebetüren hinauskomplimentiert hatte, war der Raum leer, abgesehen von vereinzelten Cops, Sicherheitspersonal und den Mitarbeitern von English Heritage, die an den Tischen saßen und aßen.

Hinter den Panoramafenstern konnten sie sehen, wie die jungen Soldaten in die Militärfahrzeuge einstiegen. In der weiß verwirbelten Landschaft hätten sie Truppen in einem sibirischen Kriegsgebiet sein können.

Benno, Shanti und Caine trugen ihre Tabletts mit einer großen, einer mittleren und einer kleinen Portion in ein abgeschiedenes Eckchen der Einsatzzentrale.

»Ich habe versucht, eine Unterkunft für euch aufzutreiben«, berichtete Benno. »Ich bin mir sicher, ihr möchtet lieber vor Ort bleiben, anstatt bei diesem Wetter jeden Tag die Fahrt von Yeovil bis hierher und zurück auf euch zu nehmen. Das Blöde ist nur, dass sämtliche Hotels und Bed & Breakfasts im Umkreis von fünfzig Meilen ausgebucht sind und sich die Preise praktisch verdoppelt haben. Eine Hoteliersfrau teilte mir mit, dass sie die Zimmer fünffach hätte vermieten können. Und wisst ihr auch, warum?«

»Weil Mittwinter ist«, antwortete Shanti genervt.

»Nein, das ist nicht der Grund.«

»Und was dann?«

»Diese Journalisten, Chefin. Jede Nachrichtencrew auf dem Planeten macht sich auf den Weg hierher.« Er nahm einen gewaltigen Bissen von seinem Cheeseburger.

»Wenn ich ehrlich bin, würde ich lieber nach Hause fahren«, wandte Shanti ein.

Caine hob eine Schale Gemüsesuppe vom Tablett. »Das verstehe ich gut«, sagte er einfühlsam. »Aber Shanti, selbst wenn man glatt durchkommt, braucht man bis Yeovil mindestens eine Stunde, und schauen Sie doch nur mal raus … Es sieht so aus, als würde es weiterschneien.«

»Na, dann klären Sie das gern mit Paul«, sagte sie.

»Jetzt lasst mich doch erst mal sehen, ob ich überhaupt eine Unterkunft für euch finde«, meldete sich Benno wieder zu Wort. »Anschließend können wir weiterreden.«

Die junge Praktikantin, bewaffnet mit Laptop und einem Stoß Akten, gesellte sich zu ihnen.

»Masako, das sind DI Shanti Joyce und DI Vincent Caine. Wie du weißt, sind sie die leitenden Ermittler in diesem Fall.«

»Wunderbar«, sagte sie. Ihre Augen sprühten vor Intelligenz. »Ich bin jetzt schon ein Fan von Ihnen. Tatsächlich widme ich Ihnen beiden sogar ein Kapitel meiner Diplomarbeit.«

»Sie tun *was?*«, fragte Shanti fassungslos.

»Also, genauer gesagt dem Havfruen-Fall und dem Flynn-Fall. Es ist vor allem DI Caines unkonventioneller Ansatz zur Verbrechensaufklärung, der mich fasziniert.«

»Tut mir leid, Sie desillusionieren zu müssen«, sagte Shanti, »aber bei diesem Fall geht es um nichts anderes als um gute alte Polizeiarbeit – Logistik und Pragmatismus. So, liebe Masako, nachdem Sergeant Bennett schon ein Loblied auf Sie gesungen hat, wäre es schön, wenn Sie sich einen von den hübschen Stühlen heranziehen und uns zeigen würden, was Sie zusammengetragen haben. Mein unkonventioneller Kollege und ich werden in fünf Minuten durch diese Tür spazieren.« Sie deutete auf die automatischen Schiebetüren zum Parkplatz.

Mit dem Ausdruck effizienter Entschlossenheit verteilte die junge Frau sauber ausgedruckte Unterlagen.

»Also, da Sie noch keinen Codenamen gewählt haben, habe ich mich fürs Erste für *Operation Mittwinter* entschieden. Ich hoffe, das ist in Ihrem Sinne?«

»Wie nett«, sagte Caine.

»Darauf kommen wir noch zurück«, sagte Shanti. »Es ist üblich, etwas Unauffälligeres zu nehmen.«

»Also, ich habe über die Familie Lovell-Finch recherchiert und bin auf jede Menge Material gestoßen. Auf den Seiten eins bis sieben meines Berichts finden Sie die Zusammenfassung meiner Ergebnisse. Die nachfolgenden Seiten gehen näher ins Detail, doch ich nehme an, dass Sie diese zu einem späteren Zeitpunkt lesen möchten. Ich stehe Ihnen übrigens Tag und Nacht zur Verfügung, sollten Sie irgendwelche Fragen haben. Meine Kontaktdaten stehen gleich hier.« Sie tippte mit dem Finger in die untere linke Ecke der ersten Seite.

»Vielen Dank«, sagte Caine. »Das ist ungeheuer hilfreich.«

Shantis dampfender »Stonehenge Hot Pot« war schamloses Seelenfutter, aber genau das brauchte sie heute. Entschlossen grub sie die Gabel in das köstlich duftende Gericht.

»Also, ich habe außerdem einen visuellen Vergleich angestellt zwischen den Aufnahmen, die die Spurensicherung von dem Verstorbenen gemacht hat, und ein paar neueren Schnappschüssen von Hector Lovell-Finch aus verschiedenen Quellen. Die Ähnlichkeit ist meines Erachtens offensichtlich.«

»Das ist unser Mann«, pflichtete Shanti ihr mit vollem Mund bei.

Caine nickte. »Unverkennbar.«

Finch war ein Eisbär von Mann – wild und aristokratisch aussehend zugleich. Mit seinem silbernen Bart und dem schulterlangen Haar machte er einen umgänglichen Eindruck. Auf zwei Fotos war er mit zwei riesigen, identisch aussehenden struppigen Hunden abgebildet, und die Art und Weise, wie er sie umarmte, machte deutlich, wie sehr er sie liebte.

»Schöne Tiere«, sagte Caine. »Irische Wolfshunde, nicht wahr?«

»Also, sie heißen Ganesh und Albion«, antwortete Masako. »Auf Seite siebzehn finden Sie mehr über die beiden. Soweit ich weiß, streiften Finch und die Hunde regelmäßig über die Hochebene.«

»Ich frage mich, wo die Tiere jetzt sind«, überlegte Caine. »Bei den Steinen habe ich keine entsprechenden Spuren gesehen.«

Shanti wandte sich bereits einem anderen Foto zu. »Was hat das zu bedeuten, Masako? Er hält einen Metalldetektor in der Hand.«

»Also, Finch war Sondengänger und begeisterter Amateurarchäologe. In erster Linie jedoch war er ein Umweltschützer, der sich leidenschaftlich für die Natur einsetzte.«

Shanti tippte auf den grünen Riesen auf dem Deckstein. »Ha, ein echter Grüner!«

Masako lächelte müde.

»Also, in der nationalen Datenbank finden sich Polizeiakten aus zurückliegenden Jahrzehnten, in denen Hector Lovell-Finchs Verstöße gegen das Gesetz festgehalten sind, geringfügige Vergehen wie Behinderung der Polizeiarbeit oder Landfriedensbruch.«

»Und daher kennst du ihn, Benno?«, erkundigte sich Caine.

»Also, für gewöhnlich war er mit einer Gruppe junger Kriegsgegner oder Umweltaktivisten unterwegs. Aber wie ich schon sagte: Er gab sich stets kooperativ. Ich werde Ihnen nun einige Informationen zum familiären Background geben«, fuhr Masako fort. »Hector Lovell-Finch war der zwölfte Earl of Lovell Court. Das Foto mit der Beschriftung LF/17 zeigt den alten Familiensitz, Lovell Court, der sich keine fünfzehn Meilen entfernt von hier befindet.«

»Du meine Güte!«, rief Shanti. »Was für ein Riesending!«

»Die Aufnahme ist mehrere Jahre alt, ich gehe davon aus, dass mittlerweile einige Veränderungen vorgenommen wurden.«

»Was für Veränderungen?«

»Also, da bin ich mir nicht ganz sicher«, räumte Masako ein. »Ich denke, sie hängen mit einem regelrechten Damaskuserlebnis in Finchs Leben zusammen, damals, in den Achtzigern.«

»Mit einem *was?*«, fragte Benno.

»Mit einer Art Erleuchtung«, erklärte Caine. »Einer tiefgreifenden Veränderung.«

»Bis zu jenem Moment war Finch ein konventionelles Mitglied der Land besitzenden Aristokratie«, erläuterte Masako. »Doch

Ende der Achtziger wandte er sich der linken Politik und dem Ökoaktivismus zu, sehr zum Entsetzen der Lovell-Finch-Dynastie. Er vollzog eine radikale, um nicht zu sagen dramatische Kehrtwende, auch wenn ich nicht klar benennen kann, was genau diese ausgelöst hat. Allerdings weiß ich, dass die Klatschspalten 1986 voll waren mit der erbitterten Scheidungsschlacht zwischen ihm und seiner ersten Ehefrau, Tiggy Antrobus-Lovell-Finch, Mitglied der feinen Gesellschaft und mäßig erfolgreiche Schauspielerin. Ausschnitte dazu finden Sie auf den Seiten dreiundzwanzig bis fünfundzwanzig.«

»Nie von ihr gehört«, sagte Shanti. »Lebt sie noch?«

Masako nickte. »Leider residiert Tiggy inzwischen in einem Pflegeheim, da sie nach der Scheidung einen kryptogenen Schlaganfall erlitten hat. Steht alles in dem Ordner.«

»Und Finch hat erneut geheiratet?«

»Ja. Nach ein paar Jahren hat er eine Brasilianerin namens Constanza geehelicht, die erheblich jünger ist …«

»Was für eine Überraschung«, fiel Shanti ihr ins Wort. »Geld kann so einiges bewirken.«

»Finch und Constanza haben eine vierzehn Jahre alte Tochter.«

»Ich dachte, Finch sei Ende sechzig gewesen?«

»Siebenundsechzig.«

»Das ist ziemlich spät für ein zweites Kind.«

»Also, ich versuche noch, Näheres in Erfahrung zu bringen, aber soweit ich weiß, wohnt die Tochter nach wie vor mit ihrer Mutter in Lovell Court.«

»Hm, okay, Masako. Gute Arbeit. Allerdings haben Sie etwas ausgelassen – etwas von ›nuklearer Sprengkraft‹, wie Sergeant Benno es so elegant formuliert hat.«

»Sie beziehen sich auf Kind Nummer eins – Finchs Sohn aus erster Ehe?«

»In der Tat.«

Sie betrachteten das Foto eines schmierig wirkenden Parlamentsabgeordneten mit fahler Gesichtsfarbe, buschigen Augenbrauen hinter einer eulenhaften Brille und dünnem, gelglattem Haar, das über einen großen, kahl werdenden Schädel gekämmt war.

»Ich kann den Mann nicht ausstehen«, platzte Benno heraus.

»Du überraschst mich, Sergeant Bennett«, stellte Shanti fest.

»Du kennst mich, Chefin, ich behandele eigentlich alle Menschen gleich ...«

»Ein Mann ohne Vorurteile«, pflichtete Caine ihm bei.

»... aber wenn es etwas gibt, was ich verabscheue, dann sind es affektierte Aristokraten mit siebenundzwanzig Bindestrichen im Namen, die nicht über den eigenen Tellerrand hinaussehen können.«

»Um fair zu bleiben: Er hat nur einen Bindestrich im Namen«, gab Caine zu bedenken.

»Und bestimmt mehr als einen Teller«, pflichtete Shanti ihm bei. »Auch wenn ich nicht glaube, dass ich dich extra daran erinnern muss: Polizei-Officer sollten ihre politischen Ansichten außen vor lassen.«

»Hier geht es nicht um Politik, Chefin. Es geht um einen selbstgerechten, bigotten ...«

»Halten wir uns an die Fakten, einverstanden? Fahren Sie fort, Masako.«

»Also, wir betrachten hier den hoch angesehenen konservativen Abgeordneten Quentin Lovell-Finch – Finchs Sohn aus erster Ehe.«

»Allgemein bekannt als ehrenwertes Parlamentsmitglied für die Unterwelt«, fügte Benno hinzu.

Der Abgeordnete auf dem Foto war Ende dreißig, aber er sah aus wie ein betagter Gentleman aus einer anderen Ära – beinahe älter als sein eigener Vater.

»Gehe ich recht in der Annahme, dass Quentin der Erbe ist?«, fragte Caine.

»Also, die Vermutung liegt nahe«, antwortete Masako. »Obwohl es kein Geheimnis ist, dass zwischen Vater und Sohn Funkstille herrschte. Quentin Lovell-Finch war noch ein Teenager, als seine Eltern sich scheiden ließen.«

»Ich kann den Vater verstehen«, murmelte Benno.

»Und wo können wir den Herrn Parlamentsabgeordneten finden?«, wollte Shanti wissen.

»Also, normalerweise ist er in Westminster, aber das Parlament ist gerade in der Pause, daher hält er sich mit großer Wahrscheinlichkeit mit seiner Frau Petronella und den gemeinsamen Kindern im Landhaus auf.«

»Wo liegt denn dieses Landhaus?«

»Das Anwesen mit dem klingenden Namen ›The Old Vicarage‹ befindet sich weniger als zehn Meilen von hier entfernt, von dort nach Lovell Court sind es keine fünf Meilen.«

»Seltsam, nicht wahr?«, befand Shanti. »Finch und Quentin können einander nicht ausstehen, trotzdem leben sie sozusagen Seite an Seite.«

»Lebten, Chefin«, korrigierte Benno.

»Also, vielleicht ist die Alte Pfarrei Teil des Familienanwesens«, überlegte die junge Kollegin. »Wie dem auch sei, ich habe mir schon gedacht, dass Sie dort zuerst Kontakt aufnehmen möchten, deshalb habe ich eine Telefonnummer ausfindig gemacht. Wollen Sie, dass ich einen Termin für Sie vereinbare?«

»Um Himmels willen, nein!«, wehrte Shanti ab. »Auf keinen Fall. Mein unkonventioneller Kollege und ich werden sofort persönlich hinfahren. Es ist wichtig, die spontane Reaktion der Angehörigen mitzubekommen, richtig, Caine?«

Caine hielt nachdenklich inne, dann sagte er: »Ich frage mich, ob es nicht besser wäre, wenn Sie und Benno Quentin aufsuchten, während ich nach Lovell Court fahre und mit Constanza und ihrer Tochter rede. Masakos Recherchen entnehme ich, dass Finch den beiden um einiges näherstand. Ich kann mir gut vorstellen, dass sie am Boden zerstört sind, wenn sie von seinem Tod hören, doch ich gehe davon aus, dass wir von ihnen mehr erfahren. Sie werden ihn bestimmt regelmäßiger zu Gesicht bekommen haben als Quentin.«

»Netter Versuch«, sagte Shanti. »Lasst uns ehrlich sein: Keiner von uns ist ein Fan von Quentin Lovell-Finch. Trotzdem hat der bedauernswerte Mann gerade auf höchst abscheuliche Art und Weise seinen Vater verloren, und wir wissen alle, was ihm später noch bevorsteht, nicht wahr?«

»Er muss den Leichnam identifizieren«, beantwortete Benno ihre Frage.

»Korrekt. Was für jeden schwer ist. Ich halte es daher für unsere Pflicht, ihm die Nachricht so schonend wie möglich zu übermitteln … und ihn so taktvoll wie möglich zu befragen. Sie sind in solchen Dingen besonders feinfühlig, Caine, auch das wissen wir alle.«

Caine hatte seine Suppe aufgegessen und schnitt nun einen Apfel in geometrisch perfekte Scheiben. Bei Shantis Worten errötete er leicht, vielleicht aber auch nur, weil ihm langsam wieder warm wurde.

Shanti stand auf. »Benno, ich möchte, dass du zwei Streifenkollegen nach Lovell Court schickst. Sie sollen die Witwe und die Tochter informieren. Denk dran: Es muss jemand mit Einfühlungsvermögen sein.«

»Dann also lieber nicht Dunster und Spalding?«

»Auf keinen Fall! Wenn möglich, psychologisch geschulte Officer, die im Umgang mit den Angehörigen von Opfern erfahren sind.«

Sie zog ihren Mantel an und setzte die Mütze mit den beiden

Bommeln auf, dann schob sie den Ordner, den Masako ihnen zusammengestellt hatte, in ihre Tasche. »Wirklich gute Arbeit, Masako. Ich weiß das zu schätzen.«

»Es war mir ein Vergnügen«, erwiderte die junge Kollegin. »Ach übrigens: Ich habe mir einen kurzen Überblick über Quentins finanzielle Situation verschafft. Eine ziemlich intransparente Angelegenheit, aber ich habe bereits eine Reihe von Anfragen wegen Schwarzgeldkonten, Verbindungen zu Ölkonzernen und Rüstungsfirmen abgeschickt. Es hat außerdem den Anschein, als ob sich der ehrenwerte Parlamentsabgeordnete für diverse obskure Privatunternehmen einsetzte.«

»Ich hatte nichts anderes erwartet«, sagte Shanti.

»Ich bin mir sicher, es ist alles legal«, fügte Masako hinzu, »nichtsdestotrotz könnte es relevant sein. Also, die Details dazu finden Sie auf den letzten Seiten der Operation Mittwinter.«

»Ausgezeichnet. Sind Sie so weit, Caine? Oder sind Sie noch damit beschäftigt, eine Autopsie an diesem Apfel vorzunehmen?«

Kapitel elf

DAS EHRENWERTE PARLAMENTSMITGLIED FÜR DIE UNTERWELT

Nachdem sie bei der Schranke die Wachleute passiert hatten, wurden sie von einer heranstürmenden Meute bedrängt, die den Wagen umringte, sodass lauter hektische, platt gedrückte, grimassierende Gesichter an den Wagenfenstern klebten.

»Ach du lieber Himmel!«, stieß Shanti gereizt hervor. »Die drehen ja völlig durch! Wie sollen wir da durchkommen?«

»Ich denke, es ist besser, wenn wir eine Stellungnahme abgeben«, sagte Caine.

»Vermutlich haben Sie recht. Wenn wir das nicht tun, reimen sie sich irgendeinen Unsinn zusammen.«

»Möchten Sie, dass ich das übernehme?«

»Wir machen das zusammen, aber wir bleiben vage, Caine. Keine Namen.«

Sie stiegen aus und sahen sich augenblicklich mit einer undurchdringlichen Mauer aus Kameras, Mikrofonen und gebrüllten Fragen konfrontiert.

»Wer ist der ominöse Mann, DI Joyce?«

»Haben Sie den Toten identifizieren können, DI Caine?«

»Bitte, meine Damen und Herren!«, rief Shanti. »Wenn Sie alle gleichzeitig reden, verstehen wir Sie nicht … Danke. Sie haben sicher Verständnis dafür, dass wir Ihnen nur begrenzt Auskunft erteilen können, da wir uns erst in der frühesten Phase der Ermittlungen befinden.«

»Wer hat den Leichnam entdeckt, DI Caine?«

»Handelt es sich um einen satanischen Kult, Inspector Joyce?«

»Wir können Ihnen lediglich mitteilen, dass wir den unglückseligen Tod eines Gentlemans Ende sechzig untersuchen«, gab Shanti Auskunft.

»Aus bislang ungeklärten Gründen wurde seine Leiche heute früh auf einem der Decksteine von Stonehenge gefunden«, ergänzte Caine.

»Das wissen wir. Wie ist er dorthin gelangt, Inspector?«

»Wurde er auf dem Trilithen ermordet?«

»Wie ist er zu Tode gekommen, Detective?«

»Hören Sie«, ließ sich Shanti vernehmen. »Ich schlage vor, wir einigen uns darauf, dass Sie uns unseren Pflichten nachgehen lassen, und ich garantiere Ihnen, dass wir Sie als Erste über signifikante Entwicklungen in diesem Fall informieren.«

»Unterdessen möchten wir Sie ersuchen, von voreiligen Schlüssen abzusehen. Es wäre uns eine großartige Hilfe, wenn Sie Ihr Publikum bitten könnten, uns sämtliche ermittlungsbezogenen Informationen zukommen zu lassen, so unbedeutend sie auch erscheinen mögen«, fügte Caine hinzu.

»Alles, was sich gestern Nacht hier vor oder während des Schneesturms zugetragen hat, könnte relevant sein«, erklärte Shanti.

Sie zogen sich wieder in den Wagen zurück, und als Shanti Gas gab und losrollte, teilte sich die Menge und drängte sich an Rändern der Zufahrt zusammen.

Endlich erreichten sie die Straße. Shanti beschleunigte so abrupt, dass der Saab einen Satz nach vorn machte.

»Herrgott, Caine. So etwas habe ich ja noch nie erlebt! Wenn sie die Kameraobjektive auf einen richten, ist es fast, als würden sie einen unter Beschuss nehmen. Sehen Sie nur, ich zittere!« Sie streckte ihre Hand aus. Caine nahm sie und drückte sie kurz. »Warten Sie nur, bis die herausfinden, dass es sich bei dem Opfer um einen Lovell-Finch handelt … Sie folgen uns doch nicht etwa, oder?«

Caine drehte sich um und spähte durch die Heckscheibe.

»Ich glaube nicht. Bleiben Sie ruhig, Shanti. Gleich kommt eine enge Kurve. Ja, gleich da hinten, links.«

»Ein paar Schilder wären ganz hilfreich.«

Sie bog in eine schmale Seitenstraße mit steilem Gefälle ein, die von hohen, mit knorrigem Wurzelgeflecht bedeckten Böschungen gesäumt war. Über ihren Köpfen bogen sich die Äste der Bäume unter der Schneelast, sodass sie das Gefühl hatten, durch tief verschneite unterirdische Höhlen zu rollen. Oder durch einen Tunnel aus Schnee.

»Sie kamen mir vor wie Wölfe«, sagte Caine leise. »Ich weiß, dass die Alten glauben, während der Wintersonnenwende würden Urkräfte entfesselt – offenbar auch bei denen.«

»Denselben Blödsinn habe ich mir schon von Benno anhören müssen, deshalb lassen Sie mich eines klarstellen: Das hier ist eine Mordermittlung, kein Zombiefilm für Teenager. Und jetzt halten Sie die Augen auf nach diesem Haus. Herrje, es hat ja fast den Anschein, als würden sich die Lovell-Finchs verstecken!«

»Die Old Vicarage müsste sich am Fuß des Hügels befinden, das große Anwesen, Lovell Court, ein paar Meilen dahinter. Sie müssen zugeben, dass diese kleinen Straßen wunderschön sind, Shanti, ein Refugium für Wildtiere – sehen Sie nur, all die Spuren!«

Halb verborgen im Blattwerk entdeckte sie einen verblassten Wegweiser zur Alten Pfarrei, dem Landhaus von Quentin Lovell-Finch. Shanti trat auf die Bremse, aber der Wagen glitt sanft weiter wie ein Boot, bevor er vor zwei steinernen Torpfosten zum Stehen kam.

»Bislang keine Spur von den Medien«, stellte Caine fest. »Allerdings muss jemand hier heute schon gefahren sein. Dort drüben befinden sich frische Reifenspuren.«

Sie bogen in eine kurze Einfahrt ein, an deren Rand Lorbeerbäume mit weißen Schneekappen standen.

»Hören Sie, Caine«, sagte Shanti. »Wir haben es gleich mit einflussreichen Leuten zu tun, die in einen emotionalen Ausnahmezustand geraten, sobald wir ihnen die traurige Nachricht überbringen.«

»Das weiß ich.«

»Dann werden Sie bitte nicht von ›Urkräften‹ sprechen? Und auch nicht von Menschenopfern?«

»Ich gebe mein Bestes«, versprach Caine.

»Versuchen Sie, möglichst nicht ›unkonventionell‹ rüberzukommen, Caine.«

Sie hielten vor einem typisch gotischen Pfarrhaus aus efeuüberwucherten Backsteinziegeln – eine hübsche Behausung für einen Landpfarrer, aber eher bescheiden für Abkömmlinge der Aristokratie, zu der dieses Paar ihres Wissens gehörte.

Als er aus dem Wagen stieg, bemerkte Caine, dass ein großes Schneebrett vom Dach in ein Blumenbeet gerutscht war. Drei Fahrzeuge standen in einer offenen Eichenholzgarage neben der Wendeschleife – ein weißer Mini, ein silberner Mercedes, und unter einer Plane schauten Teile eines hochglanzpolierten weinroten Oldtimers hervor. Der Mercedes war der Wagen, von dem die Reifenspuren stammten, denn das Profil war voller Schnee.

Sie drückten auf die Klingel und warteten auf der aufwendig geschmückten Veranda, bis der Glockenklang verhallt war. Shanti betrachtete den mit Glaskugeln und einer üppigen Satinschleife versehenen Kranz über dem Messingtürklopfer. So etwas bekam man nur bei Harrods.

»Danke, dass Sie mitgekommen sind, Caine«, sagte sie unerwarteterweise. »Tut mir leid, dass ich so mürrisch war.«

»Es gibt keinen Ort, an dem ich lieber wäre«, gab er sanft zurück.

Die mit Buntglasfenstern versehene Tür wurde von einer vollschlanken Frau mit einem zutiefst besorgten Ausdruck in dem bleichen Gesicht geöffnet. Shanti nahm an, dass sie Petronella Lovell-Finch gegenüberstanden, der Gemahlin des Parlamentsabgeordneten Quentin Lovell-Finch. Sie hielt ein feistes Baby mit Mützchen in den Armen, eine ebenso blassgesichtige Kinderschar klammerte sich an den Saum ihres blumengemusterten Kleids. Die samt- und karolastige Kleidung der Sprösslinge wirkte irgendwie unzeitgemäß.

Shanti zeigte der Frau ihren Dienstausweis und setzte einen angemessen betroffenen Gesichtsausdruck auf. »Ich bin Detective Inspector Joyce, und das ist mein Kollege, DI Caine. Wir möchten uns dafür entschuldigen, dass wir unangemeldet bei Ihnen erscheinen, Madam, aber wir müssen dringend Ihren Ehemann sprechen – Quentin Lovell-Finch. Ist er zu Hause?«

Ohne darauf zu antworten, drehte sich Lady Lovell-Finch um und rief laut: »Quinty, die Polizei ist heraußen. Soll ich sie ins Herrenzimmer führen?«

Sie sagte *heraußen* und *Herrenzimmer*.

»Ich telefoniere«, tönte es gereizt von oben. »Bitte sie, einzutreten, und sag ihnen, ich bin gleich herunten. Es zieht vom Vestibül.«

Er sagte *herunten* und *Vestibül*.

Wie eine Schäferin mit ihrer Herde führte Petronella die DIs den Flur entlang. Alles war in leuchtendem Rot und Grün gehalten, an den Wänden hingen vergoldete Bilderschienen mit gerahmten Aufnahmen, die Quentin Lovell-Finch mit verschiedenen Politikern und Würdenträgern zeigten, einschließlich Mitgliedern der königlichen Familie.

Neben der Tür zum »Herrenzimmer« drehte sich eines der Kinder zu Shanti um und streckte eine lange rosa Zunge heraus.

Es war in Pauls Alter, aber sehr viel hässlicher. Petronella zauste dem Jungen das Haar und tadelte ihn milde: »Denke daran, Victus, Dekorum adelt den Mann.«

Als sie noch neu in ihrem Job war, hatte Shanti es geliebt, Einblicke in die Lebensweisen verschiedener Gesellschaftsschichten zu bekommen, die ihr sonst vermutlich verborgen geblieben wären. Sie erinnerte sich, wie sie Mum und Paul, der damals noch ganz klein gewesen war, alles ausführlich geschildert hatte. Noch immer sah sie die staunenden Gesichter der beiden vor sich.

Das Herrenzimmer war ein hübscher Raum mit einem großen Weihnachtsbaum, Bücherregalen aus Eichenholz voller alter Schinken und sogar einem Schaukelpferd. Dennoch war es allein von den Dimensionen her weit weniger opulent, als Shanti es von typischen Herrenhäusern kannte, wenn auch überwiegend von Fotos. Fast so, als würden Quentin und Petronella *Schwere Zeiten* durchmachen.

»Bitte bedienen Sie sich«, flötete Petronella und deutete auf eine Karaffe mit Sherry. »Quentin ist gleich bei Ihnen. Kommt mit, Kinder.«

Als sie draußen waren, wurde es still im Herrenzimmer. Nur das Knistern des Kaminfeuers und das monotone Ticken der alten Standuhr, die wie ein Butler dienstbereit vor der Wand stand, waren zu hören.

Shanti nahm auf der Bank vor dem Flügel Platz, von wo aus sie die schön verpackten Weihnachtsgeschenke unter dem üppig geschmückten Baum betrachtete. Plötzlich vernahm sie ein leises Stimmchen – ihr stets besorgtes inneres Kind meldete sich zu Wort und erinnerte sie daran, dass sie, Tochter indischer Einwanderer aus der Arbeiterschicht, nicht das Recht hatte, hier zu sein. Sie hatte sich an einen Ort verirrt, wo sie nicht hingehörte: in das Allerheiligste ihrer wohlhabenden und gebildeten Vorgesetzten. Klassisches Hochstapler-Syndrom, stellte sie fest.

Gleichzeitig wurde eine Gegenstimme in ihr laut: Sie hatte ihren Sohn so erzogen, dass er sich wohl in seiner Haut fühlte. Sie würde sich von niemandem einschüchtern lassen.

Während Shanti ihren Gedanken nachhing, streifte Caine durch den Raum, wie immer auf der Suche nach Hinweisen. Hinter dem Weihnachtsbaum entdeckte er eine Anrichte, auf der gerahmte Fotos standen. Neben weiteren Aufnahmen von Quentin mit politischen Leuchten bemerkte Caine mehrere verblasste Bilder eines bildhübschen Filmsternchens mit endlos langen Wimpern im Look der 1960er- und 1970er-Jahre, anscheinend Quentins Mutter Tiggy in ihren Glanzzeiten. Ganz hinten entdeckte er ein Foto, auf dem eine Gruppe übermütiger Internatsschüler abgebildet war. Wegen seiner Größe und der dicken Brille war der jugendliche Quentin Lovell-Finch auf den ersten Blick zu erkennen. Caine nahm sein Smartphone zur Hand und machte mehrere Fotos.

Nach geschlagenen zehn Minuten hörten sie Schritte im Flur und ein gemurmeltes Gespräch zwischen Petronella und Quentin.

Kurz darauf öffnete sich die Tür, und Quentin Lovell-Finch gesellte sich zu ihnen. Er sah genauso ulkig aus wie in den Abendnachrichten. Obwohl er nicht viel größer war als Caine, ließ ihn der schlaksige, vorgebeugte Körper mit dem gewaltigen Kopf aussehen wie einen Riesen. Die buschigen Brauen wucherten über seine an Glasbausteine erinnernden Brillengläser. Seine fahle Haut fiel genauso ins Auge wie sein überhebliches Getue.

»*Quis custodiet ipsos custodes?*«, trompetete er.

»Verzeihung?«, sagte Shanti.

»Es gibt nichts zu verzeihen, verehrte Dame. So pflege ich die Constables in Westminster zu begrüßen. Kleiner Scherz. Es bedeutet: Wer wird die Wachen bewachen?«

»Ah. Ich wette, das bringt sie zum Lachen.«

Der Abgeordnete tätschelte das Schaukelpferd und schlenderte zum Getränkewagen, wo er die aufgereihten Spirituosen in Augenschein nahm. Shanti fiel auf, dass er die üblichen Nadelstreifen durch eine burgunderrote Hose und einen alten Pullover mit Rentiermotiv ersetzt hatte.

»Sir, es fällt mir nicht leicht, Ihnen folgende Mitteilung zu machen …«, setzte sie an.

Er drehte ihr kaum das Gesicht zu.

»Sie kommen wegen meines Vaters«, sagte er.

»Sie … Sie wissen davon?«

»Ihr Taktgefühl in allen Ehren, meine Dame, aber ich bin mir sehr wohl der Tatsache bewusst, dass mein Vater in den frühen Morgenstunden des heutigen Tages verschieden ist. Typisch für ihn, diesen Zeitpunkt zu wählen, um größtmöglichen Schaden anzurichten.«

Er wählte eine Karaffe aus und entfernte den Stopfen. Shanti sah, wie seine Nasenflügel beim Einatmen bebten.

»Aber woher … Ich meine, wieso wissen Sie schon davon?«, fragte sie perplex.

Er musterte sie abschätzig.

»Um es simpel zu formulieren: Ich habe Kontakte – davon können Sie nicht einmal träumen.«

»Kontakte bei der Polizei? Oder bei English Heritage? Kennen Sie Leute beim Militär?«

Er schenkte sich großzügig in einen Bleikristalltumbler ein.

»Korrekt. Überall dort.«

Seine Kopfform war ungewöhnlich, irgendwie unstimmig, dachte Shanti. Rautenförmig, mit weit über den Kragen hinausragender Rückseite. Ölige Haarsträhnen stürzten wie ein Wasserfall in die Tiefe.

»Mit Verlaub«, sagte sie. »Es erstaunt mich, dass Sie so gelassen erscheinen. Ist Ihnen bewusst, dass sein Tod aller Wahrscheinlichkeit nach kein Unfall war?«

»*Morte magis metuenda senectus*, wie man so schön sagt.«

»An meiner Schule wurde kein Latein unterrichtet.«

»Das Alter ist mehr zu fürchten als der Tod.«

»Ich fürchte Mord, Mr. Lovell-Finch.«

»Richtig. Möge die Gerechtigkeit walten.«

»Die Gerechtigkeit wird ganz sicher walten«, sagte Shanti ruhig. »Und genau aus diesem Grund möchten wir uns Ihrer vollen Kooperation versichern.«

Lovell-Finch fischte mit einer Silberzange Eiswürfel aus einem Kübel.

»Verehrte Dame …«

»Detective Inspector, wenn ich bitten darf.«

»… an dreihundertachtundzwanzig Tagen im Jahr diene ich meinen Wählern auf jede erdenkliche Weise. An Weihnachten jedoch suche ich selbstsüchtig ein wenig Ruhe im Schoße meiner Familie. Wir haben eine kleine Tochter, keine drei Wochen alt. Aber selbst dann bin ich anscheinend dazu verpflichtet, mich mit der Polizei auseinanderzusetzen, ganz zu schweigen von Journalisten und dem gemeinen Volk.«

Er sah sich im Zimmer um und starrte Caine an, als würde er ihn jetzt erst bemerken.

»Was ist mit Ihrem langhaarigen Kollegen? Spricht er nicht?«

»Er hört zu, Mr. Lovell-Finch.«

Der Politiker trug den Tumbler durchs Zimmer und drehte ihn in den Händen, als wäre er ein kostbarer Diamant. Nachdem er auf einem der Sessel Platz genommen hatte, sagte er: »Ich fürchte, wir werden dieses Gespräch kurz halten müssen. In Anbetracht der Ereignisse habe ich einen Termin mit meinem Anwalt anberaumt – er war am Telefon, als Sie eintrafen. Weiß Gott, welches Chaos Vater mit seinem Letzten Willen anrichtet, deshalb dachte ich, es wäre das Beste, die Mühlen der Juristerei noch vor den Feiertagen in Gang zu setzen. Sie haben zwanzig Minuten, keine Sekunde länger.«

Shanti spürte, wie sich Widerstand in ihr regte.

»Ich muss Sie darüber informieren, dass wir befugt sind, Sie so lange zu befragen, wie wir es für nötig erachten, Sir. Falls erforderlich, auch im Präsidium – in diesem Falle wäre es sicher von Vorteil, wenn Sie Ihren Anwalt zu Rate ziehen.«

Er sah sie streng an. »Machen Sie sich mich nicht zum Feind, verehrte Dame. Wie einst der Barde von Avon sagte: ›Ich würde Sie zu einem geistigen Wettstreit herausfordern, aber ich sehe, dass Sie unbewaffnet sind.‹«

Shanti öffnete den Mund, um zu kontern, doch dann riss sie sich zusammen und sagte stattdessen: »Ist es nicht ziemlich früh, die testamentarischen Verfügungen zu diskutieren?«

»Wenn jemand so lange außen vor gelassen wird wie ich, ist es keine Sekunde zu früh.«

»Sie hoffen darauf, Lovell Court zu erben?«

»Nun, das geht Sie, ehrlich gesagt, nichts an.«

»O doch, das geht mich sehr wohl etwas an, Mr. Lovell-Finch. Mein langhaariger Kollege und ich sind die leitenden Ermittler in diesem Fall. Alles, was Lovell-Finch betrifft, geht uns etwas an.«

»Ihr Benehmen grenzt an Impertinenz.«

»Und Ihr Benehmen grenzt an Behinderung der polizeilichen Ermittlungen und ist, wenn ich das so sagen darf, ein wenig zu privilegiert.«

»Privilegiert?«, kreischte er. Seine Stimme erinnerte an die eines Esels. »Verehrte Dame, ich *bin* privilegiert. Mein Vater … mein verschiedener Vater, war der zwölfte Earl von Lovell Court. *Ergo:* Ich bin der dreizehnte. Ich kann meinen Stammbaum bis ins zwölfte Jahrhundert und noch weiter zurückverfolgen. Können Sie das auch?«

Caine trat in die Mitte des Herrenzimmers und sagte mit ruhiger, gemessener Stimme: »Schon gut, Shanti. Ich halte es für durchaus möglich, dass er die traurige Neuigkeit noch nicht ganz verinnerlicht hat.«

»Er redet wie Caliban!«, schnaubte Quentin und trat zu ihm.

Beide Männer waren groß, doch während Caine athletisch gebaut war, lastete die Größe auf den Schultern des schlaksigen Politikers wie ein unerwünschtes Vermächtnis seines Vaters.

»Es ist so, Mr. Lovell-Finch«, fuhr Caine fort. »In unserem Beruf ist das Motiv entscheidend. Aus diesem Grund sind Erbschaftsangelegenheiten für uns wichtig. Es ist nichts Persönliches, das versichere ich Ihnen. Wir werden allen Beteiligten ähnliche Fragen stellen. Uns ist zu Ohren gekommen, dass es … Unstimmigkeiten zwischen Ihnen und Ihrem Vater gab?«

»Sind Sie schon in Lovell Court gewesen, Detective Caliban?«

»Wir haben vor, morgen dorthin zu fahren.«

»Dann werden Sie es mit eigenen Augen sehen.«

»Was werden wir sehen, Sir?«

»Warum ich eine gewisse Antipathie hege. Mein Zuhause wurde zerstört!«

»Ihnen gefällt die Einrichtung nicht?«

»Die Einrichtung? Lovell Court wurde verwüstet! Entweiht! Und ich treffe diese Wortwahl keineswegs leichtfertig.«

»Es tut mir leid, dies zu hören«, sagte Caine. »Ich nehme an, es kostet ein Vermögen, ein Anwesen wie Lovell Court in Schuss zu halten, und aller Wahrscheinlichkeit nach war die Scheidung Ihres Vaters von Ihrer Mutter sehr teuer. Möglicherweise sind ihm die Mittel ausgegangen?«

»Sie haben ja schon einiges ans Tageslicht geholt! Vielleicht hätte mein Vater Lovell Court ganz einfach der Familie zurückgeben sollen. Wir hätten es niemals so herunterkommen lassen.

Aber Vater war immer schon stur. Warten Sie, bis Sie das Dreckloch sehen.«

»Es verwirrt mich, dass der Zustand des Hauses Sie mehr aus der Fassung zu bringen scheint …«

»Das ist nicht einfach nur ein Haus – es ist eines der vornehmsten Anwesen in ganz England!«

»… als der Tod Ihres Vaters.«

Es entstand eine lange Pause. Lovell-Finch ging zum Kamin und stocherte mit einem Schürhaken im Feuer, die Standuhr reihte ihr monotones Tick-tack, Tick-tack aneinander wie Perlen auf der Schnur einer Kette aus Zeit.

»Wenn Sie Platz nehmen, Detective Inspector, werde ich versuchen, Ihnen mein Verhalten verständlich zu machen.«

»Oh, das wäre sicherlich von Vorteil«, bemerkte Shanti trocken.

Caine setzte sich neben Shanti auf die Klavierbank. Sie stand auf und ließ sich auf eine Chaiselongue fallen.

»Mir ist klar, dass Ihnen das Klischee des untröstlichen Sohnes besser ins Konzept passen würde«, sagte der Parlamentsabgeordnete. »Selbstverständlich betrübt mich der Tod meines Vaters, doch da wir in den letzten zwanzig Jahren kaum ein Wort miteinander gewechselt haben, fällt es mir schwer, mich zutiefst betroffen zu zeigen. Sie reden von Gerechtigkeit, doch der Gerechtigkeit ist für mich dann Genüge getan, wenn Lovell Court in seinen früheren prachtvollen Zustand zurückversetzt ist und ich meinen rechtmäßigen Platz als Familienoberhaupt eingenommen habe. *Ergo:* wenn diese Frau vertrieben wurde, zusammen mit dem Schmuddelpack, das dort haust. Wenn das die Konsequenz von Vaters Tod ist, hat er zumindest etwas Gutes bewirkt.«

»Mit ›diese Frau‹ meinen Sie Ihre Stiefmutter, Constanza Lovell-Finch?«

»Heißt sie so? Ich stehe in keinerlei Beziehung mit dieser Person.«

»Und mit dem ›Schmuddelpack‹?«, fragte Shanti.

»*Hostis humani generis.* Für die Ungebildeten unter uns: Das bedeutet ›Feind der Menschheit‹. Mein Vater hat eine nihilistische Horde von Degenerierten um sich geschart, die sich ›Umweltschützer‹ nennen, obwohl sie keine Ahnung von der Natur haben. Er ist völlig durchgedreht, nachdem er diesen Leuten begegnet ist. Hat sich die Haare und den Bart wachsen lassen wie König Georg, nur dass er sich auch noch das Gesicht angemalt hat. Es hat meiner Mutter, der armen Tiggy, das Herz gebrochen. Wussten Sie, dass diese Landbesetzer sogar versuchen, den Namen meines Familiensitzes zu ändern?«

»Wie wollen sie ihn denn nennen, Mr. Lovell-Finch?«

»Keine Ahnung. Es kümmert mich nicht. Das Anwesen heißt seit jeher Lovell Court, und ich würde eher sterben, als zuzulassen, dass daran etwas geändert wird.«

»Haben Sie und Ihr Vater sich deshalb voneinander entfremdet?«

»Korrekt. Ich bringe keinerlei Interesse für sein New-Age-Geschwätz auf, genauso wenig wie er eines für meine politischen Ambitionen.«

»Ihre politischen Ansichten sind ja allgemein bekannt«, sagte Caine.

»Nennen Sie mich altmodisch, aber ich glaube fest daran, dass einige ganz oben auf dem Gipfel zur Welt kommen und es einen natürlichen ›Abtropfeffekt‹ gibt.« Er warf einen Blick aus dem Fenster auf die weiß verschneiten Bäume. »Sehen Sie, in etwa wie bei der Schneeschmelze.«

Shanti verlagerte unbehaglich ihr Gewicht auf der Chaiselongue. »Hören Sie, Mr. Lovell-Finch, wir sind nicht hier, um mit Ihnen über Politik zu diskutieren. Relevant ist lediglich, dass Ihr Vater an einem bestimmten Punkt in seinem Leben seine politische Haltung scheinbar revidiert hat, was zu Bitterkeit zwischen Ihnen führte. Ist das eine angemessene Zusammenfassung?«

»Ich brodele vor Bitterkeit, verehrte Dame. Ich weiß ja nicht, woher Ihre Familie stammt, aber den Lovell-Finchs gehört seit Menschengedenken die Hälfte dieser Grafschaft, einschließlich des Monuments, das als Stonehenge bekannt ist.«

»Ihrer Familie gehört Stonehenge?«

»Tiggys Familie, genau genommen. Mummy ist eine Antrobus. Sie können gern nachschlagen, sollten Sie mir nicht glauben – im Regal finden Sie Enzyklopädien. Sehen Sie unter ›A‹ nach.«

»Ich werde es später googeln.«

»Es würde mich nicht überraschen, wenn ein Urahn das verdammte Ding in Auftrag gegeben und damit Legionen von Arbeitern zu Lohn und Brot verholfen hätte.«

»Erzählen Sie uns von Ihrer Mutter«, forderte Shanti ihn auf. »Lady Tiggy Antrobus-Lovell-Finch. Sie war ihrerzeit eine Art It-Girl, eine bekannte Schauspielerin?«

»Tiggy ist tabu.«

»Wie ich schon sagte: Es gibt keine Tabus. Unsere Ermittlungen betreffend, meine ich. Ihre Mutter ist in einem Pflegeheim untergebracht?«

»Nicht dass das für Ihre Ermittlungen in irgendeiner Weise relevant wäre, aber Ihre Informationen sind korrekt. Als mein Vater diese ungewöhnliche Kehrtwende in seinem Leben vollzog, erlitt Tiggy eine Apoplexie, die sie die Karriere kostete. Sie wurde dadurch zum Pflegefall, kann selbst den einfachsten Bedürfnissen nicht ohne Hilfe nachkommen. Aufgrund meiner beruflichen Verpflichtungen bin ich außerstande, die benötigte Form der Unterstützung zu leisten. Mummy ist … Wie soll ich mich ausdrücken? Verwirrt. Durcheinander. Desorientiert. Meine Frau Petronella ist überzeugte Christin, daher ist Tiggy während der Weihnachtsfeiertage stets ein gern gesehener Gast im alten Pfarrhaus – die Kinder lieben sie. Ich werde sie morgen abholen und mich der unliebsamen Pflicht, die sicher an mir hängen bleibt, stellen, sie von Finchs Tod in Kenntnis zu setzen. Auch wenn ich kaum davon ausgehe, dass die bedauernswerte Tiggy etwas mit dieser Information anfangen kann.«

»Das tut mir leid«, sagte Caine.

»Hm.« Quentin seufzte. »Und nun, so fürchte ich, werde ich dieses gemütliche Gespräch beenden müssen. Wie ich schon sagte: Ich erwarte meinen Anwalt.«

»Wir sind fast fertig, Sir«, entgegnete Caine ruhig. »Es ist nur eine Formalität, aber es wäre sehr zuvorkommend, wenn Sie und Ihre Frau uns mitteilen würden, wo Sie sich letzte Nacht aufgehalten haben, vor allem in den frühen Morgenstunden des heutigen Tages.«

»Sie fragen mich nach einem Alibi wie einen gewöhnlichen Kriminellen?«

»Es würde uns sehr weiterhelfen.«

»Tja, Petronella und ich haben schlecht geschlafen. Es war eine unruhige Nacht, und in den frühen Morgenstunden ist eine große Schneebank vom Dach gerutscht. Zudem wurden wir immer wieder von Velveteen aus dem Schlaf gerissen …«

»Velveteen?«

»So heißt unsere neugeborene Tochter. Sie leidet an Koliken, und das Kindermädchen ist die ganze Nacht über ins Kinderzimmer hinein- und wieder hinausgehuscht.«

»Verstehe. Wäre es möglich, das Kindermädchen zu sprechen?«

»Es ist Weihnachten. Sie ist abgereist, zu ihrer Familie in … Keine Ahnung, wo sie wohnt. Ich habe sie heute Morgen zum Bahnhof gefahren.«

»Dürfte ich erfahren, welchen Wagen Sie benutzt haben?«, fragte Caine.

Quentin Lovell-Finch starrte Caine an, als wäre er ein Kretin. »Den Mercedes, wenn Sie es unbedingt wissen wollen.«

»Vielen Dank«, erwiderte Shanti anstelle ihres Kollegen. »Ein Officer wird sich wegen der Kontaktdaten mit Ihnen in Verbindung setzen.«

»Darum kümmert sich Petronella«, gab Quentin zurück und ging zur Tür. »So, nun müssen Sie sicher wieder Streife fahren oder sich ähnlich wichtigen Dingen widmen.«

»Letzteres«, sagte Shanti und stand auf. »Ich würde gern behaupten, dass wir Sie nicht weiter behelligen werden …«

»*Gratias, Dominus.*«

»… aber leider haben unsere Ermittlungen gerade erst begonnen. Bevor wir uns verabschieden, würde ich Ihnen gern noch eine weitere impertinente Frage stellen.«

»Ich sitze auf glühenden Kohlen, verehrte Dame.«

»Haben Sie Ihren Vater ermordet, Sir? Seine Kehle durchtrennt und ihn auf den Deckstein eines Trill…«

»Trilithen gelegt?«, ergänzte Caine eilig.

Quentin Lovell-Finch hätte sich beinahe an seinem Scotch verschluckt.

»Vielleicht haben Sie ja auch jemanden beauftragt, dies für Sie zu erledigen? Wir werden herausfinden, ob Sie in irgendeiner Form daran beteiligt sind, Mr. Lovell-Finch. Es würde die Sache aber sehr erleichtern, wenn Sie uns dies mitteilen könnten, vorzugsweise vor den Weihnachtsfeiertagen.«

Vergrößert durch die dicken Brillengläser, erinnerten seine buschigen Augenbrauen an flatternde Tauben in einer Falle.

»Sie werden das Anwesen auf der Stelle verlassen, sonst rufe ich …«

»Wen, Sir?«

»Verdammt! Scheren Sie sich zum Teufel!«

Shanti und Caine folgten seinem überkragenden Hinterkopf zur Tür des Herrenzimmers und den Flur entlang.

»Wie DI Caine Ihnen bereits mitteilte«, sagte Shanti, »werden wir Lovell Court morgen einen Besuch abstatten. Möchten Sie, dass wir Ihrer Stiefmutter Constanza und Ihrer Halbschwester etwas ausrichten?«

Quentin zögerte einen Moment.

»Ja. Ja, ich würde ihnen gern etwas mitteilen. Bitte informieren Sie sie darüber, dass sich etwas ändern wird. Sagen Sie ihnen, sie sollen ihre ungehobelten Bekannten zusammentrommeln und ihre schäbigen Sachen packen. Sie müssen in Bälde mit einem Besuch von Lord Lovell-Finch, dem dreizehnten Earl of Lovell Court, rechnen. Zur Haustür geht es dort entlang, verehrte Dame.«

Keine Minute später standen sie im eisigen Wind unter dem Vordach der Old Vicarage. Während sie die Stufen hinunterstiegen, blieb Quentin Lovell-Finch in der offenen Haustür stehen und sagte schniefend: »Sobald Sie mit eigenen Augen sehen, was sie mit dem Zuhause meiner Kindheit angestellt haben, werden Sie vermutlich ein klein wenig mehr Verständnis für meine Haltung aufbringen.«

»Für Empathie ist DI Caine zuständig«, erwiderte Shanti und entriegelte die Türen ihres Saabs. »Ich stelle die impertinenten Fragen.«

Er warf ihr einen aufgebrachten Blick zu. »Um Ihre vulgäre Frage zu beantworten: Dort werden Sie die Ganoven finden …«

»Welche Ganoven, Sir?«

»Die Ganoven, die meinen Vater ermordet haben.«

Damit drehte er ihnen seinen seltsam geformten Hinterkopf zu und kehrte ins Haus zurück.

Kapitel zwölf

UNFUCKINGBELIEVABLE

»*Unfuckingbelievable*«, murmelte Shanti, als sie wieder durch den Schneetunnel fuhren, »einfach unglaublich.«

»Nimm es nicht persönlich, Shanti.«

»*Verehrte Dame, ich bin in der Tat privilegiert* … Ich hätte beinahe in den Flügel gekotzt.«

»Er kann einen wahrhaftig zur Weißglut bringen.«

»*Ich würde Sie zu einem geistigen Wettstreit herausfordern, aber ich sehe, dass* … Wie ging es noch gleich weiter?«

»*Aber ich sehe, dass Sie unbewaffnet sind.* Er irrt sich übrigens, das ist nicht von Shakespeare, auch wenn es ihm fälschlicherweise häufig zugeschrieben wird.«

»Und warum haben Sie ihm das nicht gesagt? Ich hätte liebend gern sein schnöseliges langes Gesicht gesehen …«

»Weil ich kein Interesse an intellektuellen Spielchen habe, außerdem hat er gerade seinen Vater verloren.«

»Oh, eine Runde Mitleid. Der Mann ist ein Soziopath erster Güte … oder ein Mörder. Ich würde ihm liebend gern Handschellen um die dürren Handgelenke legen und ihn in eine Zelle werfen, wo ich ihn jeden Tag besuche, einfach so, weil es mir Spaß macht. Wie er damit prahlt, zur Elite zu zählen, während wir, das gemeine Volk, unsere Feiertage hergeben, um den Mord an seinem Vater aufzuklären!«

»Ich nehme an, er arbeitet hart …«

»Hart arbeiten … Wenn er das wirklich tut, dann hat er die

falsche Arbeit gewählt, kapieren Sie das nicht, Caine? Der Kerl verbringt seine Tage damit, die Reichen mit dem Geld der armen Leute noch reicher zu machen. Doch was wird seinesgleichen machen, wenn irgendwann nichts mehr übrig ist?«

»Sie sollten es dabei belassen, Shanti«, sagte Caine beschwichtigend.

»Die Ironie bei dem Ganzen ist doch, dass er und seine Internatsfatzken die Gelder für die Polizei bis aufs absolute Minimum gekürzt haben ... Nein, nicht nur für die Polizei: auch für Lehrer, Krankenschwestern, Gefängnispersonal, Sozialarbeiter, Feuerwehrleute, Bibliothekare ... AAAH! Ich könnte schreien!«

»Das haben Sie gerade getan. Hören Sie, Shanti, ich stimme in allem, was Sie sagen, mit Ihnen überein, aber *Sie* waren dafür, die Politik außen vor zu lassen. Ich war sehr beeindruckt von Ihrem Vorschlag.«

»Aber er hat uns herablassend behandelt! Was sollte dieser Caliban-Mist?«

»Caliban ist ein Verweis auf *Der Sturm.*«

»Das weiß ich. Stellen Sie sich vor, wir haben in meiner bildungsfernen Schule Shakespeare gelesen. Wie er mit Ihnen geredet hat ... Ich hätte ihn erwürgen können.«

»Das macht mich glücklich – Sie waren vorhin so böse auf mich.«

»Nun ja, Sie haben mich irgendwie auf die Palme gebracht, aber dieser Mann hat alles wieder ins rechte Licht gerückt. Menschen wie er leben in einem anderen Universum als Sie und ich. In einem anderen Jahrhundert. Geistige Vorzüge interessieren Sie weit mehr als pekuniäre oder soziale Vorzüge, und genau das schätze ich so an Ihnen, Caine.«

»Wie schön, Shanti.«

»Und warum ragt sein Hinterkopf eigentlich so weit vor?«, regte sie sich weiter auf.

»Dafür kann er nichts. Vielleicht ist dort sein erlesenes Erbgut gespeichert. Könnten Sie vielleicht ein klein wenig langsamer fahren?«

»Er kann nichts dafür? Herrgott, Caine!« Der Saab schlingerte leicht. Shanti nahm den Fuß vom Gas. »Oh, tut mir leid. Der Kerl macht mich einfach nur wütend. Meiner Meinung nach ist Quentin Lovell-Finch unser Hauptverdächtiger. Ich werde sein gesamtes Leben durchforsten, jedes noch so kleine Detail über ihn in Erfahrung bringen. Außerdem habe ich vor, seine Mutter in diesem Pflegeheim aufzusuchen – Tiggy Irgendwas, keine Ahnung, wie sie heißt.«

»Ich sehe das genauso wie Sie, Shanti. Doch dürfte ich Ihnen eine buddhistische Weisheit in Erinnerung rufen?«

»Hat sie irgendetwas damit zu tun, dass ich das Ungewisse umarmen soll?«

»Genau darum geht es. Ich frage mich, ob Quentins Arroganz womöglich eine Maske ist, hinter der sich ein Kindheitstrauma verbirgt. Auch ich hatte eine gestörte Beziehung zu meinem Vater, daher weiß ich, dass sich Schmerz in infantilen Ausbrüchen manifestieren kann.«

Shantis Handy summte in ihrer Jackentasche. Sie zog es hervor, warf einen Blick aufs Display und schleuderte es dann in Caines Schoß.

»Das ist Mum. Was soll ich jetzt machen?«

»Mit ihr reden natürlich.«

»Machen Sie das, Caine. Ich fahre …«

»Das geht nicht. Hier, ich stelle das Gespräch auf Lautsprecher …«

Sofort erfüllte Ammas Stimme das Wageninnere.

»Shanti? Shanti? Bist du dran?«

»Hi, Mum … Es passt im Augenblick nicht besonders gut …«

»Ich habe die Nachrichten gesehen. Bist du in Stonehenge? Sie bringen es auf allen Sendern. Angeblich liegt ein Leichnam auf einem der Steine. Das ist ein Scherz, oder? Sag mir, dass das nicht stimmt!«

»Du weißt, dass ich nicht über die Arbeit reden darf.«

»Nicht einmal mit deiner Mutter?«

»Es tut mir leid. Es ist ein schwieriger Fall.«

»Arbeitest du mit Vincent Caine zusammen?«

»Was hat das damit zu tun?«

»Das freut mich, Liebes. Du weißt, wie sehr ich Vincent mag. Ich dachte immer, du und er …«

»Hallo, Amma«, sagte Caine.

»Vincent. Wie geht es Ihnen?«

»Herrje, Mum! Bitte!«, flehte Shanti.

»Weißt du schon, wann du nach Hause kommst?«, fragte Amma.

»Das versuche ich gerade zu erklären: Ich werde vielleicht ein, zwei Nächte hierbleiben müssen. Aber Weihnachten verbringen wir zusammen, nur wir drei. Das habe ich Paul versprochen, und ich verspreche es dir.«

»Das Problem ist nur, dass Paul Weihnachten gern bei seinem Vater sein würde.«

»O nein, nein, Mum. Bitte, gib mir Rückendeckung. Mein Job ist schwer genug, da möchte ich mich nicht auch noch die ganze Zeit über schuldig fühlen. Du bist doch auf meiner Seite, oder?«

»Selbstverständlich bin ich das, Shanti. Aber Paul ist erst neun. Er versteht nicht, warum du nicht hier sein kannst. Er sagt, all seine Freunde sind mit Weihnachtsvorbereitungen beschäftigt, deshalb habe ich ihm angeboten, heute Nachmittag mit ihm einen Baum zu kaufen. Es gibt mittlerweile sehr hübsche künstliche. Die werfen keine Nadeln ab und halten jahrelang.«

»Kauf einen echten Baum, Mum. Er muss ja nicht groß sein.

Hör mal, ich muss auflegen, aber vorher würde ich gern kurz mit Paul sprechen …«

»Tut mir leid, Liebes. Er ist im Moment ein bisschen schwierig. Er möchte nicht ans Telefon kommen.«

»Bitte, Mum. Ich flehe dich an, gib ihn mir. Ich will ihm unbedingt etwas sagen.«

Schweigend fuhr sie weiter. Eine Minute verstrich, dann noch eine. Endlich hörte sie die Stimme ihres Sohnes. Leise. Mürrisch. Widerwillig.

»Was ist?«

»Paul, hör mir zu, mein Schatz. Du weißt doch Bescheid über Mums Arbeit, und du sagst immer, dass du stolz auf mich bist. Wenn das stimmt, musst du verstehen, dass Mummys Job anders ist als andere … Es ist nicht meine Schuld, wenn plötzlich etwas passiert und ich nicht bei dir sein kann. Bitte sei nicht sauer auf mich. Ich verspreche dir, dass wir ein wundervolles Weihnachtsfest verbringen werden, du, Amma und ich. Du weißt doch: Versprochen ist versprochen und wird auch nicht gebrochen.«

»Nein. Weiß ich nicht.«

»Okay … Nur damit du siehst, dass ich es ernst meine: Ich verspreche dir, dass wir das schönste Weihnachtsfest verbringen, das wir je hatten, sonst … sonst …«

»Sonst darf ich alle anderen Weihnachtsfeste bei Dad verbringen, und zwar für immer.«

»Nun ja …«

»Siehst du: Du meinst es nicht ernst.«

»Schon gut, schon gut, ich verspreche es: das beste Weihnachtsfest aller Zeiten. Ich muss auflegen. Ich hab dich lieb, Paul. Bis zum Mond und zurück.«

Im Besucherzentrum suchte Shanti die Toilettenräume auf und nahm sich einen Moment, um sich zu sammeln. Als sie sich schließlich zu den Kollegen in der Einsatzzentrale gesellte, hatte Caine Benno bereits über ihre eigentümliche Begegnung mit Quentin Lovell-Finch in der Old Vicarage unterrichtet.

»Klingt so, als hätte Lovell-Finch junior meine Erwartungen erfüllt«, bemerkte Benno und schenkte Shanti eine Tasse Tee ein.

»Ich kapiere es nicht«, sagte sie. »Als mein Dad gestorben ist … Herrje, ich war über ein Jahr lang am Boden zerstört. Und auch wenn er seinen Vater gehasst hat, sollte man doch meinen, dass er zumindest eine winzige Gefühlsregung zeigen würde.«

»Seine Reaktion war sehr schwer zu deuten«, pflichtete Caine ihr bei. »Aber die Wahrheit wird ans Tageslicht kommen, dessen bin ich mir sicher.«

»Und bis es so weit ist, werdet ihr hierbleiben«, verkündete Benno. »Ich freue mich, euch mitteilen zu können, dass ich eine Unterkunft für euch gefunden habe. Zugegebenermaßen nichts Ideales, aber wenigstens in der Nähe. Meine Nichte arbeitet in der Stonehenge Tavern. Mit etwas Überzeugungskraft ist es mir gelungen, ein Einzelzimmer zu reservieren, aber leider …«

»Jetzt kommt's …«, warf Shanti skeptisch ein.

»Leider befindet es sich direkt über der Lounge Bar, in der es heute Abend vermutlich ziemlich hoch hergehen wird, außerdem soll dort morgen Abend eine private Feierlichkeit stattfinden. Es tut mir leid, Chefin, aber das war buchstäblich das letzte freie Zimmer in der gesamten Grafschaft.«

»Na dann. Vielen Dank, Benno. Aber was ist mit Caine?«

»Ja«, erwiderte Benno bedächtig und schüttelte den Kopf. »Ich weiß, das klingt jetzt etwas unkonventionell, aber mein Kontakt bei English Heritage bietet ihm einen Schlafplatz gleich hier in Stonehenge an.«

»Fantastisch!«, begeisterte sich Caine.

»Warte erst mal ab, bis du die Details gehört hast, Vince. Auf der Rückseite des Ausstellungsgebäudes befindet sich die ausgesprochen authentische Nachbildung eines Dorfes aus der Jungsteinzeit. Ich habe gehört, dass diese Rundhütten erstaunlich komfortabel sind. Dort kannst du gern bleiben.«

»Das wird ja immer besser!«, schwärmte Caine.

»Ihr seid wahrscheinlich zu jung, um euch zu erinnern«, fuhr Benno fort, »aber diese Gebäude wurden über einen großen Zeitraum hinweg von einem ›Zeitzeugen‹-Team, bestehend aus Archäologen und Handwerkern, als Teil einer Fernsehsendung bewohnt. Man nannte das ›angewandte Ethnografie‹.«

»*Unsere Nachbarn aus der Jungsteinzeit!*«, rief Caine.

»Du erinnerst dich«, stellte Benno fest. Sein Gesicht leuchtete vor Freude auf wie ein Bremslicht. »Im Hause Bennett waren wir große Fans.«

»Was für eine wunderbare Fügung«, schwärmte Caine. »Ich habe Shanti erst heute Morgen davon erzählt.«

»Könnte ich jetzt bitte mit normalen Menschen weiterarbeiten?«, knurrte Shanti.

Benno schüttelte den Kopf. »Bis auf ein Mitglied der ursprünglichen Truppe ist keiner mehr da, Chefin«, sagte er bedauernd. »Nur der Teamleiter, Professor Ned Tull, ist noch geblieben. Als die Serie abgesetzt wurde, hat English Heritage ihm gestattet, zu bleiben und seine Studien fortzuführen.«

»Steinzeit-Ned! Ich fasse es nicht!« Caine war völlig aus dem Häuschen.

»Dann gilt er also als weltweite Stonehenge-Koryphäe?«, wollte Shanti wissen.

»Absolut! Ned war mir als Heranwachsendem ein großer Mentor …«

»Okay«, sagte Shanti und stand auf. »Ihr habt anscheinend eine Menge zu bereden. Ich würde mich gern verabschieden. Ich sehne mich nach einem heißen Bad, und dann: Gute Nacht. Wo finde ich diese Stonehenge Tavern?«

»Zwei Meilen die A303 runter, nicht weit von den Everkill-Kasernen entfernt. Du kannst sie nicht verfehlen, Chefin, davor steht ein Mini-Stonehenge aus Beton. Die Einheimischen nennen es Klonhenge.«

»Langsam gehen mir diese Steine auf die Nerven.«

»Es wird dir dort gefallen, Chefin. Es gibt eine exzellente Fleischauswahl und gutes Bier.«

Shanti trank ihren Tee aus und schloss die Jacke.

»Was ist mit dir, Benno? Fährst du nach Hause?«

»Ich muss nur noch eine Sache erledigen, Chefin – ich muss dafür sorgen, dass der Leichnam in die Gerichtsmedizin überstellt wird. Es hat ein paar logistische Probleme wegen der bevorstehenden Feiertage und des Wetters gegeben, aber gleich wird er endlich abgeholt.«

»Ich bin mir sicher, Dawn kümmert sich darum.«

»Nenn mich sentimental, aber das ist eine Aufgabe, die ich gern übernehme: Es fühlt sich so an, als würde man den letzten Partygast sicher ins Taxi verfrachten.«

»Du bist wirklich ein Obersoftie, Benno.« Shanti grinste. »Na schön, ich sehe euch beide dann hier zum Frühstück. Ich hoffe, die Hütte wird Ihren Erwartungen gerecht, Caine.«

»Erholen Sie sich gut, Shanti.«

Sie schlang sich den Schal um den Hals.

»Wissen Sie, was mich an Weihnachten schlafen lassen würde wie ein Baby? Quentin Lovell-Finch vor Gericht zu sehen.«

Kapitel dreizehn

MAJOR MCABLE

Die Dunkelheit hatte sich herabgesenkt wie eine samtene Kapuze. Während Shanti langsam auf die A303 fuhr, strudelte ein endloser Strom von Fragen durch ihren Kopf. Wer hatte den Ilexkönig getötet und vor allem: warum?

Um das Rätsel aus ihren Gedanken zu verbannen, ging sie die verschiedenen Radiosender durch – heitere weihnachtliche Quizsendungen, Weihnachtslieder, langweilig-gefühlvolle Festtagsmusik und auf Radio 4 der deprimierende Monolog eines Kardinals über die bösen Mächte dieser Welt: die Geburt des Herrn, überschattet von den unheiligen Ereignissen in Stonehenge. Der Kleriker bat seine Zuhörer, für die Polizei zu beten, die unermüdlich arbeitete, um den Täter vor Gericht zu bringen.

Unermüdlich? Shanti fühlte sich todmüde. Halb erfroren. Erschöpft, und zwar nicht nur von diesem unglaublichen Fall, sondern auch von der scheinbar unmöglichen Gratwanderung zwischen Mutterschaft und Karriere.

Auf dem schneebedeckten Bankett zu ihrer Linken sah sie die Reihe von Verkehrshütchen, die Benno hatte aufstellen lassen, um die Fotografen zurückzuhalten. Aus einem Impuls heraus bog sie in eine Haltebucht ein, wobei sie drei der Hütchen ummähte. Die Temperatur lag weit unter dem Gefrierpunkt, trotzdem stieg Shanti aus dem Saab und suchte eine Stelle, wo die schneebedeckte Hecke so niedrig war, dass sie darüber hinweg auf die Hochebene blicken konnte.

Von hier aus konnte sie den Steinkreis überraschend gut erkennen. Dort stand Dawns Turm, hell erleuchtet von Scheinwerfern und den stroboskopartigen Blinklichtern der Einsatzfahrzeuge. Offenbar hatten ihre Leute den Flaschenzug erfolgreich aufgebaut, denn Shanti sah, wie ein großer schwarzer Leichensack hinabgesenkt und von hilfreichen Händen vorsichtig auf einer Bahre positioniert wurde, die vor dem Turm im zertrampelten Schnee stand. Anschließend wurde die Bahre in den wartenden Ambulanzwagen geschoben und die Türen geschlossen. Einen Augenblick später fuhr der Wagen in Richtung Besucherzentrum. Shanti schaute ihm nach, bis sie nur noch die zuckenden Blaulichter erkennen konnte.

Ein lautes Dröhnen riss sie aus ihren Gedanken. Als sie sich umdrehte, erblickte sie einen ominösen Konvoi aus etwa zwanzig Motorrädern, der auf der Straße hinter ihr vorbeizog – mächtige Maschinen, Harleys und Goldwings, einige davon mit Beiwagen. Die Fahrer trugen Helme und Lederkleidung, viele hatten sich zusätzlich dicke Schals umgebunden. Schneematsch spritzte auf und traf ihre Wange. Kurz darauf wurden die abendlichen Motorradfahrer von der Dunkelheit verschluckt und hinterließen nichts als die verwobenen Fäden ihrer Schlusslichter.

Die hell erleuchtete Fassade der Stonehenge Tavern machte einen einladenden Eindruck. Der gute alte Benno, er gab immer auf sie acht. Der Parkplatz war rappelvoll, doch es gelang ihr, sich in eine Lücke gleich neben dem Mini-Stonehenge zu quetschen, dessen Decksteine genau wie bei seinem mächtigen Zwilling auf der Hochebene mit Schnee bedeckt waren.

Durchgefroren und müde bis auf die Knochen, nahm Shanti ihre Tasche aus dem Kofferraum, dann stapfte sie durch den Schnee auf das große, mit Kieselrauputz versehene Gebäude zu und drängte sich in die Bar, in der es von Journalisten nur so wimmelte. Sobald sich ihre Ohren an die hämmernde Musik und das lärmende Gelächter gewöhnt hatten, wurde ihr bewusst, dass man von allen Seiten auf sie einredete.

»Alle mal herhören, da ist sie!«

»Können Sie uns schon etwas sagen, Inspector?«

»Sind Sie hier untergebracht, DI Joyce?«

Shanti ignorierte die aufdringlichen Fragen der Medienvertreter, nutzte ihre Tasche als Rammbock und schob sich zwischen Rucksäcken und Bierbäuchen hindurch zur Theke, die gleichzeitig als Rezeption diente. Dahinter stand eine rotgesichtige junge Frau mit Lametta im Haar.

»Sie haben ein Zimmer für mich?«, rief Shanti. »Auf den Namen Bennett?«

»Benno ist mein Onkel«, sagte die junge Frau. »Tut mir leid, dass es hier drinnen so voll ist, aber in der Lounge Bar nebenan findet eine Privatveranstaltung statt, geschlossene Gesellschaft.«

Kein Wunder. Normale Menschen kamen nun mal zusammen, um gemeinsam Weihnachten zu feiern.

»Hier ist Ihr Schlüssel. Einfach die Treppe hinauf und die vierte Tür rechts. Leider nicht unser schönstes Zimmer, aber ich habe es rasch putzen lassen. Möchten Sie einen Begrüßungsdrink?« Bennos Nichte drehte sich um und griff nach einem Glas.

»Äh, nein danke«, lehnte Shanti mit Bedauern in der Stimme ab. »Ich bin völlig k. o.«

Während sie das Anmeldeformular ausfüllte, spürte sie, wie jemand seinen Bauch in ihren Rücken rammte. Sie drehte sich um und sah sich einem der Medienfuzzis gegenüber, so dicht, dass sie das Bier, Chips und Tabak in seinem Atem riechen konnte.

»Ted Carpenter, News of Britain«, tönte er. »Darf ich Sie zum Abendessen einladen, Inspector? Die NOB wäre erfreut, sämtliche Kosten übernehmen zu können im Gegenzug für eine kurze …«

Shanti schnappte sich ihren Schlüssel und wandte sich zur

Treppe. Aber die Journalisten von Presse und Fernsehen waren nicht ausgerechnet an Weihnachten von weit her gekommen, um sich eine gute Story entgehen zu lassen. Als sie mitbekamen, dass Shanti sich zurückziehen wollte, verstellten sie ihr den Weg und bombardierten sie weiter mit Fragen.

»Können Sie uns schon etwas über den Toten sagen, DI Joyce? Ist er groß oder klein? Schwarz oder weiß?«

»Irgendwelche auffälligen Merkmale?«

»Können Sie bestätigen, dass es sich um einen besonders brutalen Mord handelt?«

»Von wie viel Blut reden wir?«

Mit fester, lauter Stimme erwiderte Shanti: »Verzeihen Sie, meine Damen und Herren, ich weiß, dass Sie wichtige Aufgaben zu erledigen haben, aber ich habe einen extrem langen Tag hinter mir und bin fix und fertig. Ich werde daher heute Abend keine Fragen beantworten …«

Kameras blitzten auf, Mikrofone wurden angriffslustig vor ihrem Gesicht geschwenkt. Die Meute würde sie nicht durchlassen. Shanti verspürte einen Anflug von Panik. Vor ihrem inneren Auge stieg unwillkürlich die Erinnerung an einen grauenhaften Urlaub auf dem Land auf. Damals war sie noch nicht geschieden gewesen. Sie hatte Paul in einem Buggy über einen Feldweg geschoben und war plötzlich von jungen Stieren umringt. Je nervöser sie wurde, desto mehr drangen die neugierigen Biester mit ihren rauen Zungen und psychopathischen Augen auf sie ein. Paul war hysterisch geworden. Ein Huf verfing sich in einem Buggyrad, und dann … Was war dann passiert?

In der öffentlichen Bar der Stonehenge Tavern hatte sich der Mann namens Ted Carpenter vor die Herde geschoben und wedelte mit einem Geldschein vor ihrem Gesicht herum. »Ich biete Ihnen fünfhundert für ein Interview und einen Tausender für die Exklusivrechte.«

»Versuchen Sie gerade, eine Polizistin zu bestechen?«, fragte Shanti verblüfft.

In dieser Sekunde fiel ihr ein, wie der Angriff des jungen Stiers geendet hatte – Shanti hatte die Kontrolle übernommen. Niemand würde ihren Sohn bedrohen. Am Rande des elenden Ackers, auf dem elenden Feldweg, hatte sie plötzlich eine übermenschliche Kraft verspürt. Aus voller Kehle brüllend, hatte sie den schreienden Jungen mitsamt dem kaputten Buggy hochgehoben und über den Köpfen der verblüfften Herde geschwenkt, die aufgeregt in alle Richtungen stürmte, während sie zum Gatter geflüchtet war. Jetzt wandte sie die gleiche Taktik an.

Sie hob ihre Tasche über den Kopf und brüllte lauthals: »JETZT REICHT'S! KAPIERT?«

Alle außer Mariah Carey verstummten.

»Der Nächste, der mich drangsaliert, wird auf der Stelle wegen Behinderung polizeilicher Ermittlungen verhaftet. Habe ich mich klar ausgedrückt? Möchte mich irgendwer auf die Probe stellen?«

Niemand meldete sich freiwillig. Stattdessen wich die Meute langsam zurück, bis Shanti sich schließlich allein in einem Halbkreis wiederfand, in dem es still war wie auf einer Waldlichtung.

»Wow!«, sagte Bennos lamettageschmückte Nichte hinter der Theke.

»Respekt!«, tönte ein Mann auf einem Barhocker davor. Er war groß, gut gebaut und klatschte wie ein Seehund. Shanti hatte ihn bis dahin gar nicht bemerkt. »Tut mir leid, dass Sie in diese Situation geraten sind«, fuhr er entspannt und leicht amüsiert fort, »aber Sie haben die Meute hervorragend gebändigt …«

Anders als die gammelig gekleideten Journalisten war dieser Mann modisch auf der Höhe – auf der Höhe von 1987 – mit seiner engen Jeans, den Timberland-Boots und dem weizenfarbenen Kaschmirpulli, der sich an seinen wohldefinierten Körper schmiegte. Im gedämpften Licht der Bar sah er aus wie einer von Mums Leinwandlieblingen.

Shanti starrte ihn verwundert an. Den glänzenden rotbraunen Schnurrbart. Das raspelkurz geschnittene Haar. Ihr fiel sein schottischer Dialekt auf, das rollende R.

»Sie erinnern sich nicht«, stellte er fest und zog einen zweiten Hocker heran. »Wir sind uns heute Morgen begegnet.«

Sie war heute vielen Männern begegnet, darunter auch einem toten grünen Riesen.

»McAble ist mein Name«, half er ihr auf die Sprünge. »Major Troy McAble. Und Sie sind, wenn ich mich richtig erinnere, Shantala – eine Göttin, nicht wahr?«

»Wie bitte?«, fragte Shanti, empört, entgeistert und geschmeichelt zugleich.

»Shantala, ein anderer Name für die Liebesgöttin Parvati, stimmt's?«

»Nun ja, schon, aber niemand nennt mich Shantala. Ich bevorzuge Shanti.« Flirtete Mr. Kaschmirpulli etwa mit ihr? Seine Fragen wirkten auf absurde Weise unangemessen, und trotzdem … trotzdem konnte sie nicht leugnen, dass McAble höllisch attraktiv war. Er hätte es gut und gern auf das Cover eines Männermagazins bringen können. »Richtig, Major McAble, schön, Sie zu sehen.«

»Troy«, gurrte er. »Es ist mir gelungen, eine Flasche übe*rrr*aschend guten Glenkinchie aufzut*rrr*eiben, ein wahrer Glücksfall … Man kann die schottische Heide fö*rrr*mlich schmecken.«

Er ließ sich ein zweites Glas geben. Als er die bernsteinfarbene Flüssigkeit einschenkte, bemerkte Shanti etwas Seltsames: Die Hände des selbstbewussten Soldaten zitterten.

Shanti überlegte kurz. Ja, sie war müde, aber die Arbeit stand an erster Stelle, und der Major verfügte möglicherweise über Insiderinformationen. Außerdem: Was konnten ein Gläschen Scotch und ein wenig Augenschmaus schon schaden?

»Ich nehme einen kleinen«, sagte sie zögernd und setzte sich auf den Barhocker neben ihm.

»Oh, da hat Troy aber Glück gehabt!«

Er schob ihr das Glas zu, hob sein eigenes und prostete ihr zu, wobei er den Augenkontakt eine Sekunde länger als nötig hielt.

Für gewöhnlich trank Shanti keinen Whisky, aber dieser hier brannte wie eine wärmende Flamme in ihrem gefrorenen Bauch.

»Ich möchte mich dafür entschuldigen, dass ich heute Morgen so kratzbürstig war«, sagte sie.

»Ich mag kratzbürstige Frauen«, gab McAble mit einem strahlend weißen Lächeln zurück.

Shanti hätte sich beinahe an ihrem Glenkinchie verschluckt.

»Pfefferspray ist eher mein Ding«, bemerkte sie trocken.

»*Touché*«, sagte er und strich über seinen Schnurrbart.

Egal, wie gut er aussah – seine Kommunikationsfähigkeiten waren unterirdisch.

»Major … Troy … Wenn ich mich richtig erinnere, erwähnten Sie, dass Ihre Garnison …«

»Everkill.«

»… dass die Everkill-Garnison in historischer Verbindung mit English Heritage steht?«

»Ja, seit ich denken kann, nutzt das Militär die Hochebene zu Übungszwecken. Soweit ich weiß, geht das zurück bis zu den Römern. Im Gegenzug gehen wir English Heritage bei Bedarf zur Hand.«

»Dann kennen Sie sich also gut in der Gegend aus?«

»So gut wie alle anderen.«

Sie senkte die Stimme. »Darf ich Sie etwas fragen? Streng vertraulich?«

Er beugte sich ein Stück zu weit zu ihr vor.

»Sie müssen etwas lauter sprechen. Ich leide an Tinnitus. Berufsrisiko. Sie wissen schon: Explosionen …«

Shanti warf einen verstohlenen Blick über die Schulter, um sich zu vergewissern, dass keine Medienleute in der Nähe waren. Den ganzen Tag über hatte sie allen, inklusive Caine, eingeschärft, die Ermittlungen vertraulich zu halten, aber manchmal musste man eben ein kalkuliertes Risiko eingehen. Außerdem war es ohnehin nur eine Frage der Zeit, bevor die Welt Kenntnis von der Identität des Ilexkönigs bekam.

»Sagt Ihnen der Name Hector Lovell-Finch etwas?«

»Ah, der alte Finch!«, erwiderte McAble etwas zu laut. »Sie meinen den durchgeknallten Bäumeumarmer? Moment mal, wollen Sie damit andeuten …? Ach du lieber Himmel! War das auf dem Stein Finch?«

»Leider ja. Wenn diese Horde hier das rausfindet, bricht die Hölle los. Also sprechen Sie bitte leise.«

Er starrte sie an, ungläubig und amüsiert zugleich, füllte sein Glas nach und leerte es in einem Zug.

»Heiliger Stall von Bethlehem! Sie wissen, wer er ist, oder?«

»So ungefähr.«

»Was ist mit seinem Sohn? Sie kennen den Sohn?«

»Sie sind mit der Familie bekannt, Major … Troy?«

»Nun, nicht näher, aber Finch bin ich ein paarmal begegnet. Er war so eine Art Witzfigur in dem ganzen Chaos, bei ihm war alles anti. Anti-Krieg. Anti-Fleischkonsum. Sie wissen, welche Sorte Mensch ich meine.«

»O ja. Das ist interessant. Fahren Sie fort.«

»Gern, Shantala. Ich kann mich kaum daran erinnern, wann ich mich das letzte Mal so gut unterhalten habe. Ich schlage Ihnen einen Deal vor.«

»Was für einen Deal?«, fragte Shanti vorsichtig.

Anstelle einer Antwort legte er eine goldgeränderte Karte auf die Bar. Shanti nahm sie und betrachtete die elegant geschwungenen Buchstaben. Es handelte sich um eine formelle Einladung.

Die Everkill-Garnison gestattet sich,
Sie höflichst zum alljährlichen

Weihnachtsball der Offiziere

einzuladen.
Es erwarten Sie Getränke und Tanz
zu den weihnachtlichen Klängen der

Flirty Fusiliers

in der Lounge Bar der Stonehenge
Tavern in Everkill, Wiltshire.
Wir freuen uns auf Ihre Teilnahme am
Mittwoch, den 22. Dezember,
ab 20.00 Uhr.

»Das ist jedes Mal eine Wahnsinnsparty«, versprach McAble. »Journalisten sind tabu. Ich habe ein Team zusammengestellt, das die Bühne aufbaut. Der Erlös der Veranstaltung kommt wohltätigen Zwecken zugute.«

Eine Party? Warum um alles in der Welt sollte sie unter den gegebenen Umständen auf eine Party gehen?

»Major Troy, Sie scheinen nicht zu verstehen, dass ich nicht zum Spaß hier bin. Der einzige Grund, warum ich mich in diesem … Gasthaus befinde, ist der, dass ich versuche, einen Mord aufzuklären.«

»Exakt. Und genau deshalb begleiten Sie mich morgen Abend zu diesem Ball, und ich liefere Ihnen sämtliche schmutzigen Details über Finch.«

Shanti nahm ihre Tasche und rutschte vom Barhocker.

»Es ist schon spät, Major McAble, aber sollten Sie irgendwelche sachdienlichen Informationen für mich haben, unterhalte ich mich gern weiter mit Ihnen.«

»Das deute ich als ein Ja«, sagte er und schob ihr mit zitternden Fingern die Einladung zu.

Shanti zwang sich zu einem Lächeln und steckte die Karte in ihre Tasche.

»Danke für den Drink. Ich weiß Ihre Diskretion zu schätzen.«

McAble tippte sich seitlich an die elegant geschwungene Nase.

»Ich werde schweigen wie ein Grab. Wir sehen uns auf der Tanzfläche, Göttin Shantala.«

Vorsichtig stieg Shanti die enge Treppe hinauf. Oben angekommen, ging sie den ebenso engen Flur entlang und blieb vor der vierten Tür rechts stehen. Das Zimmer war winzig. Sie drückte auf den Lichtschalter. Die schwache Deckenlampe erleuchtete den Raum nur spärlich. Beim Anblick des trostlosen Einzelbetts und der antiken Heizung, die der eisigen Kälte, die durch das klapprige Fenster zog, kaum etwas entgegenzusetzen hatte, setzte ihre Laune zum Sturzflug an. Hinter der Scheibe herrschte stygische Dunkelheit. Ein klappriger Tisch, ein klebriger Stuhl und eine abgenutzte Garderobe mit schiefen Haken und einem Ganzkörperspiegel vervollständigten die Einrichtung. Die einzige Annehmlichkeit bildete das winzige Bad mit einer Wanne, die an einen alten Schlepper erinnerte. Immerhin kam heißes Wasser aus dem Hahn.

Erschöpft ließ sich Shanti aufs Bett sinken und rief ihre Mum an. Noch mehr Schuldgefühle. Noch mehr leere Versprechungen, dann schlüpfte sie unter die kalte Bettdecke.

Sie dachte an Caine. Fragte sich, was er von einem erzkonservativen Mann wie Troy halten würde.

Das andauernde Wummern von unten wurde von ihrem schläfrigen Gehirn absorbiert, und schon bald driftete sie ab in einen Albtraum aus kreisenden schwarzen Vögeln und Augen, die an gefrorene Teiche erinnerten.

Kapitel vierzehn

STEINZEIT-NED

Vincent Caine stellte den Kragen seines Wintermantels auf und zog die Fellklappen seiner Fliegermütze tief über die Ohren, dann trat er hinaus in die stürmische Nacht. Es war schneidend kalt, der wolkenverhangene Himmel verdeckte die Sterne.

Als er einen von Gebäuden umschlossenen Hof auf der Rückseite des Besucherzentrums betrat, entdeckte er eine frische Fußspur im Schnee.

Die Spuren entsprachen ungefähr denen seiner eigenen Füße, was bedeutete, dass sie von einem ziemlich großen Mann stammen mussten, aber etwas an den Abdrücken war außergewöhnlich. Ein Detail, das nicht vielen aufgefallen wäre, aber Caines Augen entging nicht, dass die Schuhe kein Profil hatten, weder das von Turn- noch das von Wanderschuhen. Außerdem waren die Abdrücke an den Rändern abgerundet, was bedeutete, dass der mysteriöse Mann entweder in Socken unterwegs gewesen war oder aber seine Füße mit irgendwelchen weichen Materialien umwickelt hatte.

Als Caine weiterging, bemerkte er zweierlei: zum einen den leichten Geruch eines Holzfeuers, zum anderen sah er Funken wie winzige Glühwürmchen in die Höhe stieben.

Er folgte den Spuren und kam an mehreren kuppelartigen Erhebungen vorbei, die unter der Schneedecke an Iglus erinnerten.

Caine beschlich das seltsame Gefühl eines Déjà-vus. Zweifelsohne stand er an ebenjenem Ort, der seine Fantasie so sehr befeuert hatte – dem in akribischer Kleinarbeit nachgebauten neolithischen Dörfchen, das als Set für die Serie *Unsere Nachbarn aus der Jungsteinzeit* gedient hatte.

Alle Rundhäuser bis auf eines machten einen unbewohnten Eindruck, die Türschwellen waren voller Schnee. Aus der kleinen Öffnung im Strohdach des einen Gebäudes, vor dessen Tür die Fußabdrücke endeten, stieg Rauch in den Himmel.

Caine zog einen Handschuh aus und berührte die mit getrocknetem Schlamm überzogene Wand, die warm und geschwungen war wie das Euter einer Kuh.

Da er keinen Klopfer sah, rief Caine einen Gruß, doch von drinnen kam nichts als Schweigen. Nachdem er einen Moment lang gewartet hatte, schob er die schmale Holztür auf.

Er duckte sich unter dem niedrigen Türsturz hindurch und hatte das Gefühl, viele Jahrtausende zurückzureisen in ein weiseres, simpleres Zeitalter des Feuers und der Schatten. Der kreisrunde Boden bestand aus festgestampfter Kreide, ein Feuer in der Mitte warf seine tanzenden Schatten auf die halbrunden Wände.

Hinter den Flammen entdeckte Caine eine Gestalt, flirrend wie eine Fata Morgana, die wie ein Wilder aussah. Der Mann kauerte am Boden, gekleidet in Häute und Felle.

Sein Gesicht war schmutzig, die Haut wettergegerbt. Er hatte die langen grauen Haare und den Bart geflochten und mit dekorativen Perlen verziert. Mit tragischem Blick schaute er zu Caine auf.

»Professor Tull?«, fragte Caine.

»Wer will das wissen?«, grunzte der Alte.

Er war es, definitiv. Der Mann, der »Steinzeit-Ned« genannt wurde. Der Moderator von Caines Lieblingsfernsehsendung, die er einst jeden Sonntagabend geschaut hatte. Die schwungvolle Begeisterung, mit der Professor Tull sein Publikum mitgerissen hatte, war offensichtlich verschwunden, stattdessen sah Caine einen älteren und ja … zutiefst traurigen Mann vor sich. Hinter der Verwandlung seines Kindheitshelden steckte eine Geschichte, das spürte Caine.

»Mein Name ist Vincent Caine«, sagte Vincent Caine.

»Polizei?«

»Ja. Wir ermitteln …«

»Ich weiß, was Sie tun«, murmelte der Wilde unwirsch. »Haben sich ja genug von eurer Sorte hier rumgetrieben.«

Als Caine die Tür schloss, wurde der Rauch so dicht, dass seine Augen tränten.

»Bitte entschuldigen Sie die Störung«, sagte er. »Man hat mir mitgeteilt, ich dürfe für ein paar Nächte in einer der leeren Rundhütten bleiben.«

Tull verzog die Lippen zu einem Lächeln, wobei er eine Reihe fauliger Zähne entblößte.

»Sie lieben die Kälte, nicht wahr, Vincent Caine?«

»Verzeihung?«

»Die Wände dieser Hütten bestehen aus zerkleinertem Kreidegestein, vermischt mit Stroh und Wasser. Das Gute daran ist, dass diese schlammige Mixtur die Wärme hält – besser als jede moderne Heizung. Das Schlechte ist, dass es anderthalb Tage dauert, bis es in der Hütte warm ist.«

»Verstehe«, sagte Caine.

Trotz seiner abweisenden Art war Caine fasziniert von dem Mann, der fest daran glaubte, dass man am besten Zugang zu der Welt der Vorfahren fand, indem man sich ganz auf ihre Lebensweise einließ. Steinzeitkleidung trug. Steinzeitnahrung zu sich nahm. Auf Steinzeittechnologie zurückgriff. Genau das tat Professor Tull seit über zwanzig Jahren.

»Nun«, knurrte er jetzt, »wenn Sie schon mal hier sind, sollten Sie sich besser ans Feuer setzen.« Er deutete auf ein Schaffell auf dem Boden. »Sie müssen den Rauch entschuldigen. Normalerweise zieht er sehr gut durch die Öffnung im Dach ab und tötet im Sommer gleichzeitig die Insekten, aber heute will das Feuer einfach nicht richtig brennen. Der Schneesturm gestern Nacht hat alles aus dem Lot gebracht. Ich kann mich in den letzten fünftausend Jahren an nichts Vergleichbares erinnern.«

Caine setzte sich im Schneidersitz auf das schmutzige Fell und wärmte sich die Hände am Feuer.

»*Unsere Nachbarn aus der Jungsteinzeit* waren ein prägender Teil meiner Kindheit«, sagte er. »Ich habe Ihnen mehrmals geschrieben.«

»Tatsächlich?«, fragte der Alte und sah ihn zum ersten Mal mit einem Hauch von Interesse an.

»Es war nicht leicht bei uns zu Hause«, fuhr Caine fort in der Hoffnung, eine Gesprächsbasis zu finden. »Vermutlich haben Sie für mich eine Art Vaterfigur dargestellt. Einen Stammesältesten, könnte man sagen.«

Tull starrte ihn an, als würde er in die Vergangenheit blicken.

»Möchten Sie einen Tee?«, fragte er dann. »Brennnessel und Klettenlabkraut.«

»Wissen Sie was?« Caine setzte seine Mütze ab und grinste breit. »Das wäre wundervoll. Möchten Sie, dass ich Sie Professor nenne oder Ned?«

»Nennen Sie mich, wie Sie wollen.«

Mithilfe eines verästelten Geweihs hängte er einen Topf übers Feuer, dann wandte er sich einigen Gefäßen mit getrockneten Kräutern zu, die hinter ihm in einem grob behauenen Holzregal an der Wand standen. Caine nutzte die Gelegenheit, das Innere der Rundhütte ins Auge zu fassen. Er ließ den Blick über die Regalbretter mit den zeitlosen Objekten darauf schweifen: Lehmtöpfe, Knochenlöffel, verschiedene, sorgfältig geschnitzte Werkzeuge aus Holz, Stein und Geweihen – Speere, Pfeilspitzen, Nadeln,

Schaber und allerlei Klingen. Rechts und links der Tür standen zwei Betten – Schlafmatten, gefertigt aus Haselnussruten –, eines nackt, auf dem anderen stapelten sich Felle. Unter dem Dach hatte der Professor einen gehäuteten Hasen an den Füßen aufgehängt, was Caines Zartgefühl verletzte.

Geschickt goss Tull das kochende Wasser in zwei hübsch verzierte Schalen und reichte eine davon Caine.

»Ich habe ein wenig Rosmarin und etwas Schlüsselblume hinzugefügt«, erklärte er beinahe leutselig.

»Vielen Dank«, sagte Caine. »In dem Behälter dort ist nicht zufällig Honig, oder?«

Tull reichte ihm den Lehmtopf. Mit einem gedrehten Stöckchen gab Caine etwas Honig in seinen Tee.

»Ich kann Uniformen nicht ausstehen«, sagte der alte Mann. Sein ausgezehrtes Gesicht leuchtete im Schein des Feuers. »Aber Sie tragen keine und scheinen überhaupt anders zu sein.«

»Ich mag Uniformen auch nicht besonders«, gab Caine zu. Es war angenehm, die Hände um die warme Schale zu schließen. »Allerdings bin ich nun mal Polizist und würde Ihnen deshalb gern ein paar Fragen stellen.«

»Das dachte ich mir. Wie schmeckt der Tee?«

»Wie eine Sommerwiese«, antwortete Caine.

»Hier ist etwas Fladenbrot, wenn Sie möchten.« Tull riss ein Stück ab und warf den Rest quer durchs Feuer Caine zu.

Caine zerkleinerte das ungesäuerte Brot und tauchte ein Stück in seine Schale.

»Sie sagten, Sie hätten mitbekommen, was sich heute hier abgespielt hat, aber ich habe Sie gar nicht bemerkt.«

»Ich habe Sie gesehen, aber Sie mich nicht. Ich halte mich gern bedeckt.«

»Haben Sie heute Morgen an der Wintersonnenwendzeremonie teilgenommen?«, wollte Caine wissen.

»Nein«, antwortete Tull. »Ich war schon Jahre nicht mehr dabei, aber mir ist zu Ohren gekommen, was passiert ist. Was für ein unheilvolles Omen.«

»Wie haben Sie davon erfahren?«, fragte Caine.

»Von den Sicherheitsleuten, GoodGuys. Die arbeiten für English Heritage. Ich lebe seit Jahrzehnten hier, Vincent Caine. Ich kenne jeden, und ich bekomme alles mit, was sich hier abspielt.«

»Dann kannten Sie auch den Mann auf dem Stein?«

»Finch? Ja, ich kannte ihn. Und es tut mir leid, was passiert ist. Hoffentlich schnappen Sie die Mistkerle.«

»Würden Sie Finch als Freund bezeichnen?«

»Wir waren nicht gerade beste Kumpel, aber ich bin ihm ein paarmal begegnet, wenn er mit den Hunden spazieren gegangen ist.«

»Albion und Ganesh.«

»Finch hat sich für meine Arbeit interessiert, hat über die Jahre hinweg an mehreren meiner Workshops für alte Handwerkskunst teilgenommen. Er war stets freundlich, außerdem besteht eine gewisse Verbundenheit zwischen denen, die die Steine verehren.«

»Warum bleiben Sie der Zeremonie fern, wenn Sie die Steine verehren?«

Tulls traurige Augen blickten Caine durch den Rauch an. Nach einer ganzen Weile sagte er: »Die Wintersonnenwende ist zu einem Zirkus verkommen. Zu viele Touristen. Ich ziehe es vor, das Ereignis auf meine eigene Weise zu zelebrieren. Außerdem … stehe ich mit den Druiden nicht gerade auf gutem Fuß.«

»Ach?«

»Sie mögen mich nicht, weil ich die Wahrheit sage. Es passt ihnen nicht, wenn ich in Seminaren und Interviews immer wieder betone, dass Stonehenge vor Tausenden von Jahren erbaut wurde, noch bevor es überhaupt Druiden gab.«

»Moment mal«, hakte Caine nach. »Sind die Druiden nicht die

Wächter der Steine? Sie sind es doch, die den Geist der Wintersonnenwende aufrechterhalten, oder nicht? Wenn irgendwer das Recht hat …«

»Oh, sie haben das Recht. Das haben alle. Aber einige von ihnen sind nicht *echt,* wenn Sie verstehen, was ich meine. Sie leben in Wohnsiedlungen, der Oberdruide ist Imker. Manche von ihnen rasen auf Motorrädern durch die Gegend – quer durchs Gelände, eine Schande auf diesem heiligen Boden.«

»Ich dachte immer, Druiden seien sanftmütige Heiden, die die Natur verehren.«

»Das trifft nur auf einige von ihnen zu. Dennoch lässt sich die Tatsache nicht leugnen, dass es Jungsteinzeitmenschen wie ich waren, die Stonehenge errichteten, nicht die verfluchten Druiden. Authentizität ist alles, Vincent Caine.«

»Da haben Sie sicherlich recht, Professor Tull. Erzählen Sie mir von Ihren Verbindungen zu English Heritage.«

»Die Verwalter dieser historischen Stätte haben sich mir gegenüber als ausgesprochen kulant erwiesen. Als *Unsere Nachbarn aus der Jungsteinzeit* endete, rechnete ich damit, dass sie mich bitten würden, das Gelände zu verlassen, aber wir fanden eine Möglichkeit, dass ich bleiben konnte: Ich erklärte mich bereit, Vorträge über das Monument zu halten und gelegentliche Führungen zu organisieren, und im Gegenzug dafür ließen sie mich in meiner Hütte wohnen. Gelegentlich biete ich einen Workshop an: Häute trocknen, Feuersteine bearbeiten, Käse herstellen, töpfern und Ähnliches. Um die Wahrheit zu sagen, mir macht das keinen großen Spaß, aber irgendwie muss ich meinen Lebensunterhalt ja verdienen.« Er zupfte ein Stück von seinem Fladenbrot ab. »Hauptsache, ich habe Zutritt zu den Steinen, denn das ist für mich das Wichtigste im Leben.«

»Ah, verstehe. Haben Sie irgendeinen Verdacht, wer Finch tot sehen wollte?«

»Das herauszufinden, ist Ihre Aufgabe, nicht wahr? Ich bin nur ein alter Mann, der dem zirkadianen Rhythmus folgt, wenn Sie wissen, was ich damit meine.«

Caine nickte. »Dem natürlichen Tag-Nacht-Rhythmus.«

»Exakt. Und genau deshalb müsste ich längst im Bett liegen.« Der Professor strich über seinen geflochtenen Bart. »Aber was machen wir mit Ihnen? Wie ich schon sagte: In den anderen Rundhütten ist es eiskalt.«

»Ich weiß es nicht. Vielleicht könnte ich mir ein Eckchen im Besucherzentrum suchen. Dort drinnen ist es warm«, überlegte Caine.

Tull rappelte sich mühsam hoch, als hätte er Schmerzen in sämtlichen Gelenken. Zum ersten Mal wurde sich Caine des Tributs bewusst, den die Zeit von dem Helden seiner Kindheit gefordert hatte. Tull war immer noch ein beeindruckender Mann, aber so ausgemergelt, dass sämtliche Knochen und Sehnen hervortraten. Er erinnerte Caine an eine anatomische Studie von Leonardo da Vinci.

»Sie könnten auch hier schlafen«, schlug der Professor zögernd vor. »Es ist ja bloß für ein paar Nächte.«

»Oh, ich möchte Ihnen keine Umstände bereiten …«

Tull ignorierte seinen Protest und fing an, das zweite Bett für Caine herzurichten, indem er Häute und Felle auf die geflochtenen Haselnussruten legte.

»Meine Frau und die Kinder haben früher auch hier gewohnt«, sagte er traurig, »doch dann ist Pamela mit ihnen in ein Apartment in Amesbury gezogen. Ich habe eine Tochter und Enkel. Wir pflegen einen freundschaftlichen Umgang, aber ich leide an etwas, was man als Elektrosensibilität bezeichnet. Das jahrzehntelange Steinzeitleben hat in mir eine starke Aversion gegen künstliches Licht und Zentralheizungen hervorgerufen, und nun stecke ich in einem echten Dilemma, weil die beiden möchten, dass ich mit ihnen und den Enkelkindern Weihnachten feiere. Ich fürchte, ich drehe in der Wohnung durch.«

»Das kann ich nachempfinden, Ned. Auch ich lebe abgekoppelt vom Versorgungsnetz.«

»Ein autarker, selbstgenügsamer Detective. Dass es so etwas gibt …«

Tull rollte ein Schaffell um einen Holzklotz, der Caine als Kissen dienen sollte.

»Ich werde Ihnen etwas Interessantes erzählen«, sagte er.

Caine bemerkte, wie sich sein betrübtes Gesicht ein klein wenig aufhellte.

»Schießen Sie los.«

»In der Jungsteinzeit schliefen Paare in getrennten Betten. Was denken Sie, woher wir das wissen?«

»Ich habe absolut keine Ahnung«, gestand Caine und sah den Professor so voller Neugier an, als wäre er noch ein kleiner Junge.

»Während der Ausgrabungen sind wir auf Spuren von Phosphor gestoßen. Können Sie sich vorstellen, wieso?«

Caine schüttelte den Kopf.

»Pipi.«

»Entschuldigung?«

»Nun, das deutet darauf hin, dass die Frauen zusammen mit den Kindern schliefen, die ins Bett gemacht haben.«

»Das ist faszinierend.«

»Ich bin froh, dass Sie so denken. Pamela war keineswegs beeindruckt. Sie können ihr Bett haben und ihre Felle, wenn Sie möchten.«

»Sie sind ein gastfreundlicher Mann«, stellte Caine fest. »Sie haben nur von Ihrer Tochter gesprochen, aber wenn ich mich nicht täusche, haben Sie doch auch einen Sohn. Ich erinnere mich an ihn aus der Serie *Unsere Nachbarn aus der Jungsteinzeit.* Wir dürften ungefähr im selben Alter sein. Er war der gut aussehende Junge mit den langen schwarzen Haaren, nicht wahr?«

Eine bedeutungsschwere Pause.

»Sie erinnern mich ein bisschen an ihn, Vincent Caine. Deshalb habe ich Sie eingeladen.«

Caine berührte den drahtigen Arm des alten Mannes. »Möchten Sie darüber reden?«

»Lieber nicht.«

Schweigend bereiteten sie sich aufs Zubettgehen vor – harkten die Asche, rieben sich mit den Fingern über die Zähne und traten vor die Rundhütte, um in den Schnee zu pinkeln, bevor sie sich auf die niedrigen Betten setzten und ihr Schuhwerk auszogen. Caine sah zu, wie Tull die über Kreuz verlaufenden Schnürsenkel jener handgenähten Stiefel löste, welche die charakteristischen Abdrücke im Schnee hinterlassen hatten. Die getrocknete und mit Schweinefett eingeriebene Tierhaut war so wasserdicht wie Gummistiefel und so weich wie Pantoffeln.

Als sie zwischen ihre Felle gekrochen waren, lauschten sie stumm den Geräuschen der Nacht. Kurz bevor sie einschliefen, murmelte der alte Mann: »Ich führe ein einsames Leben, Vincent Caine. Außer dem Monument habe ich nichts. Ich empfinde für jeden Stein so, als wäre er ein Familienmitglied. Noch mehr, seit ich meinen Jungen verloren habe …«

Seine Worte wurden verschluckt vom Knacken der glühenden Scheite und dem heulenden Wind, der um die Rundhütte strich.

Kapitel fünfzehn

EINE BLUTIGE KLINGE

Wie war es in der Schwitzhütte?«, erkundigte sich Shanti, während sie ihre Gabel mit der perfekten Mischung aus Toast, Ei, Schinkenspeck und Ketchup belud.

»Es handelt sich um eine Rundhütte«, stellte Caine freundlich klar. »Der Professor ist sehr speziell. Es war überraschend komfortabel, allerdings habe ich nicht besonders gut geschlafen. Ich hatte die seltsamsten Träume und wurde immer wieder vom Sturm aufgeschreckt.«

»Dagegen gibt es Tabletten.«

»Das ist wirklich sehr lustig, Shanti!« Er schnitt eine Banane in seinen Joghurt und streute Granola darauf. »Ich kann es kaum erwarten, dass Sie Ned endlich kennenlernen. Er ist ein unerschöpflicher Quell an Informationen. Außerdem kann er keiner Fliege etwas zuleide tun, aber das werden Sie bald selbst herausfinden. Er ist bereit, sich heute Abend mit uns in der Stonehenge Experience zu treffen, und freut sich schon darauf, Ihre Fragen zu beantworten.«

Bevor Shanti etwas erwidern konnte, gesellten sich Benno und seine junge Praktikantin zu ihnen. Masako nahm im Gehen irgendwelche Änderungen an einem Dokument vor und sah nervtötend frisch und ausgeruht aus.

»Guten Morgen, Chefin«, sagte Benno, legte freundschaftlich die Hand auf Caines Schulter und stellte mit der anderen ein Tablett mit Bagels und Kaffee auf den Tisch.

»Bilde ich mir das ein, oder packt das Kantinenpersonal

tatsächlich zusammen? Es scheint ziemlich mit Aufräumen beschäftigt zu sein.«

»Ich fürchte ja«, erwiderte Benno und zog sich einen gelben Designerstuhl heran. »Alle fahren über die Weihnachtsfeiertage nach Hause, nur die Jungs von der Security bleiben in Minimalbesetzung vor Ort … und offenbar die Medienfuzzis.«

Er nickte in Richtung der Panoramascheiben. Draußen war es noch dunkel, doch im Licht der Außenbeleuchtung konnte Shanti die vertrauten Umrisse von Spalding und Dunster ausmachen, die bei der Schranke Wache standen. Die beiden waren wohl damit beschäftigt, ein hartnäckiges Fernsehteam abzuwimmeln. Selbst auf diese Entfernung konnte Shanti erkennen, dass sie alles andere als glücklich darüber waren, hier zu sein.

»Meine Frau macht mir ebenfalls ganz schön Druck«, gestand Benno. »Die Familie kommt zu Besuch, aber ich lasse dich nicht hängen, Chefin, das weißt du.«

»Klar«, sagte Shanti düster.

»Masako war übrigens fleißig«, fuhr Benno fort. »Berichten Sie uns, was Sie herausgefunden haben?«, forderte er die Praktikantin auf.

»Also«, fing Masako an, »meine Recherchen bestätigen das Bild von Finch als leidenschaftlichem, unkonventionellem Mann, der gegen seine aristokratischen Wurzeln rebellierte und keine Angst davor hatte, wegen seiner Überzeugungen auf Widerstand zu stoßen. Doch hier kommt der Knaller: Ich bin mit Sky zur Schule gegangen.«

»Es ist noch etwas früh am Morgen«, schaltete sich Shanti dazwischen. »Was um alles in der Welt hat Ihre himmlische Schullaufbahn mit unserem Fall zu tun?«

»Oh, Verzeihung. Sie erinnern sich, dass ich Finchs Tochter erwähnt habe, die er erst spät bekommen hat? Ihr Name ist Sky Lovell-Finch.«

»Das ist kein Name, es klingt eher nach dem Wetterbericht.«

»Also, es hat sich herausgestellt, dass wir dieselbe Schule besucht haben, auch wenn sie selbstverständlich mehrere Jahre jünger ist als ich.«

»Selbstverständlich.« Shanti stellte sich eine Grundschule vor.

Masako reichte mehrere Ausdrucke herum, darunter die verschwommene Porträtaufnahme eines dünnen Teenagers mit glänzendem, schwarzem Haar, hohen Wangenknochen und ungewöhnlich großen Augen.

»Sie ist jetzt vierzehn«, sagte Masako, »aber schon vor zwei, drei Jahren stand Sky in einem gewissen Ruf.«

»In was für einem Ruf?«, wollte Caine wissen.

»Also, ich weiß nicht recht, wie ich es beschreiben soll – sie wirkte zum Beispiel älter, als sie tatsächlich war, ernährte sich vegan und vertrat ziemlich radikale politische Ansichten. Interessierte sich für alle möglichen ernsten Themen. Ich habe gestern Abend mit ein paar Freunden gesprochen, die durch die Bank ein ausgesprochen intelligentes Mädchen mit einem Hang zur Hippiekultur vor Augen hatten. Sie hat in der Schule mehrere Klimastreiks organisiert. Manche erinnerten sich auch an ihre schöne brasilianische Mum und den sehr viel älteren Vater, den sie heiß und innig liebte. Man kann also durchaus behaupten, dass sie einen lebhaften Eindruck bei allen hinterlassen hat, denen sie begegnete. Laut Schulleiterin ist Sky eine Art Wunderkind.«

»Ein Wunderkind?«, hakte Shanti skeptisch nach.

»Ein Ausnahmetalent«, ließ Caine sich vernehmen. »Ein kluges Mädchen. Unter anderen Umständen wäre es fantastisch, sie kennenzulernen.«

»Unter anderen Umständen würde ich zu Hause im Bett liegen«, murmelte Shanti.

Caine betrachtete mitfühlend das Foto. »Wunderkind hin oder

her – vierzehn ist ein furchtbares Alter, um seinen Dad zu verlieren. Wie hat sie die Nachricht aufgenommen?«

Benno zog seinen Notizblock hervor. »Die beiden Officer, die die schlimme Botschaft überbracht haben, verwendeten die Worte ›ruhig und gefasst‹. Die Mutter des Mädchens war das genaue Gegenteil: Sie ist schier durchgedreht, hat geweint, geschrien, sich die Haare gerauft und sich sogar übergeben. Sie war derart außer sich, dass sie medizinisch betreut werden musste.«

»Entsetzlich«, sagte Caine.

»Sie erwarten euch um neun Uhr dreißig«, teilte Benno ihnen mit. »Ich versuche zudem, einen Termin für euch mit Finchs erster Ehefrau Tiggy auszumachen …«

»Quentins Mutter«, sagte Shanti.

»Richtig. Aber es ist nicht leicht. In dem Pflegeheim herrschen strikte Regeln. Ich schicke euch eine Textnachricht, sobald ich etwas erreichen konnte.«

»Also, sind Sie schon dazu gekommen, die Wintersonnenwende-Akte zu lesen?«, erkundigte sich Masako.

»Ich bin noch dabei«, antwortete Shanti. »Äußerst spannendes Material, aber … ähm, ziemlich viel.«

»Die Seiten über Tiggy Antrobus-Lovell-Finch könnten sich als hilfreich erweisen, wenn Sie sich mit ihr treffen.«

»Ach, bevor ich es vergesse«, schaltete sich Benno dazwischen. »Ich habe in der Küche darum gebeten, etwas zum Mittagessen vorzubereiten.«

Er reichte Caine zwei Tüten. Auf einer davon stand »vegan«.

»Danke, Benno«, sagte Caine. »Du denkst wirklich an alles.«

Aber der hörte schon nicht mehr zu. Stattdessen nahm er einen Anruf entgegen. Er lauschte kurz, dann steckte er das Handy wieder ein und wandte sich an Shanti. »Entschuldige, Chefin, ich muss los. Es gibt Neues am Leichenfundort. Dawn ist übrigens auf dem Weg hierher, um mit euch zu reden.«

Als Benno und Masako die Kantine verlassen hatten, schaute Shanti aus dem Fenster in die dicken Schneeflocken, die im gespenstischen Morgenlicht tanzten.

»Haben Sie sich jemals gefühlt wie der letzte Mensch auf Erden nach der Zombie-Apokalypse?«, fragte sie ihren Kollegen.

»Ich bin für Sie da, Shanti. Bis zum jüngsten Tag.«

»Da ziehe ich die Zombies vor«, befand sie. »Was ist los bei den Steinen?«

»Das werden wir gleich erfahren«, sagte Caine. »Da hinten kommt Dawn.«

Eine Salve von Blitzlichtern kündigte die Ankunft eines SOCO-Vans an, der auf den Parkplatz einbog. Dawn Knightly stieg aus, in einen weißen Ganzkörperoverall gekleidet, einen grauen Plastikkoffer in der Hand. Selbst auf die Entfernung wirkte sie aufgelöst.

Einen Augenblick später glitten die automatischen Schiebetüren am gegenüberliegenden Ende der Kantine auseinander, und Dawn marschierte mit großen Schritten auf die Einsatzzentrale zu, einen alarmierten Ausdruck im Gesicht.

»Was ist los, Dawn?«, fragte Shanti. »Du siehst grauenhaft aus.«

»Himmelherrgott, ich fasse es nicht … Ihr werdet nicht glauben, was passiert ist.«

Caine eilte zu ihr und legte einen Arm um ihre Schulter.

»Komm, setz dich«, forderte er sie besorgt auf. »Was kann ich dir bringen?«

»Wenn es keinen Whisky gibt, würde ich mich über eine Tasse Tee freuen.« Sie ließ sich auf einen Stuhl fallen und legte den Koffer vorsichtig vor sich auf den Tisch.

Caine setzte sich wieder und schob ihr seine eigene Tasse hin.

»Herrje, du zitterst ja«, stellte Shanti fest. »So habe ich dich noch nie erlebt.«

Dawn sah sie mit aufgerissenen Augen an. »Ich glaube, jemand hat mich ins Visier genommen«, flüsterte sie. »Der Kerl ist irgendwo da draußen – und beobachtet mich bei der Arbeit.«

»Du wurdest angegriffen?«

»So gut wie. Wartet, ich will euch etwas zeigen …«

Sie trank einen großen Schluck Tee, dann zog sie ein Paar Latexhandschuhe aus der Seitentasche ihres Overalls und streifte sie über. Anschließend öffnete sie den Koffer und nahm eine durchsichtige Beweismitteltüte heraus, die sie ins Licht hielt.

»Was zum Teufel ist das?«, fragte Shanti verwirrt.

Caine starrte das Objekt in der Tüte wie paralysiert an.

»Das ist ein Beil«, stieß er schließlich hervor. »Ein Feuersteinbeil.«

»Aha«, sagte Shanti. »Ich denke, ihr müsst mir ein wenig auf die Sprünge helfen.«

Aus Dawns für gewöhnlich gut durchblutetem Gesicht war sämtliche Farbe gewichen. Sie rang sichtbar nach Worten, um das zu schildern, was geschehen war. Bevor sie zu sprechen anfing, nahm sie einen weiteren großen Schluck Tee, dann legte sie los.

»Erinnert ihr euch an die Partikel, die ich aus der Halswunde gefischt habe? Das Labor hat bestätigt, dass es sich um winzige Feuersteinsplitter handelt.«

»Interessant.« Shanti nickte. »Allerdings verstehe ich nicht recht …«

»Vor ungefähr einer halben Stunde bin ich vom Turm runtergeklettert und zum Van gegangen, der im Wendehammer für die Shuttlebusse bei den mobilen Toiletten stand. Dort habe ich das hier entdeckt – ein Geschenk, das im Fußraum auf mich wartete. Ich wäre beinahe draufgetreten.«

»Du meinst, jemand hat das Ding im Fußraum des Spurensicherungsvans platziert, während du – wie viele Meter? Zehn? – entfernt warst?«

»Exakt. Natürlich war sofort die Hölle los. Die Kriminaltechniker von der hiesigen Polizei schwirrten durcheinander wie die Stubenfliegen. Momentan sind sie dabei, die Gegend mit Hunden zu durchkämmen. Ganze Suchtrupps sind unterwegs. Sie setzen sogar Drohnen ein, aber da draußen ist offenbar nicht ein einziger Fußabdruck. Wer immer mir das Beil in den Wagen gelegt hat, scheint sich in Luft aufgelöst zu haben. Ich gebe zu, das Ganze bringt mich wirklich aus der Fassung.«

»Das tut mir sehr leid«, sagte Caine und drückte ihren Arm. »Aber ich bezweifle, dass es um etwas Persönliches geht, Dawn. Wahrscheinlich soll das Beil dazu dienen …«

»Wozu dienen, Caine?«, fragte Shanti. »Was hat das Ihrer Meinung nach zu bedeuten?«

»Ich bin mir nicht ganz sicher«, räumte er ein. »Vielleicht will man uns warnen? Die Dramatik steigern? Hast du noch mehr Handschuhe, Dawn?«

»Wie bitte?« Sie sah ihn leicht verwirrt an, dann nickte sie und zog ein eingeschweißtes Paar aus ihrem Koffer. Caine streifte sie über und nahm vorsichtig die Beweismitteltüte an sich, um den Inhalt gründlich zu inspizieren. Das Werkzeug hatte einen dreieckigen Kopf aus Feuerstein, der in einem Holzschaft steckte und mit dünnen Streifen aus Tierhaut daran befestigt war.

»Eine wunderschöne Arbeit«, stellte Caine fest. »Ist das Blut an der Schneide?«

»Davon bin ich überzeugt«, erwiderte Dawn. »Ich schicke das Beil sofort ins Labor.«

»Glaubst du wirklich, dass es sich um die Mordwaffe handelt?« Shanti schnappte nach Luft.

»Höchstwahrscheinlich ja«, antwortete Dawn, noch immer leichenblass. »In dem Moment, als ich die schartige Wunde am Hals des Opfers entdeckte, wusste ich, dass sie von einer unkonventionellen Waffe verursacht wurde. Mein Team hat einen Vergleich zwischen den Fotos von der Verletzung und diesem … Ding angestellt – sämtliche Kriterien sind erfüllt, alles deutet auf einen Treffer hin.«

»Es sind tatsächlich Fingerabdrücke auf dem Stiel«, stellte Caine verblüfft fest.

»Ja, er ist voll damit«, pflichtete Dawn ihm bei. »Die Abdrücke sind fettig und fast schwarz, man kann sie sogar mit bloßem Auge recht gut erkennen.«

»Sagtest du nicht, der Täter sei ein Profi, der darauf geachtet hat, keine DNA-Spuren zu hinterlassen?«, fragte Shanti skeptisch. »Der Leichenfundort war absolut sauber, oder nicht?«

»Da habe ich mich offenbar getäuscht.«

Sie starrten ehrfürchtig auf die Beweismitteltüte, als enthielte sie eine Reliquie.

»Sieht eher aus wie eine Axt«, überlegte Shanti laut.

»Ich würde sagen, die korrekte Bezeichnung lautet Feuersteinbeil oder Axthammer«, erwiderte Caine.

»Aha.« Shanti nickte. »Allerdings fällt es mir schwer zu glauben, dass das Ding scharf genug ist, um den Job zu erledigen.«

»Gespaltener Feuerstein ist so scharf wie Stahl«, sagte Caine. »Vergessen Sie nicht, ein Werkzeug wie dieses hier war ursprünglich dazu gedacht, Fleisch zu schneiden und Häute vorzubereiten.«

»Nun, in Camden Town hatten wir es nicht so oft mit Feuersteinbeilen zu tun.«

»Du zitterst ja immer noch«, stellte Caine fest und legte Dawn fürsorglich die Hand auf den Unterarm. »Vielleicht solltest du dich ein wenig ausruhen? Du hast ein traumatisches Erlebnis hinter dir.«

»Das ist wirklich sehr liebenswürdig von dir, Vincent Caine«, sagte Dawn. »Allerdings ist heute mein letzter Arbeitstag, und ich muss noch den Fundort freigeben, bevor ich meinen Urlaub antreten kann. Es geht schon wieder. Ich bin aus hartem Holz geschnitzt. Es ist mir wichtig, euch auf den aktuellsten Stand zu bringen, deshalb möchte ich die Ergebnisse haben, bevor das Labor über Weihnachten dichtmacht. Ich bin überzeugt, dass dieses Beil eine spannende Geschichte zu erzählen hat.«

»Lass mich schnell ein paar Aufnahmen davon machen, bevor du aufbrichst«, bat Shanti, richtete ihre Handykamera aus und fotografierte das Beil aus allen möglichen Winkeln.

Als sie damit fertig war, platzierte Dawn die Beweismitteltüte so vorsichtig im Koffer, als würde sie ein Baby in die Wiege legen. Anschließend stand sie auf und verließ die Kantine.

Shanti sah Caine über den Tisch hinweg an.

»So etwas wäre ein gefundenes Fressen für jeden Kriminalpsychologen«, sagte sie. »Was für ein Irrer! Anscheinend genießt er das Ganze auch noch.«

»Wie ein inszeniertes Melodram«, pflichtete Caine ihr bei.

»Erzählen Sie mir etwas über die mutmaßliche Tatwaffe«, forderte Shanti ihn auf. »Sie ist vermutlich ziemlich alt?«

»Nun, es handelt sich meines Erachtens um die Nachbildung eines Steinzeitwerkzeugs.«

»Eine Nachbildung?« Shanti musterte ihn skeptisch. »Wie kommen Sie darauf? Für mich sah das Ding uralt aus.«

»Es hat einen Holzstiel.«

»Und was hat man Ihrer Meinung nach damals benutzt? Rostfreien Stahl?«

»Nein, man hat genau solche Materialien verwendet: Walnuss- oder Eichenholz zum Beispiel.«

»Aha.«

»Der Punkt ist jedoch, dass der Originalstiel schon vor Ewigkeiten zerfallen wäre. Immer wieder stoßen Archäologen auf bearbeitete Feuersteine, vor allem an Begräbnisstätten. Meistens handelt es sich dabei um Pfeil- oder Speerspitzen, doch nur sehr selten findet man Spuren von dem dazugehörigen Stiel. Es liegt daher auf der Hand, dass wir es mit der Reproduktion eines Werkzeugs aus der Jungsteinzeit zu tun haben, gefertigt von einem Experten. Ich werde Ned bitten, sich das Ganze mal näher anzusehen.«

»Einen Moment, Caine! Sie schlagen doch nicht ernsthaft vor, dass wir Rat bei einem der Hauptverdächtigen einholen sollen?«

»Also wirklich, Shanti. Soweit ich weiß, war Ned nicht einmal in der Nähe der Steine. Mein Instinkt teilt mir mit, dass Ned Tull nicht fähig ist, Gewalt auszuüben. Er ist ein trauriger, sanftmütiger Mann. Außerdem hat er unzähligen Leuten gezeigt, wie man Werkzeuge wie diese anfertigt. Ich erinnere mich gut an seine Anleitungen in *Unsere Nachbarn aus der Jungsteinzeit,* denn ich habe als Teenager selbst einige Gegenstände aus Feuerstein gebastelt.«

»Was Sie automatisch zum Verdächtigen macht.«

»Ich hatte überlegt, Paul zu zeigen, wie so etwas geht, wenn Sie das nächste Mal mit ihm zu Besuch kommen …«

»Wie schön, dass Sie fröhliche Familienbastelwochenenden planen. Ich ziehe es allerdings vor, mich an Beweisen zu orientieren, anstatt mich auf Ihre Instinkte zu verlassen. Tull dachte wahrscheinlich, es sei sein Glückstag, als Sie bei ihm hereinschneiten. Vermutlich befindet er sich bereits auf dem Weg zum nächsten Flughafen, um rechtzeitig außer Landes zu gelangen.«

»Ich glaube nicht, dass ein Fluchtrisiko besteht, Shanti«, widersprach Caine. »Tull lebt hier seit Jahrzehnten.«

»Nun, sobald wir von unseren Terminen mit Constanza, Sky und Tiggy zurück sind, würde ich Ihrem Kumpel Fred Feuerstein gern ein paar Fragen stellen. Um wie viel Uhr sind wir mit ihm verabredet?«

»Ned richtet sich nicht nach der Uhrzeit. Wir haben vereinbart, dass wir uns bei Einbruch der Abenddämmerung treffen.«

»Abenddämmerung? Wann genau zum Teufel ist das?«

»Zu der Zeit, in der das Tageslicht schwindet.«

»Und wann schwindet das Tageslicht? Herrgott, Caine, jetzt geben Sie mir endlich eine klare Antwort!«

»Lassen Sie uns zumindest die Laborergebnisse abwarten, bevor wir Ned verdächtigen«, bat Caine, dann fügte er hinzu: »Außerdem formen sich in meinem Kopf langsam ein paar neue Theorien ...«

Shanti seufzte. »Na, dann lassen Sie mal hören.«

»Das Feuersteinbeil ist klein.«

»Na und? Klein, aber tödlich.«

»Man könnte meinen, dass eine größere Waffe vonnöten ist, um einen Mann von Finchs Statur auszuschalten. Und noch etwas ist mir aufgefallen: Finchs Bart war vollständig, doch wenn man einem Kerl wie ihm mit einem Beil die Kehle durchtrennt, hätte er an mehreren Stellen ab sein müssen. Soweit ich weiß, hat Dawn aber keine Bartsträhnen gefunden. Wie um alles in der Welt soll man einem bärtigen Mann die Kehle aufschlitzen, ohne den Bart zu beschädigen?«

»Das ist doch Haarspalterei«, entgegnete Shanti.

»Zumindest hätte der Bart blutgetränkt sein müssen. Außerdem wären Barthaare in die Wunde gelangt.«

»Demnach hätte der Täter Finch höflich gebeten, den Bart anzuheben, damit er mit dem Beil auf seinen Hals einhacken kann?«

»Ich vermute, dass Finch schon tot oder zumindest außer Gefecht gesetzt war, als er auf den Deckstein verfrachtet wurde. Jemand hat seinen Bart gehalten, während ihm in einer zeremoniellen Handlung die Kehle aufgeschnitten wurde.«

»Aber dann wäre doch überall Blut gewesen«, gab Shanti zu bedenken.

»Wie Dawn schon sagte: Die Vögel haben eine Riesensauerei veranstaltet«, pflichtete Caine ihr bei, »doch meines Erachtens haben sie keinen echten Schaden angerichtet. Wenn das Beil tatsächlich die Mordwaffe gewesen wäre, hätte man Blutspritzer finden müssen.«

»Aber warum wurde das Beil in Dawns Van gelegt?«

»Ich vermute, dass der Täter Spielchen spielt. Wahrscheinlich hat er das Beil absichtlich dort platziert, wo Dawn es findet, was meine Theorie bestärkt, dass er auf die größtmögliche öffentliche Aufmerksamkeit abzielt … was zum Beispiel ganz und gar nicht zu dem Professor passt. Er wünscht sich nichts mehr, als ein ruhiges Leben zu führen. Die Tatwaffe wurde dort hingelegt, um abzulenken und jemand anderem die Schuld zuzuschieben – vielleicht Ned.«

»Aber sicher doch, das Ganze ist eine Verschwörung gegen den armen alten Tull.«

Es entstand eine nachdenkliche Pause, durchbrochen allein vom leisen Geschirrgeklapper und den gedämpften Unterhaltungen aus der Küche.

»In Ordnung, Caine«, lenkte Shanti ein. »Sie gehen mir fürchterlich auf die Nerven, aber Sie sind gut in solchen Dingen … Vermutlich arbeiten wir genau deshalb so erfolgreich zusammen.«

»Das bedeutet mir viel, Shanti.«

»Nun geraten Sie mal nicht gleich aus dem Häuschen, ich lade Sie deshalb noch lange nicht ein, mit mir Weihnachten zu feiern. Auf alle Fälle steht fest, dass wir so nicht weiterkommen. Tatsächlich stehen wir vor einer ganzen Reihe von Fragen. Wo wurde Finch umgebracht? Wenn er schon tot war, warum hat man ihn dann noch mit dem Beil bearbeitet? Und – was nach wie vor das größte Rätsel darstellt – wie zur Hölle hat der Täter ihn auf dieses Trillerdingsbums gehievt?«

»Das erinnert mich an meine Lieblingsweisheit …«

»Wenn Sie jetzt sagen, ich solle das Ungewisse umarmen, kann es durchaus sein, dass ich selbst das Hackbeil schwinge. Denn eines ist ganz und gar nicht ungewiss: Da draußen treibt ein skrupelloser, barbarischer Killer sein Unwesen.«

Kapitel sechzehn

DER TRÄUMENDE DETECTIVE

Als sie durch die Schiebetüren traten, wurden die beiden Detectives von einer eisigen Böe und ihren Streifenkollegen Spalding und Dunster empfangen, die beide vor Kälte bibberten.

»Wohin geht ihr?«, fragte Shanti.

»Wir haben Dienstschluss, Ma'am«, antwortete Dunster. »Ist es okay, wenn wir nach Hause fahren? Die Familie kommt zu Besuch, und meine Mum braucht mich.«

»Sie machen Witze, Dunster.«

»Dürfen wir uns dann wenigstens in die Kantine setzen? Nur um uns etwas aufzuwärmen?«

»Na gut, aber hören Sie mir aufmerksam zu: Sie haben zwanzig Minuten, um einen Happen zu essen, keine Sekunde länger. Die Kantine wird sowieso gleich schließen. Anschließend möchte ich, dass Sie, Spalding, Sergeant Bennett Bericht erstatten, was sich bei den Steinen tut. Für Sie, Dunster, steht eine wichtige Observation an.«

»Jawohl, Ma'am.«

»Sehen Sie das Ausstellungsgebäude dort drüben? Auf der Rückseite finden Sie eine Ansammlung von Hütten – die Nachbildung einer Siedlung aus der Frühzeit.«

»Das weiß ich, Ma'am.«

»In einer dieser Hütten wohnt ein gewisser Professor Ned Tull. Sie können ihn nicht verfehlen, er sieht aus wie ein Neandertaler.«

»Ein Mann aus der Jungsteinzeit«, korrigierte Caine. »Ist das wirklich nötig, Shanti?«

»Ich möchte, dass Sie ihn mit Argusaugen überwachen, während DI Caine und ich unterwegs sind. Dieser Mann ist von ganz besonderem Interesse für unsere Ermittlungen. Er darf Sie auf keinen Fall bemerken, außerdem möchte ich, dass Sie jede einzelne seiner Bewegungen schriftlich protokollieren, haben Sie das verstanden? Unternehmen Sie jedoch nichts, solange es nicht absolut nötig ist.«

»Ist er gewalttätig, Ma'am?«

»Das wissen wir nicht, Dunster, aber es ist nicht ausgeschlossen. Seien Sie auf alle Fälle wachsam.«

Die brüllende Meute der Medienleute brachte den Saab zum Schaukeln, als Shanti und Caine die Schranke passierten.

Shanti bog rechts auf die A303 ein. Offenbar hatten sich auch die Streufahrzeuge in den Weihnachtsurlaub verabschiedet, denn auf der leeren Fahrbahn lag eine dicke Schneeschicht. Wenn es hier schon schwierig war, durchzukommen, wie würde es dann erst auf den kleineren Landstraßen aussehen?

»Vielleicht hätten wir uns einen Allradwagen leihen sollen«, überlegte Caine.

»Dieses Auto schafft alles«, hielt Shanti voller Überzeugung dagegen. »Saabi und ich haben schon ganz andere Situationen durchgestanden. Also, wo ist diese Abzweigung?«

»Eine Meile weiter, auf der linken Seite. Möchten Sie, dass ich Ihnen meinen Traum erzähle?«, fragte Caine.

»Polizisten träumen nicht. Das ist eine allgemein bekannte Tatsache.«

»Sie träumen doch sicher auch manchmal?«

»Ich arbeite. Ich schlafe. Dann arbeite ich wieder«, erwiderte Shanti, doch noch während sie sprach, zuckte das Bild von hackenden Krähen und zwei gefrorenen Teichen vor ihrem inneren Auge auf.

Caine streckte und räkelte sich auf dem Beifahrersitz.

»Glauben Sie, Erkenntnis kommt in Form von Symbolen?«, unterbrach er seine Dehnübungen.

»Haben Sie mich gerade wirklich gefragt, ob Erkenntnis in Form von Symbolen kommt?«

»Ich bin überzeugt, dass mir mein Traum etwas sagen sollte. Er war so anschaulich, so lebhaft, als wäre ich wirklich dort.«

»Wo, Caine?«

»Genau hier, in Stonehenge. Ich erinnere mich an eine überwältigende, unheilvolle Atmosphäre, als würde die Sonne am Himmel sterben. Ich weiß auch nicht, ob das daran liegt, dass ich in dieser Rundhütte übernachtet habe, oder an der Wintersonnenwende, oder …«

»… am Wind …«

»… oder an der Tatsache, dass ich für die anstehende Klausur gefastet habe – Sie wissen sicher, wie es ist, wenn der Körper darbt?«

»Nein, eher nicht.«

»Man nimmt alles intensiver wahr. Ihr äußeres Wahrnehmungsvermögen ist geschärft, genau wie das innere. Wie dem auch sei: Ich habe diese Gestalten zwischen den Trilithen tanzen sehen.«

»Was für Gestalten?«

»Sie halten mich nicht für seltsam, wenn ich Ihnen das erzähle?«

»Seltsam? Keine Sorge, der Zug ist längst abgefahren.«

Caine richtete sich auf und sah sie durchdringend von der Seite an. »Es waren urzeitliche Geschöpfe, Shanti. Mit Hörnern und merkwürdigem Kopfschmuck. Halb nackt. Singend. Mit Körperfarbe bemalt. Männer und Frauen.«

»In Fellbikinis?«

»Ich habe mich versteckt, weil ich nicht wollte, dass sie mich sehen, und zu meinem Entsetzen musste ich feststellen, dass sie ein Menschenopfer vorbereiteten. Vor meinen Augen führten sie das Opfer hinter einem Monolithen hervor. Der Mann war größer als die anderen, und ich wusste, dass er es war – der Grüne König. Er war das Menschenopfer in meinem Traum. Plötzlich – und das ist das Unheimliche daran, Shanti – drehte er ganz langsam den Kopf und sprach mich an …«

Shanti schnappte nach Luft. »Was hat er gesagt?«, fragte sie aufgeregt.

»Wegen des Windes und der Gesänge konnte ich seine Worte nicht verstehen, aber ich las sie ihm von den Lippen ab. Er sagte nur: ›Helfen Sie mir!‹«

»Bitte, lieber Weihnachtsmann, bring mir einen Schleudersitz!«

»Ich war wie gelähmt. Unfähig, auch nur einen einzigen Muskel zu bewegen. Ich wollte ihm unbedingt helfen, aber ich konnte einfach nichts tun.«

»Dieser Teil klingt nachvollziehbar.«

Caine nahm eine normale Sitzposition ein und ließ sich erleichtert zurücksinken, nachdem er sich die Last von der Seele geredet hatte. Nach einer Weile deutete er auf die versteckte Zufahrt, die sie auch gestern genommen hatten, um Quentin einen Besuch abzustatten und ihn über den Tod seines Vaters zu informieren.

»Das war mein Traum«, sagte er leise. »Was denken Sie? Es muss eine tiefere Bedeutung dahinterstecken – die Opferung des Grünen Königs und das überwältigende Gefühl der Hilflosigkeit. Ich bin sicher, mir wird bald klar, was mir das sagen soll.«

Shanti bog ab, und sie fuhren erneut durch die unterirdischen Schneehöhlen, doch heute tauchte dichter Nebel die Szenerie in ein unnatürliches, sepiafarbenes Licht, weshalb sie die Scheinwerfer und die Nebelleuchten einschaltete.

»Wissen Sie, ich hatte ebenfalls einen Traum«, teilte sie Caine mit.

»Aber sagten Sie nicht vorhin …«

»Ich träumte davon, dass ich mit einem normalen Menschen zusammenarbeite. Jetzt ist aber erst mal Zeit, aufzuwachen, DI Caine. Raus aus den Federn! Ihre Träume und Fantasien sind im Augenblick irrelevant. Hier geht es um den brutalen Mord an einem alten Mann. Sie wollen Finch helfen? Nun, jetzt ist Ihre Gelegenheit. Wir müssen lediglich seinen Mörder – oder seine Mörderin – ausfindig machen und ihn – oder sie – vor Gericht bringen.«

»Ja. Ja, Shanti, Sie haben recht. Sie haben immer recht. Ich muss mich auf die vor uns liegende Aufgabe konzentrieren.«

»Gut. In ein paar Minuten kommen wir an Quentins Schuppen vorbei, also halten Sie die Augen offen, ob Sie irgendwelche verdächtigen Aktivitäten bemerken.«

Nachdem sie gute zehn Minuten über die eisglatte Schlittenbahn gerutscht waren, erreichten sie das alte Pfarrhaus. Gott sei Dank waren immer noch keine Journalisten aufgekreuzt, aber es war nur eine Frage der Zeit, bis sie eintreffen würden. Shanti hielt vor den Torpfosten an, auf denen eine hohe Schneehaube thronte. Caine stieg aus und betrachtete den schneebedeckten Boden. In weniger als einer Minute saß er wieder neben ihr.

»Heute war bisher niemand draußen«, berichtete er und schnallte sich an. »Weder zu Fuß noch mit dem Auto. Die Spuren von gestern – unsere und die von Quentin, der das Kindermädchen zum Bahnhof gebracht hat – sind mit einer frischen Schneeschicht bedeckt. Ich konnte eine weitere wieder zugeschneite Reifenspur erkennen, allem Anschein nach von einem schweren SUV. Vermutlich von Quentins Anwalt. Das war's auch schon. Sollten wir nicht lieber weiterfahren, Shanti? Man kann uns vom Haus aus leicht sehen.«

»Oh, es ist mir ganz recht, wenn der liebe Quinty weiß, dass wir ein Auge auf ihn haben«, hielt Shanti dagegen und ließ den Blick über die Einfahrt schweifen. Endlich löste sie die Handbremse und gab Gas. Der Saab machte einen Satz nach vorn und schlitterte die steile Zufahrtsstraße hinauf. Dann und wann traf ein Reifen auf einen unter dem Schnee verborgenen Stein und zwang Shanti, das Lenkrad herumzureißen.

»Erzählen Sie mir von Constanza«, forderte sie ihren Kollegen auf.

»Laut Masakos Unterlagen gönnte sich Finch nach seiner Scheidung von Tiggy 1987 eine einjährige Auszeit. Er nahm an einer ökologischen Tagung in São Paulo teil, wo er seine zweite Frau kennenlernte. Sie ist ebenfalls Umweltschützerin – und stammt väterlicherseits aus einer indigenen Familie. Constanza ist einige Jahre jünger als Finch, aber es ist allgemein bekannt, dass die beiden einander vergötterten. Darf ich Sie bitten, etwas langsamer zu fahren, Shanti? Diese schmalen Straßen sind heimtückisch.«

»Erzählen Sie weiter, Caine.«

»Da gibt es nicht mehr zu erzählen, ehrlich nicht. Finch ist ein paar Monate lang zwischen England und Brasilien hin und her gereist, aber irgendwann überkam sie vermutlich die Flugscham, also zog Constanza in Lovell Court ein. Dort wurde Sky geboren.«

»Aha. Und was sollte all das Gerede über Ganoven und Landbesetzer? Ich dachte, Finch lebte allein mit Frau und Tochter in Lovell Court?«

»Das dachte ich auch … O GOTT! Bremsen, Shanti! BREMSEN!«

Er griff ins Lenkrad. Der Wagen schlingerte nach links, streifte die Böschung und kam rutschend zum Stehen.

»Herrgott, Caine!«, japste Shanti. »Was zum Teufel ist das?«

Die wässrigen Lichtkegel der Scheinwerfer erfassten ein riesiges Tier auf der Fahrbahn. Die verwahrloste Kreatur tappte mit hängendem Kopf unsicher durch den überfrorenen Schneematsch, den Schwanz zwischen die Beine geklemmt wie ein ausgehungerter Wolf. Jetzt hob sie den Kopf und sah die beiden Detectives durch die Windschutzscheibe an. Sie zitterte erbärmlich, ein Sinnbild von Elend und Erschöpfung.

Bevor Shanti wusste, wie ihr geschah, stieß Caine die Beifahrertür auf, stieg aus und ging zu ihrem Entsetzen langsam auf die Bestie zu. Mit ausgestreckter Hand redete er beruhigend auf sie ein.

Es handelte sich um einen Hund. Einen überdimensionalen grauen Hund. Fassungslos sah sie, wie Caine liebevoll auf ihn einredete und ihn einen Moment später durch die offene Tür ins Wageninnere schob.

»Was zum Teufel machen Sie da? Das Biest kommt auf keinen Fall hier rein!«

»Das ist Ganesh. Einer von Finchs Hunden. Sehen Sie, auf dem Halsband steht sein Name.«

Das zitternde Tier füllte den gesamten Fußraum aus. Als Caine sich zu ihm auf den Sitz quetschte, gab es ein lang gezogenes, tiefes Bellen von sich, das an ein Nebelhorn erinnerte.

»Ach du liebe Zeit!«, rief Shanti erschrocken aus.

»Der arme alte Junge«, sagte Caine. »Es sieht so aus, als würde er trauern.«

»Seien Sie nicht albern. Tiere trauern nicht.«

»Selbstverständlich tun sie das. Er hat ein gebrochenes Herz, stimmt's, Kumpel? Außerdem ist er total durchgefroren. Haben Sie ein Handtuch, Shanti?«

»Nein, habe ich nicht.«

Caine griff auf die Rückbank. »Darf ich diese alte Decke haben? Ich wasche sie auch für Sie.«

»Ich werde Sie daran erinnern, Caine.«

Während sie ihre Fahrt fortsetzten, schien sich der Hund ein wenig zu entspannen. Er drückte die Nase gegen Caines Brust und schaute ihn mit betrübten Augen an, während Caine seine Ohren massierte.

»Du hast versucht, den Weg nach Hause zu finden, nicht wahr, alter Junge?«, sagte er. »Wir bringen dich hin. Du kannst dich jetzt ausruhen, Ganesh.«

»Ich möchte nicht unhöflich sein«, ließ Shanti sich vernehmen. »Aber Ihr Freund stinkt.«

»Er ist erschöpft, Shanti. Und er kann nicht aufhören zu zittern. Entweder ist er durchgefroren bis auf die Knochen, oder irgendetwas hat ihn zutiefst erschreckt – vielleicht beides. Auf alle Fälle werden Sky und Constanza sich freuen, ihn zu sehen. Aber wo ist dein Bruder, Ganesh? Wo ist Albion?«

Er hüllte den riesigen grauen Hund in die Decke ein, der zitternd gegen Caines Oberkörper sackte und in einen unruhigen Schlaf fiel.

Nach einer Weile gelangte Shanti an eine nebelverhüllte Kreuzung mit einem Wegweiser aus Holz. Darunter stand eine halb von Schnee begrabene Bank. Sie bog rechts ab und fuhr vorsichtig durch die milchige Suppe.

»Herrgott, Caine!«, rief sie plötzlich. »Sehen Sie dort!«

In der Ferne, auf der Kuppe eines Hügels, kam ein altes Herrenhaus in Sicht, umgeben von einem weitläufigen Anwesen, um das sich eine scheinbar endlos lange Mauer erstreckte.

»Lovell Court«, sagte Caine. »Es sieht großartig aus. Kein Wunder, dass sich Quentin in der Old Vicarage fehl am Platz fühlt.«

»Aber würde er töten, um hier zu wohnen?«, überlegte Shanti laut. »Darauf hätte ich gern eine Antwort.«

Das Haus, das mit seinen spitzen Türmchen und Giebeln an eine Hochzeitstorte erinnerte, ragte vor dem bleiernen Himmel in die Höhe, das Dach bestäubt mit Puderzucker. Nebelfäden umhüllten die Fassade wie silbernes Geschenkband.

Caine legte die Arme um den schlafenden Hund und rezitierte ein Gedicht.

»Die Herrensitze Englands,
wie wunderschön sie sind.
Sie sollen allen zeigen,
die Oberschicht stets gewinnt.«

»Das gefällt mir«, sagte Shanti. »Ist das von Ihnen?«

Caine schüttelte den Kopf. »Von Noël Coward.«

»Aber es ist Ihnen in den Sinn gekommen, Caine, und das ist fast genauso gut.«

»Warum sind Sie so nett zu mir, Shanti? Das ist irgendwie seltsam.«

»Fies zu sein ist anstrengend. Außerdem … bin ich froh, dass Sie bei mir sind.«

»Tatsächlich?«

»Ähm … Sie wissen vielleicht, dass mir alte Häuser nicht ganz geheuer sind. Häuser wie dieses. Als ich noch klein war, hat meine Mutter sich immer gruselige Schwarz-Weiß-Filme angeschaut. Ich sollte sie nicht sehen, aber Sie wissen ja, wie Kinder sind.«

»Es ist traurig, Sie mir als junges verängstigtes Mädchen vorzustellen.«

»Machen wir uns nichts vor: Dieser Fall ist höllisch unheimlich. Ich sehe immer wieder Finchs Augen vor mir – starr, zu Eis gefroren. In dieser verschneiten Landschaft hier läuft ein Mörder herum, Caine, irgendwo im Nebel. Ein Killer, der völlig irre ist und vermutlich vor gar nichts zurückschreckt.«

»Möchten Sie, dass ich Sie umarme, Shanti? Wir könnten da drüben für einen Moment anhalten …«

»Ob ich umarmt werden möchte? Herrgott, Caine, wir sind zwei Detectives, die in einem Mordfall ermitteln!«

»Es tut mir leid. Ich bin zu weit gegangen.«

»Da haben Sie verdammt noch mal recht.«

Sie fuhren an der mächtigen, erdrückenden Mauer entlang, erbaut, so mutmaßte Shanti, von einem Heer mittelalterlicher Knechte, auf Befehl von Quentins Vorfahren.

»Erzählen Sie mir etwas über den Herrensitz«, sagte sie. »Ich meine, das Gebäude.«

»Lovell Court ist ein Kalenderhaus.«

Shanti sah ihn fragend von der Seite an. »Und was bedeutet das?«

»Dass es dreihundertfünfundsechzig Fenster, zweiundfünfzig Kamine, zwölf Treppen, sieben Eingänge …«

»… und dreihundertfünfundsechzig unterbezahlte Hausmädchen hat, die dreihundertfünfundsechzig schmutzige Toiletten putzen.«

»Stellen Sie sich das Einzelkind Quentin vor, wie es allein durch die stillen Korridore wandert«, sagte Caine. »Es muss seltsam sein, an einem Ort wie diesem aufzuwachsen.«

»Ja, Lovell Court würde sich prächtig in einem von Mums Filmen machen.«

Sie folgten der Mauer noch etwa eine Viertelmeile, bis sie an einen beeindruckenden Torbogen aus Sandstein gelangten.

Als sie über das Viehgitter holperten, bemerkte Caine zu beiden Seiten des Torbogens rostige Angeln. Anscheinend waren dort früher riesige Torflügel befestigt gewesen. Über ihren Köpfen befand sich in den Sandstein gemeißelt ein Wappen, auf dem ein sterbender Vogel, durchbohrt von einem Pfeil, abgebildet war. Darunter stand ein Spruch.

»Was bedeutet das?«, fragte Shanti.

»Ich nehme an, das ist das Motto der Lovell-Finchs. *Ab ave cadir de caelo.* Ave heißt Vogel, glaube ich. Sie sollten besser Quentin danach fragen.«

Sie passierten das Pförtnerhaus, dessen herabhängende Dachrinnen mit Eiszapfen geschmückt waren. Hinter den Bleiglasfenstern sahen die DIs fadenscheinige Gardinen und graffitibedeckte Wände.

»Alles sieht irgendwie verlassen aus«, stellte Shanti fest. »Das ist ganz schön unheimlich.«

»Quentins Vorfahren hätten es definitiv besser in Schuss halten können«, pflichtete Caine ihr bei, »aber es hat einen gewissen Charme, finden Sie nicht? Ich glaube, wir gelangen jetzt in den Wildpark.«

»Sagen Sie nichts – er ist dreihundertfünfundsechzig Morgen groß.«

»Eher dreitausendsechshundertfünfzig.«

»Was jede Menge Arbeit für das gemeine Volk bedeutet. Allerdings wirkt es hier ziemlich verwahrlost. Ich nehme an, heutzutage bekommt man einfach kein williges Personal mehr.«

»Laut Masako sind Finch nach der Scheidung die Mittel ausgegangen. Nichtsdestotrotz denke ich, dass mehr dahintersteckt.«

»Absichtliche Verwahrlosung?«

»Renaturierung, Shanti.«

»Genau das mache ich mit meinem Garten. Ich lasse keinen Rasenmäher in die Nähe. Paul und seine Kumpel brauchen Macheten, um zum Trampolin zu gelangen.«

»Sobald die Biodiversität wiederhergestellt ist, kehren alle möglichen Spezies zurück, und alles findet wieder zur natürlichen Balance. Das ist eine sehr buddhistische Haltung.«

»Die Quentins Blutdruck in die Höhe treibt, was immer ein Bonus ist.«

Das einst so prächtige Anwesen war umhüllt von einem frostigen Schleier. Die Scheinwerferlichter von Shantis Saab bohrten sich durch schneeverwirbelte Nebelschwaden und tauchten silbriges Dornengestrüpp und wuchernde Lorbeerbäume, deren Äste sich unter der Schneelast bogen, in helles Licht.

»Erinnert an die Illustrationen in einem Dornröschenbuch«, bemerkte Shanti trocken.

»Der alte Finch hat seine Tore geöffnet und Mutter Natur eingelassen.«

Shantis Blick fiel auf verschiedene Tiere, die irgendwie fehl am Platz wirkten. Seite an Seite drängten sich Rotwildrudel und langhornige Rinder und wühlten unter der Schneeschicht im starren Gras, mehrere ihr unbekannte Bestien gruben im Schilf am Ufer eines zugefrorenen Sees. Ihre warmen Leiber dampften.

»Was zur Hölle ist das?«

»Wildschweine!«, rief Caine begeistert aus. »Wie wundervoll!«

»Sind die nicht gefährlich?«

»Auf einen Nahkampf würde ich mich nicht einlassen.«

»Vielleicht hatte Finch eine Art Safaripark im Sinn?«, überlegte Shanti.

»Ich glaube nicht, dass Tiere in Gefangenschaft Finchs Ding waren. Es gibt hier auch nirgendwo Zäune. Die Tiere dürfen frei auf dem Gelände herumstromern.«

»Aha. Und was hält sie davon ab, auf die Straße zu ›stromern‹?«

»Die große Mauer und das Viehgitter, nehme ich an.«

»Vielleicht ist er einfach nur zu bequem für eine ordentliche Landwirtschaft …«

»Renaturierung hat etwas mit Loslassen zu tun. Es geht darum, den Zusammenhang aller Dinge zu zelebrieren. Es geht um die Zukunft, Shanti.«

»Vielleicht wird die Zukunft überbewertet. Haben Sie das jemals in Betracht gezogen?«

Etwa eine Meile vom Haus entfernt gingen die schneebedeckten Grasflächen in eine windzerzauste, hüfthohe Tundralandschaft über. Caine beobachtete voller Entzücken, wie eine gespenstische Schleiereule vor der Windschutzscheibe entlangsegelte, bevor sie in der Baumhöhle einer knorrigen Eiche verschwand.

Shanti heftete die Augen auf die Zufahrt, die nun mit einer behelfsmäßigen Schranke abgesperrt war – ein knallbunt angestrichener Telegrafenmast, der auf zerbeulten Ölfässern lag. Auf der anderen Seite stand eine Gruppe Umweltaktivisten. In ihrer schweren, selbst gefertigten Kleidung wirkten sie altmodisch und futuristisch zugleich.

»Diese Ökokrieger sehen aus, als gehörten sie eher in Ihr Lager, Caine«, sagte Shanti nervös und hielt vor der Absperrung an.

Aus der Gruppe lösten sich zwei Gestalten und gingen mit erhobenen Händen auf den Saab zu – eine stämmige Frau mittleren Alters mit einem Irokesen und keltischen Tattoos, und ein hagerer Mann mit gelben Brillengläsern.

Shanti ließ das Fenster herunter. »Wir möchten zu Constanza und Sky.«

»Cops?«

»Ja, wir sind Polizisten. Sky erwartet uns.«

»Lassen Sie das Mädchen in Ruhe.«

Die Feindseligkeit war greifbar. Caine beugte sich aus dem Beifahrerfenster und strahlte.

»Hi! Wir sind hier, um zu helfen, bitte glauben Sie mir. Sehen Sie, wir haben Ganesh gefunden …«

Die beiden spähten in den Wagen und betrachteten den schmutzigen, erschöpften Hund im Fußraum.

»Sky wird froh sein, ihn wiederzuhaben«, sagte die Frau mit dem Irokesen.

»Wie kommt Sky mit dem Ganzen zurecht?«, erkundigte sich Caine mitfühlend.

»Was denken Sie denn?«, fragte der ältere Mann, unter dessen

Wollmütze Dreadlocks hervorlugten. »Alle Evolutionäre sind in Trauer.«

»Was haben Sie gerade gesagt?«, schaltete Shanti sich dazwischen.

»Ich sagte, dass wir um Finch trauern. Alle.«

»Nein, das meinte ich nicht. Sie haben sich wie genannt? Evo…?«

»Evolutionäre. Das ist der Name unserer Gemeinschaft.«

»Würden Sie mir das bitte genauer erklären?«

»Der Name ist selbsterklärend«, mischte sich die Frau ein. Sie sprach, als würde sie mit einem Einfaltspinsel kommunizieren. »Menschen machen entweder Rückschritte, oder sie entwickeln sich weiter. Die Evolutionäre versuchen, sich weiterzuentwickeln.«

»Obwohl sich die Dinge manchmal gegen einen verschwören«, fügte der Mann voller Kummer hinzu. »Was ist Finch zugestoßen, Frau?«

»Zum gegenwärtigen Zeitpunkt der Ermittlungen können wir Ihnen nicht allzu viel mitteilen«, erwiderte Shanti.

»Klar. War ja nicht anders zu erwarten.«

»Ist das ein Benziner?«, fragte die Irokesenfrau mit Blick auf den Saab.

»Was dachten Sie denn?«, gab Shanti zurück. »Dass der Wagen mit Kohle fährt?«

»Sehen Sie die Bäume da drüben? Sie können dort parken und zu Fuß zum Haus gehen. Es ist nicht mal eine Meile entfernt.«

»Sie machen Witze.«

»Sie können sich auch Fahrräder leihen«, schlug die Frau vor.

»Das ist schon in Ordnung«, willigte Caine ein. »Wir gehen gern zu Fuß. Die Landschaft ist fantastisch.«

Die Schranke ging hoch. Gereizt gab Shanti Gas, dann stellte sie den Wagen in einer Reihe von tief verschneiten Fahrzeugen ab, die an eine Schafherde erinnerten.

»Hat er mich ›Frau‹ genannt?«, fragte Shanti, drückte auf die Zentralverriegelung und setzte ihre Mütze auf.

»Nehmen Sie es nicht persönlich, Shanti. Ich muss zugeben, dass ich das Ganze hier ausgesprochen spannend finde.«

»Diese Ökofreaks sind Autoritäten gegenüber misstrauisch, würde ich sagen.«

»Ich frage mich, wozu sie eine bewachte Schranke brauchen.« Behutsam schob Caine den Hund aus dem Wagen.

»Der Ort macht mich total nervös«, sagte Shanti. »Im Augenblick halte ich jeden, dem ich begegne, für einen potenziellen Mörder. Wissen Sie noch, was Quentin gesagt hat? Er hat behauptet, dass wir hier die Ganoven finden, die seinen Vater umgebracht haben.«

Ganesh stand unsicher auf seinen spindeldürren Beinen neben Caine, doch als sie sich in Bewegung setzten, um den Hügel zum Haus hinaufzugehen, hinkte er neben ihm her.

»Ich kann noch immer nicht fassen, wie groß das Biest ist«, sagte Shanti.

»Ganesh ist sanft wie ein Lamm.«

»Er könnte ohne Probleme ein Lamm verschlingen.«

Der Weg war steiler, als sie gedacht hatten, außerdem erwies sich der Boden als ziemlich rutschig. Etwa eine Viertelmeile vor dem riesigen Herrensitz stießen sie auf eine Art Siedlung. Hinter dichtem Strauchwerk ragten Dächer und Schornsteine in die Höhe.

Am Rand der Zufahrt entdeckten sie ein handgeschriebenes Schild für Autofahrer, auch wenn scheinbar nur sehr selten Fahrzeuge bis hierher vordrangen.

ACHTUNG, KINDER! LANGSAM!
(manche auch schnell)

Caine schmunzelte.

Von einem nebelverhüllten Abenteuerspielplatz, auf dem sich eine lärmende Horde Kinder tummelte, schallte lautes Gelächter zu ihnen herüber.

»Das ist interessant«, sagte Caine.

»Was meinen Sie?«, wollte Shanti wissen.

»Sehen Sie, worauf die Kids da herumturnen?«

Shanti verengte die Augen und spähte angestrengt in den Nebel. »Sind das riesige Buchstaben?«, fragte sie dann.

»Exakt. Hat Quentin nicht gesagt, sie hätten den Namen des Familienanwesens ändern wollen? Ich denke, das ist der Name, der ihn so wütend macht.«

Als sie näher kamen, konnten sie sehen, dass die Kinder tatsächlich auf vier gigantischen Holzbuchstaben kletterten, deren Reihenfolge ein Wort ergab.

»E … V …«, buchstabierte Shanti. »Herrgott, Caine. Sie haben den Ort doch nicht etwa ›EVIL‹ – BÖSE – genannt?« Sie spürte, wie ihr ein kalter Schauder den Rücken hinabrieselte.

»Nein«, sagte Caine. »Der dritte Buchstabe ist kein I, sondern ein O. Wenn es sich bei der ›nihilistischen Horde von Degenerierten‹, wie Quentin sie bezeichnet hat, tatsächlich um die Evolutionäre handelt …«

»… dann haben sie den Ort ›EVOL‹ genannt.«

Mehrere Kids rannten ihnen entgegen, um sie zu begrüßen. Wie die älteren Evolutionäre trugen sie handgenähte Kleidung und die unterschiedlichsten Frisuren. Sie hätten ein Bad gebrauchen können, dachte Shanti, aber sie wirkten gesund und munter.

»Ganesh! Ganesh!«, riefen sie. »Wo habt ihr ihn gefunden?«

Caine grinste. »Er war auf dem Heimweg, nicht wahr, mein Junge?«

Der Hund war größer als die meisten der Kinder, aber er zog

sich argwöhnisch hinter Caine zurück, als sie versuchten, ihn zu umarmen.

»Was ist los mit Ganesh?«, fragte ein rotznäsiges Mädchen.

»Er hat eine lange Wanderung hinter sich«, erklärte Caine. »Jetzt ist er müde.« Er klopfte dem Hund auf die Flanke. »Ist Sky in dem großen Haus?«

Ohne zu antworten, kehrten die Kids zu ihren Spielkameraden zurück, die lachend und kreischend mit angezogenen Knien von den Holzbuchstaben in eine Schneewehe sprangen. Shanti dachte an Paul und verspürte wieder die mittlerweile fast allgegenwärtigen Schuldgefühle.

Ihr Weg führte durch die zusammengewürfelte Siedlung, fast ein kleines Dorf, bestehend aus Wohnwagen, Jurten, Baumhäusern und futuristischen Ökobauten mit Solaranlagen auf den Dächern.

Eine Flotte ausrangierter Fahrzeuge stand halb überwuchert im Gestrüpp: Busse, Camper und Lastwagen. Sogar ein alter brauner Bücherbus befand sich darunter, eine Achse auf einen Baumstumpf gestützt, das Fahrgestell durchhängend wie das Euter einer altersschwachen Kuh.

Entlang der ausgetretenen Dorfwege gingen die trauernden Evolutionäre ihrem Tagewerk nach. Eine schnatternde Teenieschar hatte sich um eine grob behauene Feuerschale versammelt und spendete sich gegenseitig Trost.

»Wo sind wir denn hier gelandet?«, fragte Shanti. »In einer Art Steampunk-Shangri-La? Wissen Sie was, Caine? Langsam fange ich an, Quentins Haltung zu verstehen. Es ist schon befremdlich, wenn ein Haufen wie dieser auf dem Land der Vorfahren haust.«

»Die Leute kommen mir relativ harmlos vor«, hielt Caine dagegen. »Es gefällt mir, dass hier fast alles aus Recyclingmaterialien hergestellt ist. Das ist ausgesprochen kreativ.«

»Ja, ich schlage vor, dass Sie gleich einziehen. Dort drüben scheint etwas frei zu sein.«

»Ich kann mir schlimmere Orte vorstellen«, erwiderte Caine schmunzelnd.

Vor ihnen tauchte die zerklüftete Feuersteinfassade von Lovell Court auf. Auf den Türmchen wehten zerfetzte, selbst genähte Fahnen. Dreihundertfünfundsechzig Bleiglasfenster blickten auf sie herab.

Caine schickte sich gerade an, die zwölf breiten Stufen der Eingangstreppe hinaufzusteigen, als plötzlich die wuchtige beschlagene Tür aufschwang und eine schmächtige Gestalt ins Freie huschte – ein vierzehnjähriges Mädchen mit glänzendem schwarzem Haar und übergroßen, verweinten Augen.

Als sie den Hund entdeckte, wurden ihre Augen noch größer. Eilig ging sie auf Ganesh und die beiden Detectives zu.

Shanti fand, dass sie viel zu dünn angezogen war: ein weites Sweatshirt, das ihr über die nackte Schulter rutschte, dazu eine Röhrenjeans an röhrenhaften Beinen. Erst als das Mädchen fast vor ihnen stand, sah Shanti, dass Skys Füße nackt waren.

Kapitel siebzehn

EIN ORT NAMENS EVOL

Ganesh«, flüsterte das Mädchen.

Sie bückte sich und schlang derart innig die Arme um die riesige Kreatur, als würde sie das umarmen, was von ihrem Vater noch übrig war. »Sie haben ihn gefunden. Und … Albion?«

»Albion haben wir noch nicht entdeckt, aber wir halten nach ihm Ausschau«, versicherte Caine. »Diesen tapferen Kerl da haben wir auf der Fahrt hierher aufgelesen. Es sieht so aus, als hätte er schon eine ganze Weile nichts mehr gefressen, und ich nehme an, er hat schrecklichen Durst.«

Die tiefen Ränder unter Skys Augen verrieten, dass sie eine schlaflose Nacht hinter sich hatte. Nun liefen ihr Tränen über die Wangen, aber sie machte sich nicht die Mühe, sie abzuwischen. Stattdessen blickte sie die Detectives herausfordernd an. Und obwohl sie ein Kind war, nicht viel älter als ihr Sohn, fühlte sich Shanti von ihrer Anwesenheit eingeschüchtert. Das schmale Mädchen hatte etwas Fremdartiges, beinahe Überirdisches an sich.

»Ich bin Vincent Caine«, stellte Caine sich vor. »Und das ist meine Freundin, Shanti Joyce. Wir sind gekommen, weil wir alles in unserer Macht Stehende tun möchten, um dir zu helfen, Sky. Wir fühlen mit dir.«

»Sie haben gesagt, dass Sie kommen«, erwiderte das Mädchen. »Allerdings hatte ich … uniformierte Polizisten erwartet.«

Shanti war sich bewusst, dass es hier in Kürze von uniformierten Kollegen nur so wimmeln würde.

»Es tut mir leid«, sagte Sky. »Ich bin momentan nicht ganz auf der Höhe. Es wird schon wieder, bestimmt ... Normalerweise bin ich sehr stark ... Wenn Finch mich etwas gelehrt hat, dann das: Manchmal werden wir gezwungen zu kämpfen, auch wenn wir es gar nicht wollen.«

»Du musst dich nicht entschuldigen«, sagte Caine. »Es ist okay, was immer du empfindest.«

»Danke, Mr. Caine. Sie sind sehr freundlich. Danke, Shanti. Ich versuche, mich zu erinnern ...«

»Findest du nicht, dass du dir Schuhe anziehen solltest?«, fiel Shanti ihr ins Wort. »Es ist eiskalt hier draußen.«

»Das ist nett von Ihnen, aber ich laufe immer barfuß. Ich habe sogar eine Kampagne gestartet: ›Barfuß in der Schule‹. Es hilft mir, mich mit der Erde verbunden zu fühlen, und das brauche ich im Moment mehr als alles andere. Immer wieder fragen die Leute, wie es mir geht, aber die Wahrheit ist, dass ich gar nichts empfinde. Ich bin völlig taub. Deshalb möchte ich mit nackten Füßen durch den Schnee gehen. Ich muss etwas fühlen, selbst wenn es Schmerz ist.«

Klassische Dissoziation, dachte Shanti.

Ein Schwebezustand, dachte Caine. Wie die Wintersonnenwende.

Ganesh leckte ihr übers Gesicht, wobei er sie mit seinem Gewicht fast aus dem Gleichgewicht brachte.

»Wir müssen dir leider ein paar Fragen stellen«, sagte Shanti sanft. »Deiner Mum ebenfalls, vorausgesetzt, sie ist in der Lage, mit uns zu reden.«

»Es hilft mir, etwas zu tun«, sagte Sky. »Allerdings fürchte ich, dass Sie bei Constanza auf Schwierigkeiten stoßen werden: Sie spricht nicht besonders gut Englisch, erst recht nicht, wenn sie unter emotionalem Druck steht. Die Frauen kümmern sich um sie, aber es ist so, als wäre sie gar nicht anwesend. Vielleicht hilft es ihr, Ganesh zu sehen.«

»Dann sprechen wir am besten zuerst mit dir«, sagte Shanti. »Was haben euch unsere Officer denn schon gesagt?«

»Nur dass Finch tot ist.«

»Das ist leider korrekt. Haben sie auch erwähnt, dass jemand deinem Vater womöglich absichtlich Schaden zugefügt hat?«

Sky nickte. »Ja. Er wurde ermordet. Bitte, Shanti, bitte, Mr. Caine – ich möchte, dass Sie den Mistkerl schnappen …«

Wieder quollen Tränen aus ihren riesigen Augen.

»Das machen wir, mit deiner Hilfe und der Unterstützung deiner Mutter«, versprach Shanti. »Kannst du dich erinnern, wann du ihn das letzte Mal gesehen hast?«

»Das weiß ich noch ganz genau. Am Montagmittag haben wir zusammen in der Gartenküche gegessen. Wir hatten eine kleine Auseinandersetzung …«

Die Worte strömten aus ihr heraus wie die Tränen.

»Eine Auseinandersetzung?«, hakte Shanti nach.

»Sollen wir nicht lieber reingehen?«, schlug Caine vor. »Ich denke, Ganesh braucht dringend etwas zu fressen. Anschließend können wir uns unterhalten, sofern Sky sich dazu in der Lage fühlt.«

Als sie sich wieder aufrichtete, war der Hundekopf fast auf einer Höhe mit ihren Schultern.

»Wir können uns an den Kamin im großen Wohnzimmer setzen«, überlegte sie.

»Vielleicht könnten wir auch in die Gartenküche gehen, die du gerade erwähnt hast«, schlug Shanti vor.

Skys schmerzerfüllter Gesichtsausdruck wurde noch gequälter. »Wenn Sie möchten«, sagte sie. »Wir müssen die Seitentür nehmen.«

Anstatt die Stufen wieder hinaufzusteigen, führte das Mädchen sie zu einem Souterraineingang an einer der Gebäudeseiten. Sie gingen eine schmale Treppe hinunter, die voller platt getretenem

Schnee lag. Die DIs stapften den Schnee von ihren Schuhen, dann betraten sie das Labyrinth von Lovell Court.

Im Gänsemarsch gingen sie durch muffige Korridore, in denen ausgefranste Teppiche lagen – das Mädchen und der große Hund voran, dann Caine. Shanti bildete das Schlusslicht. Ungläubig stellte Shanti fest, dass sie wohl den Trakt durchquerten, in dem einst die Dienstboten untergebracht waren. Geheimnisvolle Türen führten zu Speise- und Anrichtekammern, Kohlenkellern und Abstellräumen, die vollgestopft waren mit den typischen Gebrauchsgegenständen des Landlebens: Stiefeln, Mänteln, Regalen voller Eingemachtem. Unter der Decke hingen Haken mit getrockneten Kräutern und Arzneipflanzen.

»Auf dem Gelände von Lovell Court lebt eine beträchtliche Anzahl von Menschen«, sagte Shanti. »Kannst du uns erklären, warum? In welcher Beziehung stehen diese Leute mit deiner Familie? Sind auch welche im Haus untergebracht?«

»Alle haben ein eigenes Zuhause«, antwortete Sky. »Allerdings darf jeder, der möchte, hinein. Gestern Abend haben wir zum Beispiel stundenlang am Kamin gesessen und versucht zu begreifen, was geschehen ist. Die Evolutionäre haben Finch geliebt.«

Die vollen, tiefschwarzen Haare. Die ausgeprägten Wangenknochen in dem schmalen Gesicht. Die großen, durchdringenden Augen.

»Mir ist klar, dass eine solche Form der Gemeinschaft normal für dich ist«, sagte Shanti, »aber Caine und ich brauchen ein wenig Hilfe, um zu verstehen, wie so etwas funktioniert. Wer sind die Evolutionäre und wie sind sie drauf?«

Sky nickte. »Das ist kein Geheimnis: Die Evolutionäre sind schließlich keine Sekte oder so was in der Art.«

»Natürlich nicht«, schaltete sich Caine ein. »Aber Finch war ein außergewöhnlicher Mann, nicht wahr? Um nachvollziehen zu können, warum ihm ein solches Schicksal zuteilwurde, müssen wir uns ein Bild von seiner Lebensweise machen.«

»Ich werde versuchen, Ihnen zu helfen«, sagte Sky fast unhörbar.

Am Ende eines Flurs führte eine schmale Tür in die Gartenküche, die wohl früher einmal die Gesindeküche gewesen war. Ein bescheidener Raum, so alt wie das Haus selbst, aber in den 1970ern oder 1980ern neu ausgestattet mit Melaminschränken und einer erhöhten Frühstückstheke. Farbenfrohe Bilder – Volkskunst oder von Kindern gemalt – hingen an den Wänden. Stabwerkfenster blickten in einen verschneiten Küchengarten, die Fensterbänke waren vollgestellt mit struppigen Topfpflanzen.

In einer Ecke standen auf dem unebenen Steinboden zwei riesige, abgewetzte Hundebetten, die einen moschusartigen Geruch verströmten. Während Ganesh durstig aus einem Wassernapf trank, füllte Sky eine große Schüssel mit Trockenfutter und Speiseresten aus dem gewaltigen Kühlschrank. Shanti sah ihr zu, dann glitt ihr Blick zu Skys nackten Füßen, die rot waren vor Kälte. Ein seltsames Mädchen. Intelligent. Charismatisch. Voller Trauer.

Sky stellte die Schüssel auf den Fußboden. Der Hund stürzte sich hungrig darauf.

»Oh, wie ungehörig! Ich hätte Ihnen Tee oder etwas anderes anbieten müssen. Darf ich Ihnen etwas bringen? Bitte, greifen Sie zu …« Sie deutete auf eine Holzschale auf einer der Anrichten. »Das ist Obst aus unseren Gewächshäusern.«

Sie zupfte hektisch ein paar vergammelte Weintrauben ab.

»Nein, nein, vielen Dank«, lehnte Shanti ab.

»Nur ein Glas Wasser, bitte«, sagte Caine. »Ich bediene mich, wenn das in Ordnung ist.«

Shanti setzte sich an die Frühstückstheke und überlegte, was Dawn wohl dazu sagen würde, wenn sie eine Befragung in ebendem Raum durchführten, in dem Sky Finch zuletzt lebend gesehen hatte. Idealerweise hätten sie die Küche für die Spurensicherung versiegeln müssen, aber bei diesem Fall lief ohnehin nichts ideal.

»Stört es dich, wenn ich mir ein paar Notizen mache?«, fragte sie das Mädchen.

Ein trauriges Lächeln trat auf Skys Gesicht. »Das ist wirklich seltsam – Sie machen sich immer noch handschriftliche Notizen … wie in alten Filmen.«

»Nun, nicht unbedingt. Ich kann unser Gespräch auch auf meinem Smartphone aufnehmen, wenn du nichts dagegen hast.«

»Tun Sie, was immer Sie möchten«, sagte Sky. »Ich muss zugeben, dass mir ein bisschen schwummerig zumute ist …«

»Hast du schon gefrühstückt, Sky?«

Das Mädchen verneinte. Nach etwas gutem Zureden goss sie sich schließlich ein Glas Mandelmilch ein und setzte sich mit einer kleinen Schale getrockneter Früchte zu Shanti.

Shanti legte ihr Handy auf die Theke und drückte auf Aufnahme.

»Mittwoch, der zweiundzwanzigste Dezember, zehn Uhr achtunddreißig«, sagte sie. »Befragung von Sky Lovell-Finch in der Gartenküche von Lovell Court. Außerdem zugegen ist DI Vincent Caine. Sky, bitte schildere uns zu Beginn so genau wie möglich die Aktivitäten deines Vaters während der letzten Tage. Alles, was dir einfällt. Jedes Detail kann wichtig sein.«

Sky nahm einen kleinen Schluck Mandelmilch, die einen dünnen weißen Schnurrbart auf ihrer Oberlippe hinterließ, genau wie bei Paul. Für einen Moment sah Shanti sie so, wie sie war: ein verängstigtes Kind, das soeben seinen Vater verloren hatte. Ihr mütterlicher Instinkt schrie danach, ihr eine ordentliche Mahlzeit zu kochen. Ihr warme Socken über die nackten Füße zu ziehen.

»Er war nicht oft zu Hause«, sagte Sky. »Er freute sich auf ein neues Projekt … in der Nähe von Imber, auf der Hochebene.«

Caine, der auf der anderen Seite des Frühstückstresens stand und die getrockneten Kräuter bewunderte, die in großen Bündeln von der Decke hingen, drehte sich zu ihnen um.

»Was für ein Projekt, Sky?«, fragte er sanft.

»Das habe ich nicht genau verstanden. Finch befasste sich mit Ley-Linien und magnetischer Energie. Wir haben ihn damit aufgezogen, dass er felsenfest davon überzeugt war, irgendwann eine heilige Stätte zu entdecken, die es mit Stonehenge aufnehmen könnte.«

»Okay, darauf kommen wir noch zurück«, sagte Shanti. »Und jetzt teil uns bitte mit, wann genau du deinen Vater das letzte Mal gesehen hast. Ihr habt hier in der Küche gesessen, richtig?«

»Ja. Da bin ich mir ganz sicher. Es war vorgestern, gegen Mittag.«

»Am Montag?«

»Ja.«

»Und ihr habt gestritten?«

»Im Grunde ging es um gar nichts. Finch wollte, dass wir die Wintersonnenwende mit ihm feiern. Das war für ihn eine ganz große Sache, genau wie die Sommersonnenwende. Zuerst hat er versucht, Constanza zu überreden, aber sie hasst die Kälte. Also hat er es bei mir probiert. Ich habe ihm gesagt, dass ich so früh morgens keine Lust darauf habe und dass außerdem fürchterliches Wetter angesagt ist. Finch hat mir angeboten, ein paar Freunde mitzubringen, doch welcher Teenager ist schon bereit, vor Anbruch der Morgendämmerung aus dem Bett zu steigen? Aber so ist das nun mal, wenn man einen älteren Vater hat … hatte.« Sie verstummte.

»Sky?«, fragte Caine.

Sie starrte ihn wehmütig an.

»Finch liebt mich … liebte mich. Über alles. Aber er hat mich immer wie eine Erwachsene behandelt, als hätte er vergessen, dass ich …«, sie fing an zu schluchzen, »dass ich noch ein Kind bin.«

Ihr Körper bebte so heftig, dass sie fast vom Hocker gerutscht wäre. Zu Shantis Erstaunen ging Caine um die Frühstückstheke herum und schloss das weinende Kind in die Arme. Shanti wusste, dass er mitunter professionelle Grenzen überschritt, was in ihr stets ein leichtes Unbehagen hervorrief.

Jetzt murmelten die beiden so leise miteinander, dass der Handyrekorder es nicht aufzeichnen konnte, aber doch laut genug, dass sie einzelne Gesprächsfetzen mitbekam – die nicht unbedingt in ein Befragungsprotokoll gehörten.

»Er ist jetzt frei«, flüsterte Caine tröstend. »Frei wie ein Vogel.«

»Haben Sie ihn gesehen? War es ein schrecklicher Anblick?«

Caine schüttelte den Kopf. »Er sah aus wie ein König. Prächtig. Würdevoll.«

»Danke, Mr. Caine«, wisperte Sky. »Das hilft mir. Wirklich. Ich weiß, es klingt verrückt, aber ich möchte mir vorstellen, dass sein Blut die Erde bereichert. Verstehen Sie das?«

Shanti hüstelte. »Nun, wenn ihr dann fertig seid … Also, Sky, hat diese … Unterhaltung mit deinem Vater um die Mittagszeit stattgefunden?«

»Kurz vor dem Mittagessen. Es fing gerade an zu schneien, aber der heftige Sturm ist erst später am Abend aufgezogen.«

»Und es hatte nicht den Anschein, dass ihm irgendetwas Sorgen bereitete?«

»Nein, gar nichts. Er war ein bisschen beleidigt, weil ich ihn nicht begleiten wollte, aber typisch Finch: Bevor er sich verabschiedete, stand er auf und gab Constanza und mir einen Kuss.«

Sie berührte leicht ihre Wange, als könnte sie noch immer die Lippen ihres Vaters darauf spüren.

»Und dann hat er die Küche verlassen?«, fragte Shanti. »Auf demselben Weg, auf dem wir hergekommen sind?«

»Ja. Zusammen mit Ganesh und Albion. Die beiden haben sich so gefreut, dass es endlich nach draußen ging.«

»Wohin wollte Finch?«, hakte Shanti nach.

Das Gespräch wurde von lautem Rülpsen und Schlucken unterbrochen. Alle sahen zu Ganesh hinüber, der den Inhalt der Schüssel in sich hineinschlang.

»Auf die Salisbury Plain, nehme ich an. Er war ja ständig dort, liebte es, über die Hochebene zu streifen. Allerdings ist er wohl zunächst in seine Werkstatt gegangen, denn etwa eine halbe Stunde später ist er wieder hier, an diesem Fenster, vorbeigekommen. Mittlerweile schneite es schon stärker. Er hatte sein Gesicht grün angemalt und den Ilexkranz aufgesetzt, und er … o Gott …« Wieder fing sie an zu schluchzen, dann riss sie sich zusammen und fuhr fort: »Er drückte das Gesicht gegen die Scheibe und schnitt Grimassen, um uns zum Lachen zu bringen.«

»Habe ich das richtig verstanden: Finch ist in seine Werkstatt gegangen und als Ilexkönig zurückgekehrt?«

Sky nickte. »Das ist korrekt. Er brauchte keinen besonderen Vorwand, um die Kleidung des Grünen Königs anzulegen. Finch hing dem Heidentum an, deshalb trug er sie sehr häufig zu Sonnenwendzeiten.«

»Nachdem er am Fenster Grimassen geschnitten hatte, ist er mit den Hunden weitergegangen?« Shanti sah das Mädchen fragend an. »Und es war definitiv niemand bei ihm?«

»Nein, niemand.«

»Trink doch noch ein bisschen Milch«, bat Shanti. Sky starrte das Glas an, als wäre es soeben aus dem Nichts erschienen, und nahm einen weiteren Schluck. »Würdest du sagen, dass deine Eltern eine gute Beziehung führten?«

Das Gesicht der Vierzehnjährigen wurde weich. »Ich kenne kein Paar, das sich mehr geliebt hat als die beiden. Constanza hatte einen Kosenamen für ihn – sie nannte ihn ihren ›gutmütigen

Riesen‹, und genau das war er. Ach, der liebe alte Finch. So groß und so sanft und so, so weise.«

Ganesh leckte die leere Schüssel aus. Als nichts mehr drin war, schleppte er sich zu einem der beiden Hundebetten und ließ sich mit einem erschöpften Seufzer niederfallen.

»Sehen Sie nur«, sagte das Mädchen. »Es ist so traurig. Ganesh hat sich in Albions Bett gelegt. Das hat er noch nie gemacht.«

Sie betrachteten den Hund einen Moment lang, dann sagte Caine: »Ich bin noch immer etwas verwirrt wegen der Zeiten. Du hast uns erzählt, dass Finch und die Hunde am Montagmittag zu einer Wanderung über die Salisbury Plain aufgebrochen sind. Die Wintersonnenwendfeier fand allerdings erst am Dienstagmorgen statt. Was hat er den restlichen Montag über gemacht? Wo hat er die Nacht verbracht? Musste er nicht irgendwo Schutz suchen vor dem Schneesturm?«

»Ich … ich gebe zu, dass ich keine Ahnung habe. Vielleicht hatte er vor, die Ausgrabungsstätte zu besuchen, anschließend nach Hause zurückzukehren, ein paar Stunden zu schlafen und ganz früh wieder aufzubrechen, um pünktlich an der Zeremonie teilnehmen zu können. Sie müssen wissen, dass Evol eine ziemlich große Gemeinschaft und dieses Haus riesig ist. Wir kontrollieren einander nicht gegenseitig, und oft sehe ich Finch oder Constanza einen ganzen Tag lang nicht, manchmal sogar noch länger. Das ist für uns normal. Früher oder später laufen wir uns ja doch wieder über den Weg, und bis das der Fall ist, geht jeder glücklich und zufrieden seinem eigenen, kreativen Leben nach.«

»Wann hast du angefangen, dir Gedanken zu machen?«

»Das war gegen zehn Uhr am folgenden Morgen.«

»Gestern? Am Morgen der Wintersonnenwende?«

»Ja. Wegen des Schneesturms hatte ich schlecht geschlafen, deshalb bin ich spät aufgestanden und habe mit Constanza gefrühstückt, hier, in der Gartenküche. Im Nachhinein fürchte ich,

Finch war zu dem Zeitpunkt bereits tot, aber das wussten wir nicht. Ich denke immer wieder … O Gott!«

»Was, Sky?«

»Ich denke immer wieder, dass Finch noch am Leben wäre, hätte ich ihn zu der Zeremonie begleitet.«

»Du darfst dir nicht die Schuld geben«, sagte Caine eindringlich.

»Aber das tue ich!«

»Möchtest du eine Minute Pause machen?«, schlug Shanti vor.

Das Mädchen schüttelte den Kopf.

»Dann hast du dich zu dem Zeitpunkt also nicht gefragt, wo dein Vater sein könnte?«

»Ich dachte, er wäre nach den Feierlichkeiten noch irgendwo eingekehrt. Hunde sind im Monument nicht gestattet, deshalb nahm ich an, er hätte sie im Besucherzentrum oder bei jemand anderem gelassen. Ich habe sogar versucht, Constanza davon zu überzeugen, dass er jeden Moment zur Tür hereinspaziert käme!«

»Deine Mutter hat sich Sorgen gemacht?«, fragte Shanti.

»Sie hat mir erzählt, dass sie die ganze Nacht über ein beklemmendes Angstgefühl hatte, und sie hat immer wieder von dem unheimlichen Wintersonnenwendlicht gesprochen.«

»Aber sie hat nicht versucht, ihn anzurufen?«

»Finch hatte nie ein Handy bei sich. Soweit ich weiß, besaß er gar kein eigenes. Ich habe dann einen der Evolutionäre angerufen, und wir haben überlegt, ob wir einen Suchtrupp bilden sollen. Ich hatte noch nicht aufgelegt, als es klopfte, aber es war nicht Finch, der vor der Tür stand …«

»… sondern die Polizei, die euch die schlimme Nachricht überbrachte.«

»Ja.«

»Okay …«, sagte Shanti. »Noch eine letzte Frage, zumindest für den Augenblick, und ich möchte, dass du ganz genau überlegst, bevor du antwortest: Hatte dein Vater mit irgendwem Streit? Wer hätte ein Interesse daran haben können, ihm Schaden zuzufügen? Darauf müssen wir dringend eine Antwort finden!«

»Ich habe natürlich schon darüber nachgedacht, und ich weiß genau, was er dazu sagen würde.«

»Ach ja?«

»Er würde sagen, dass jeder, der den Machthabenden die Wahrheit sagt, zwangsläufig Feinde hat.«

»Kannst du uns ein paar Beispiele nennen?«

»Finch hat Leute gegen sich aufgebracht. Er nahm kein Blatt vor den Mund. Es ist kein Geheimnis, dass er sich mit seiner eigenen Familie entzweit hat – den Lovell-Finchs. Dann waren da die endlosen Streitereien mit den Bauunternehmern, die das Monument untertunneln wollen – für ihn ist die Hochebene heiliges Land. Er hat Jahre gegen das Tunnelprojekt angekämpft, denn er ist der festen Überzeugung, dass dies die Ruhe der Vorfahren stört. Und dann sind da noch die Zusammenstöße mit English Heritage, die seiner Meinung nach die Steine zweckentfremden und kommerzialisieren … Die Liste lässt sich endlos weiterführen. Er wurde mehrfach deswegen verhaftet.«

Shanti nickte. »Das wissen wir.«

»Jede Festnahme war für ihn wie eine Art Ehrenabzeichen. Also ja, um Ihre Frage zu beantworten: Finch hatte Feinde.«

»Nun, das ist für unsere Ermittlungen in der Tat hilfreich. Es ist elf Uhr fünf, ich werde die Aufnahme an dieser Stelle beenden. Du hast die Werkstatt deines Vaters erwähnt?«

»Dort verbringt er den Großteil seiner Zeit.«

»War seither jemand dort? Hat irgendwer dort etwas angefasst?«

»Ich glaube nicht. Die Werkstatt war Finchs Privatsache, das haben alle respektiert. Wenn Sie möchten, kann ich sie Ihnen zeigen.«

»Das wäre bestimmt sinnvoll«, überlegte Shanti. »Vorher allerdings bestehe ich auf zwei Dinge …«

»Aha?«

»Erstens möchte ich, dass du diese Milch austrinkst, Liebes. Und zweitens solltest du dir dringend etwas Wärmeres anziehen. Draußen ist es eiskalt, die Temperaturen sind weit unter den Gefrierpunkt gefallen.«

Sky lächelte schwach, dann leerte sie ihr Glas bis zur Hälfte und steckte sich eine Handvoll Trockenfrüchte in den Mund.

»Könnte ich vorher kurz nach Constanza sehen? Vielleicht nehme ich Ganesh mit, das hilft ihr vielleicht.«

Nachdem sie zusammen mit dem widerstrebenden Hund die Küche verlassen hatte, wandte sich Shanti an Caine.

»Herrgott, Caine, das Mädchen ist …«

»… außergewöhnlich. Es ist herzzerreißend, mit anzusehen, was sie durchmacht.«

»Wie sie redet – ich muss mir immer wieder vor Augen rufen, dass sie erst vierzehn ist. Ich mache mir ernsthaft Sorgen um ihr Wohlergehen. Sollen wir das Jugendamt einschalten?«

»Ich denke, das ist nicht nötig, Shanti. Vergiss nicht, dass sie eine ganze Gemeinschaft um sich herum hat. Aber Ihre Sorge ist durchaus berechtigt.«

Shanti scrollte durch ihren Posteingang.

»Sehen Sie hier, Caine – eine Nachricht von Dawn. Anscheinend hat sie sich wieder gefangen. Sie schreibt, dass wir heute Abend mit dem vorläufigen gerichtsmedizinischen Bericht rechnen können. Sie möchte nicht voreilig sein, aber wir sollen uns auf einige Überraschungen gefasst machen … Was zum Teufel hat das denn zu bedeuten?«

»Ich habe nicht die leiseste Ahnung.«

»Nun, solange Sie mir nicht raten, das Ungewisse zu umarmen, sind wir Freunde. Oh, hier ist eine Nachricht von Benno. Das ist gut – es sieht so aus, als würde man uns erlauben, Tiggy im Pflegeheim einen kurzen Besuch abzustatten. Anscheinend pflegt sie nach dem Essen einen Mittagsschlaf zu halten, deshalb sollten wir uns bald auf den Weg machen. Was denken Sie?«

»Lassen Sie uns einen Blick in Finchs Werkstatt werfen und anschließend nach Constanza sehen. Aber bevor Sky zurückkehrt, würde ich gern …«

Er nahm vorsichtig ein paar Topfpflanzen von der Fensterbank und öffnete ein Fenster, wobei er einen Handschuh in der Hand hielt, um den Kontakt mit dem Eisengriff zu minimieren. Ein eiskalter Luftzug erfüllte den Raum.

Shanti sah zu, wie Caine sich hinausbeugte und auf den Boden unter dem Fenster spähte.

»Die Spuren sind fast verschwunden«, sagte er, als er sich wieder aufrichtete und das Fenster schloss. »Es sieht jedoch so aus, als hätte Sky die Wahrheit gesagt – man kann gerade noch erkennen, wo Finch bei seinen Faxen den Schnee zertrampelt hat. Der Wind hat die oberste Schicht weggeweht, deshalb sind bei genauem Hinsehen sogar noch die Pfotenabdrücke der Hunde auszumachen. Hm …« Er musterte prüfend die Fensterscheibe. »Man sieht genau, wo er das Gesicht gegen das Glas gedrückt hat. Schauen Sie mal – hier sind grüne Farbschlieren. Die Fußabdrücke führen genau wie die Pfotenabdrücke vom Haus weg.«

»Sehr beeindruckend«, sagte Shanti. »Ah, da kommt Sky. Sie mag Sie, Caine. Versuchen Sie, ob Sie etwas über Tiggy aus ihr herausbekommen und möglichst auch über Quentin. Er ist immerhin ihr Halbbruder, selbst wenn man das kaum glauben mag.«

Sky kehrte ohne den Hund in die Küche zurück. Sie trug jetzt einen alten grünen Dufflecoat und eine Wollmütze, aber sie war immer noch barfuß.

»Hast du deine Mutter gefunden?«, fragte Shanti.

»Ja, sie ist allein im großen Wohnzimmer. Ich bringe Sie später zu ihr, aber ich fürchte, sie hat etwas genommen, sodass Sie heute vermutlich wenig Vernünftiges von ihr erfahren werden.«

»Sie hat *was?*«

»Oh, damit meine ich natürlich keine illegalen Substanzen. Constanza ist eine Kräuterheilkundige. Von Kindesbeinen an hat sie mich gelehrt, die Gaben der Natur zu nutzen. Wir wissen, welche Pflanzen heilen und welche töten. Ihre Kenntnisse sind schier unglaublich. Die meisten Leute können nicht einmal Bäume voneinander unterscheiden. Constanza dagegen ist überzeugt, dass unsere Vorfahren die Landschaft lesen konnten wie die Speisekarte in einem Restaurant. Nun jedoch seien die Menschen zum ersten Mal in der Geschichte pflanzenblind geworden.«

»Das ist absolut richtig«, stimmte Caine ihr zu. »Du sagst, sie hat etwas eingenommen?«

»Ja, ein starkes Beruhigungsmittel. Wahrscheinlich eine Tinktur aus CBD-Öl, Kamille, Lavendel, Gänsekraut und Hopfen. Sie hat sich übrigens gefreut, Ganesh zu sehen, deshalb habe ich ihn bei ihr gelassen, damit sie sich vor dem Kamin ausruhen können.«

Kapitel achtzehn

DIE KRÄUTERHEILKUNDIGE MIT DEM GEBROCHENEN HERZEN

Sky, das Wunderkind, zuckte zusammen, als ihre Füße den Schnee berührten. Lange Zeit blieb sie einfach nur stehen und schaute hinauf in den milchigen Himmel.

»Mr. Caine«, flüsterte sie dann. »Ist dies das Ende aller Tage?«

»Es ist Wintersonnenwende«, erwiderte Caine. »Und du hast deinen Vater verloren.«

Sie gingen langsam an der Front des Hauses entlang – das zarte Mädchen zwischen den beiden Detectives.

»Shanti und ich sind gestern zur Old Vicarage gefahren, um mit deinem Halbbruder zu sprechen«, sagte Caine. »Er erwies sich allerdings nicht als sonderlich kooperativ. Vielleicht erzählst du uns etwas über Quentin, Sky?«

»Quentin ist einer der Unevolutionierten.«

»Das ist ein eigentümliches Wort«, stellte Shanti fest.

»Vielleicht ist diese Bezeichnung nicht ganz fair«, räumte Sky ein. »Um ehrlich zu sein, habe ich ihn nie kennengelernt.«

»Aber er wohnt weniger als fünf Meilen von Lovell Court entfernt!«

»Ich weiß«, sagte das Mädchen. »Obwohl ich nicht glaube, dass er oft dort ist. Ich sehe ihn von Zeit zu Zeit im Fernsehen, und ich denke, wir haben nicht viel gemeinsam. Finch und Quentin haben sich schon vor meiner Geburt verkracht, und ihre Differenzen schienen unvereinbar zu sein. Die Ansichten meines Vaters waren für jemanden wie Quentin ein Gräuel.«

»Könntest du vielleicht etwas konkreter werden?«, bat Shanti.

»Sie waren einfach grundverschieden. Sie kennen Quentins Politik? Nun, mein Vater war für die Einführung einer Reichensteuer. Für hohe Strafen für Umweltverschmutzer. Er war der festen Überzeugung, es wäre an der Zeit, das Ruder den jungen Menschen und Frauen zu überlassen.«

»Amen«, sagte Shanti.

»Im Laufe der Geschichte wurden die Entscheidungen von narzisstischen, grauhaarigen Männern getroffen ... Männern wie Quentin, nehme ich an. Und was hat uns das gebracht? Armut, Kriege, Unterdrückung, den Rückgang der Biodiversität. Sie haben keinen guten Job gemacht, stimmt's? Finch pflegte zu sagen: ›Junge Menschen müssen zusammenstehen und den alten Narren wie mir klarmachen, dass ihre Zeit abgelaufen ist.‹«

»Und deine Mutter teilt diese Ansichten?«, fragte Shanti.

»Constanza ist aus Brasilien. Sie wissen, was dort abgeht. Der Regenwald ist die Lunge der Welt!«

Zu ihrer Rechten ragte die Feuersteinfassade schwindelerregend in die Höhe, zur Linken erstreckte sich die gespenstisch weiße Landschaft bis in die nebligen Feuchtgebiete, wo eine dampfende Herde Langhornrinder unter der Schneedecke nach nassem Gras suchte.

»Wenn dieses Renaturierungsprojekt als Beispiel dienen soll, dann hat dein Vater dich gut unterwiesen«, stellte Caine fest.

»Das Renaturierungsprojekt ist erst der Anfang«, sagte Sky, die sich jetzt vor Leidenschaft beinahe überschlug. »Wir müssen das *überall* umsetzen! Tun wir es nicht, stirbt die Erde. Finch träumte von Wäldern in den Städten. ›Es ist eine Minute vor Mitternacht‹, hat er immer gesagt.«

Sie bogen um die Ecke, auf dem Weg zur Rückseite des Hauses, und stießen auf eine hohe Mauer. Nachdem sie ein Tor passiert hatten, befanden sie sich inmitten von weiteren, mit niedrigeren

Mauern umgebenen Gärten und prächtigen Innenhöfen mit Spalierbäumen an den Wänden, einst geometrisch angelegt, heute zurückerobert von der weiß gezuckerten Natur. Sie kamen an einer Reihe zugefrorener Teiche und Springbrunnen vorbei, von deren Rändern Stalaktiten aus Eis hingen.

Finchs Werkstatt befand sich in der ehemaligen Remise am anderen Ende eines Gartens und war umgeben von ausrangierten Maschinenteilen, die aus der Schneedecke herausragten.

Wie vorhin am Fenster beugte Caine sich vor und las die Hieroglyphen auf dem Boden wie Buchstaben auf den Seiten eines Buchs.

Als sie die klapprige Tür aufgezogen hatte, bat Shanti das Mädchen zu warten und ging voran in das höhlenartige Innere des ehemaligen Kutschenhauses. Sie wollte sich vergewissern, dass hier nichts Schlimmes auf sie wartete – das Kind hatte genug Schreckliches erlebt.

Sie fand den Lichtschalter und drückte darauf. Eine Sekunde später war der riesige, unaufgeräumte Raum in helles Licht getaucht. Shantis Blick fiel auf jede Menge Bauholz, Regale voller Werkzeug und überladene Werkbänke mit großen Schraubstöcken. Es war eiskalt in der Werkstatt – noch kälter als draußen, wenn das überhaupt möglich war. In der Luft hing der Geruch nach Öl, Holz und Farbe.

Das einzige Aufwühlende, was sie entdecken konnte, war ein Bündel zusammengeknüllter Kleidungsstücke auf einem alten Schaukelstuhl. Nach ein paar Minuten forderte sie Caine auf, das Mädchen hereinzuführen.

»Nichts, was Anlass zur Besorgnis gibt«, stellte sie fest. »Kannst du mir sagen, wem die Kleidung gehört?«

Das Mädchen tappte über den kopfsteingepflasterten Fußboden und betrachtete das Bündel.

»Das sind Finchs Sachen. Er muss sich hier umgezogen haben. Sehen Sie, das ist die Farbe für sein Gesicht.«

Auf einer Bank lagen ein Handspiegel und Theaterschminke.

»Bitte sei ganz vorsichtig und fass nichts an«, bat Shanti. »Unser Forensikteam wird die Werkstatt unter die Lupe nehmen.«

Sky sagte nichts. Wortlos sah sie den DIs zu, die die Werkstatt durchstreiften, wobei Shanti unzählige Aufnahmen mit ihrem Smartphone machte.

An einer der Wände waren mehrere Metalldetektoren aufgereiht, wie die, die in Masakos Unterlagen abgebildet waren. Auf dem Fußboden standen Paletten mit zwei großen mechanischen Apparaturen, die mit ihren Roboterbeinen und glänzenden Rotorblättern an riesige Fliegen erinnerten.

»Drohnen«, sagte Shanti leise.

»Ungewöhnlich große«, fügte Caine hinzu.

»Groß genug, um einen Mann in die Luft zu befördern?«

Sie machte aus allen möglichen Winkeln Fotos von den Drohnen, dann rief sie das Mädchen. »Kommst du bitte für einen Moment zu uns, Sky? Es wäre schön, wenn du uns etwas über diese Ausrüstung erzählen könntest.«

Tieftraurig durchquerte Sky die Werkstatt ihres Vaters und blieb bei den Detectives stehen.

»O ja«, sagte sie, als sie sah, worauf Shanti deutete. »Ein paar von den jüngeren Mitgliedern unserer Gemeinschaft befassen sich mit Drohnentechnologie. Mein Ding ist das nicht unbedingt, aber Finch hat sie immer ermutigt.«

Caine war in den hinteren Bereich der Werkstatt geschlendert, wo er auf zwei offenbar auf Kundenwunsch gefertigte Fahrzeuge stieß: ein zweisitziges Schneemobil und ein Quad, beide mit ungewöhnlichen Vorrichtungen bestückt.

»Finch hat die Dinger geliebt«, erklärte Sky. »Er hat mir beigebracht, sie zu fahren, obwohl ich eigentlich noch viel zu jung dafür bin.«

Shanti zog die Augenbrauen in die Höhe, aber Caine lächelte freundlich.

»Was sind das für Apparaturen?«, erkundigte er sich interessiert.

»Das sind Magnetometer«, antwortete Sky.

»Wofür benötigte er die?«, fragte Shanti.

»Das Gerät auf der Rückseite der Fahrzeuge erkennt tief liegende geologische Anomalien. Mein Vater pflegte damit über die Hochebene zu fahren und nach Artefakten oder außergewöhnlichen unterirdischen Bodenstrukturen zu suchen.« Sie verzog die Lippen zu einem matten Lächeln. »Es gab jedes Mal Ärger, wenn er sich in militärisches Sperrgebiet verirrte. Wie ich schon sagte: Er war besessen von der Artussage und heidnischen Legenden, und er glaubte fest daran, dass es da draußen bislang unentdeckte Tempel und Nekropolen gibt.« Sie blinzelte eine Träne weg. »Es bricht mir das Herz, dass wir ihn immer damit aufgezogen haben. Hätte ich doch bloß mehr Interesse für seine Arbeit gezeigt …«

»Dich trifft keinerlei Schuld«, versicherte Shanti dem Mädchen erneut. »Ich überlege nur, warum dein Vater am Montag zu Fuß zu den Steinen gegangen ist. Er hätte doch auch das Schneemobil nehmen können, das wäre perfekt gewesen bei diesen Wetterverhältnissen.«

»Die Hunde können damit nicht Schritt halten, außerdem hatte es gerade erst angefangen zu schneien, als er aufbrach. Manchmal fuhr er mit dem Fahrrad in die Hochebene, aber am liebsten ging Finch zu Fuß.«

Nachdem sie sich zehn Minuten umgesehen hatten, ohne etwas anzufassen, gingen sie zur Tür, wo Sky ihnen einen großen Schlüssel zeigte, der dort an einem Nagel an der Wand hing. Shanti bestand darauf, dass die Werkstatt abgeschlossen wurde.

Dann kehrten sie im Zwielicht zu den Stufen am Vordereingang zurück. Caine zog Shanti zur Seite.

»Darf ich einen Vorschlag machen, Shanti? Wenn ich es richtig verstanden habe, ist Constanza momentan eher indisponiert …«

»Abgeschossen mit Medikamenten«, präzisierte Shanti.

»Vielleicht ist es angenehmer für sie, wenn sie nur mit einem von uns beiden reden muss.«

»Sie meinen, ich soll mit ihr reden. Und was werden Sie unterdessen tun, Caine?«

»Uns bleibt nicht viel Zeit, deshalb dachte ich, ich plaudere ein wenig mit den Evolutionären. Man weiß nie, was man dabei erfährt. Sollen wir uns am Wagen treffen, sagen wir … in einer Stunde?«

»Uns bleibt nicht allzu viel Zeit, wenn wir zu Tiggy fahren und am Abend Tull befragen wollen.«

Caine sprach noch einmal beruhigend auf Sky ein, dann umarmte er sie sanft und verschwand die Zufahrt hinunter in Richtung der Siedlung, die Evol genannt wurde.

»Er ist lieb«, sagte das Mädchen, als sie ihm nachsahen. »Sie können sich glücklich schätzen, mit ihm zu arbeiten.«

Shanti folgte ihr die breiten Stufen hinauf und durch die riesige Haustür, während sie die ganze Zeit über das Kind in ihr zum Schweigen zu bringen versuchte, welches ihr beharrlich einflüsterte, sie habe in einem herrschaftlichen Haus wie diesem nichts verloren.

Sie gingen durch einen breiten Flur, und Shanti warf verstohlene Blicke auf die gerahmten Porträts an beiden Seiten der Wände – reihenweise finster dreinblickende Lovell-Finchs, manche mit der majestätischen Güte von Finch, andere mit der steifen Arroganz von Quentin, aber niemand, der dieser schwarzhaarigen Seele des Regenwalds ähnelte.

Am Ende des Flurs öffnete Sky eine lederbeschlagene Tür,

und Shanti stand mit offenem Mund vor einem gewaltigen, hallenartigen Raum. Der Steinboden war mit riesigen Teppichen ausgelegt, die hohen Sandsteinwände mit reich verzierten Holzpaneelen vertäfelt. Ein schütterer Weihnachtsbaum, geschmückt mit selbst gebasteltem Spielzeug, stand mitsamt Wurzelballen in einem Kübel. Von den spinnwebenverhangenen Kronleuchtern über ihren Köpfen tropften glitzernde Glastränen. Abgenutzte Sessel und Sofas waren im Halbkreis um einen knisternden Kamin angeordnet.

Constanza saß in einem übergroßen Ohrensessel und starrte wie hypnotisiert in die Flammen. Masako hatte richtig recherchiert: Sie war eine schöne Frau Ende dreißig, mit blauschwarzem Haar wie ihre Tochter. Um den Hals trug sie eine auffällige Kette aus Türkisen, zu ihren Füßen zuckte der riesige Wolfshund unruhig im Schlaf.

»Wird Constanza mit mir reden?«, fragte Shanti leise.

»Lassen Sie es mich versuchen«, schlug Sky vor. »Wie ich schon sagte: Wenn sie aufgeregt ist, vergisst sie ihr Englisch, aber ich könnte für Sie übersetzen …«

Das Mädchen kniete sich neben seine Mutter. Constanza lächelte. Sie wirkte schläfrig und unnatürlich ruhig.

Es folgte ein kurzes Gespräch. »*Querida mamãe, esta senhora gostaria de falar com você. Você pode confiar nela, eu prometo …*«

»Sie sagt, sie wird versuchen zu helfen.« Sky sah Shanti an. »Allerdings scheint sie nicht genau zu verstehen, was eigentlich los ist.«

Shanti stellte mehrere Fragen, die Sky ihrer Mutter übersetzte. Constanza antwortete, wobei sie unablässig lächelte und die tränenüberströmten Wangen ihrer Tochter mit den Händen umschloss. Nach einer Weile zog Sky ihr Gesicht weg, küsste ihre Mutter auf die Stirn und kehrte zu Shanti zurück.

»Es ist grauenhaft.« Tränen stiegen in ihre Augen. »Sie sagt, wir sollen uns keine Sorgen machen, er würde sicher bald zurückkommen. Ich habe zunächst gar nicht verstanden, was sie meinte, doch dann ist mir klar geworden, dass sie von Albion spricht. Sie denkt, der ganze Aufruhr ist wegen des Hundes. Jetzt, da Ganesh wieder da ist, meint sie, dass auch Albion nach Hause zurückkehrt.«

»Das muss sehr belastend für dich sein«, sagte Shanti mitfühlend. »Ich nehme an, das ist ihre Art und Weise, mit dem Verlust klarzukommen. Sie wird sich der Situation stellen, wenn sie so weit ist, und bis dahin ist es sinnlos, sie unter Druck zu setzen. Sie hat viele Freunde, nicht wahr?«

»O ja. Die Frauen haben sich rund um die Uhr um sie gekümmert, aber sie sagt, sie habe sie weggeschickt, weil sie so getan hätten, als wäre Finch derjenige, der vermisst wird. Sie hat mir versichert, dass Finch oben ist und sich ausruht. Angeblich wird alles wieder wie früher, wenn wir erst einmal darüber geschlafen haben.«

Constanza richtete sich in ihrem Sessel auf und sagte mit scharfer Stimme etwas zu ihrer Tochter.

Sky warf Shanti einen bestürzten Blick zu. »Sie möchte, dass wir leiser sprechen, damit wir ihn nicht aufwecken.«

Sie schlichen aus dem riesigen Raum, vorbei an den Lovell-Finchs in ihren Bilderrahmen. Vor der Haustür blieben sie stehen. Shanti versprach Sky, alles in ihrer Macht Stehende zu tun, um den Fall schnellstmöglich aufzuklären, damit Constanza und sie zur Ruhe kommen konnten.

»Hier ist meine Karte, Sky. Das ist meine Privatnummer. Bitte zögere nicht, mich anzurufen, solltest du Hilfe brauchen.«

»Werden Sie noch einmal mit Quentin reden?«

»Ja, definitiv. Doch zunächst wollen wir Tiggy Antrobus-Lovell-Finch, Finchs erster Ehefrau und Quentins Mutter, einen Besuch abstatten.«

»Aha.«

»Du sagst, ihr habt euch nie kennengelernt?«

»Ich bin Tiggy einmal begegnet, vor ein paar Jahren. Zusammen mit einer Schulfreundin bin ich zu dem Pflegeheim geradelt, in dem sie untergebracht ist – aus reiner Neugier. Meine Freundin war der Meinung, ich solle versuchen, Frieden mit dieser Seite meiner Familie zu machen. Es war schon ein bisschen merkwürdig …«

Sie traten nach draußen und blickten über die breiten Eingangsstufen in das neblige Tal.

»Inwiefern?«, wollte Shanti wissen.

»Wir haben sie in ihrem Zimmer aufgesucht, und dann standen wir dieser seltsamen alten Dame gegenüber, die mich auf echt unheimliche Weise anstarrte. Sie wirkte abwesend, als sei hier oben niemand zu Hause.« Sie tippte sich gegen die Stirn. »Trotzdem spürte ich etwas …«

»Was?«

»Ich glaube, es war Hass. Ich habe Finch nie erzählt, dass ich dort war.«

»Okay, das ist interessant. Ich muss los, und deshalb sage ich jetzt das, was ich zu allen sage, die irgendwie mit den Ermittlungen zu tun haben: Fällt dir sonst noch etwas ein? Irgendetwas – ganz gleich, wie unbedeutend es dir erscheinen mag –, was uns weiterbringen könnte?«

Schneeflocken schmolzen auf Skys Wangen. Wie Küsse, dachte Shanti. Oder wie Tränen.

»Ich weiß nicht, ob Ihnen das weiterhilft«, antwortete Sky, nachdem sie eine Weile überlegt hatte. »Finch hat Tagebuch geführt.«

»Tagebuch?«

»Ja, er war ziemlich altmodisch. Er mochte keine Computer, aber er hat ständig an seinem Schreibtisch gesessen und sich

Notizen gemacht. Eine Art Protokoll über seine archäologische Arbeit, glaube ich.«

»Du hast recht, das könnte von Bedeutung sein. Wo finden wir dieses Tagebuch?«

»Wahrscheinlich oben in seinem Arbeitszimmer. Soll ich es für Sie suchen?«

»Tu das, Sky. Sieh dir die Einträge der letzten Wochen an und melde dich bei mir, solltest du irgendetwas Außergewöhnliches entdecken.«

Kapitel neunzehn

DIE ERLEUCHTUNG

Sie ist sehr reif für ihr Alter, finden Sie nicht?«, fragte Shanti, als sie rückwärts aus der Parklücke unter den Bäumen setzte. »Ich denke, ich würde es vorziehen, wenn mein Kind etwas weniger erwachsen wäre. Nichtsdestotrotz ist ihre Philosophie beeindruckend naiv – eine Welt, geführt von Kindern … Wälder in den Städten …«

»Es gab keinen einzigen Punkt, in dem ich nicht mit ihr übereinstimme«, sagte Caine.

»Das liegt sicher daran, dass Sie den Verstand einer Vierzehnjährigen haben.«

»Dann ziehen Sie es also vor, dass Leute wie Quentin an der Macht bleiben?«

»Eins zu null für Sie, Caine. Mir wäre es lieber, Ganesh hätte das Sagen und nicht dieser Idiot.«

Sie schlitterte mit dem Saab auf die Schranke zu, wo die retrofuturistischen Wachen ihre Hände an einer Feuertonne wärmten.

»Sehen Sie sich diesen Ort an«, fuhr Caine fort. »Die Tiere. Den Gemeinschaftssinn. Die großen Buchstaben, auf denen die Kinder herumklettern …«

»Sie ergeben das Wort EVOL, das sagten Sie bereits.«

»Ja, aber haben Sie einen Blick darauf geworfen, als Sie vom Haus zum Wagen zurückgekehrt sind?«

Shanti schüttelte den Kopf. »Worauf wollen Sie hinaus, Caine?«

»Umgedreht ergeben sie das Wort LOVE – Liebe. Ist das nicht schön, Shanti?«

»Herrgott, Caine! Es ist doch nicht mehr 1963!«

Die Schranke hob sich. Als sie hindurchrollten, bemerkte Shanti, wie die Ökokrieger und Caine einander zuwinkten, ein warmes Lächeln auf den Lippen.

»Sieht so aus, als hätten Sie Freunde gefunden«, stellte Shanti fest und lenkte den Wagen über die rutschige Fahrbahn am Pförtnerhaus vorbei. »Haben Sie denn auch etwas Interessantes für uns in Erfahrung bringen können?«

»Das habe ich in der Tat.« Caine nickte. »Ich habe von Finchs Erleuchtung erfahren. *Das* ist vielleicht eine Geschichte!«

»Wollen Sie sie mir erzählen oder lieber für sich behalten?«

»Selbstverständlich werde ich sie Ihnen erzählen, aber zunächst sollten wir uns vergewissern, dass wir in die richtige Richtung fahren. Hat Benno Ihnen die GPS-Daten für das Pflegeheim geschickt?«

Shanti hielt auf dem Viehgitter an und warf einen Blick auf ihr Handy.

»Ähm … Laut Benno residiert Tiggy Antrobus-Lovell-Finch in einem sehr hochpreisigen Heim etwa dreißig Meilen östlich von hier, sodass wir bei diesem Wetter in ungefähr fünfundvierzig Minuten da sein müssten. Stellen Sie sich vor, Caine, es sind dort ausschließlich ehemalige Stars und Sternchen von Bühne und Leinwand untergebracht. Das dürfte unterhaltsam werden!«

Sie rollten unter dem Torbogen hindurch und bogen links ab auf die menschenleere Straße, die parallel zu der die Ländereien umschließenden Mauer von Lovell Court verlief.

»Sie wollten mir eine Geschichte erzählen«, sagte Shanti. »Über Finchs Erleuchtung.«

»Das Ganze nimmt seinen Ursprung in der Schlacht im Bohnenfeld«, begann er.

Shantis Gehirn spulte zurück zu einem Gespräch, das sie mit Benno im Land Rover auf der Fahrt zu Finchs Leichnam geführt hatten, dann schaltete es auf Wiedergabe. Es kam ihr vor, als wären seitdem Jahre vergangen, dabei war es erst gestern gewesen. Bennos Vater war zutiefst erschüttert nach Hause gekommen und hatte seiner Familie von dem aus dem Ruder gelaufenen Polizeieinsatz berichtet.

»Laut Silas ist die Schlacht im Bohnenfeld der Schlüssel zu Finchs Denkweise«, fuhr Caine fort.

»Wer ist Silas? Doch nicht der Alte, der mich ›Frau‹ genannt hat?«

»Er ist ein sehr netter alter Mann. Sie werden nie darauf kommen, wo er wohnt …«

»In einem Baumhaus? Nein, warten Sie – in einer Telefonzelle.«

»In einem Bücherbus, Shanti! Silas lebt in einem ausrangierten Bücherbus der hiesigen Bibliothek! Das ist wirklich cool.«

»Ähm, wieso?«

»Früher war Silas Bibliothekar in Handsworth im Nordwesten von Birmingham. Allerdings ist es wichtig, dies in den entsprechenden Kontext zu setzen: Wir reden hier von der Thatcher-Ära. Den Wahlsteuerunruhen. Dem Bergarbeiterstreik. Dem Winter der Unzufriedenheit …«

»Ich war damals noch ein Baby.«

»Ich auch«, sagte Caine. »Aber ich habe viel von Silas erfahren.«

»Und Sie haben in seinem Bücherbus gesessen, während er Ihnen all das erzählt hat?«

»Er war unglaublich gastfreundlich. Wir haben an seinem Holzofen Tee getrunken, umgeben von Bücherregalen. Aus irgendeinem Grund hat Silas Vertrauen zu mir gefasst. Er behauptet, er habe die Gabe, Menschen zu lesen … wie Bücher, verstehen Sie?«

Die kleine Straße mündete in eine breitere. Erleichtert stellte Shanti fest, dass der Schnee vor Kurzem geräumt worden war. Sie folgte der Wegbeschreibung ihres Handys und richtete sich auf eine längere Fahrt ein, während Caine seine Geschichte fortsetzte.

»Es war eine schwere Zeit für seine Generation«, erzählte er. »Ein Großteil der Sozialwohnungen wurde verkauft. Die Mieten waren unbezahlbar, und als die Bibliothek schloss, in der er arbeitete, saß Silas auf der Straße.«

»Und dann hat er den Bücherbus gestohlen?«

Caine warf ihr einen irritierten Seitenblick zu. »Davon weiß ich nichts, auch wenn es durchaus möglich ist. Wie dem auch sei, er schloss sich einer Gruppe Nichtsesshafter an – damals gab es in Großbritannien Tausende Menschen ohne festen Wohnsitz. Die Behörden begriffen, dass dies ein ernsthaftes Problem war, und unterstellten eine Gefahr für die Gesellschaft, dabei handelte es sich überwiegend um junge Familien, die schlichtweg ums Überleben kämpften.«

»Ich verstehe nicht, was das mit Finch zu tun hat.«

»Ein paarmal im Jahr trafen sich die *travellers*, die ›Reisenden‹, bei Festivals, und das Beste von allen war …«

»… das Stonehenge Free Festival.«

»Richtig. Silas und seine Freunde fuhren in einem Fahrzeugkonvoi zur Sommersonnenwende. Damals durfte man monatelang auf der Hochebene von Salisbury kampieren. Es klingt in der Tat fantastisch – wie ein altertümlicher Jahrmarkt mit Gemeinschaftsküchen, kostenlosen Bands und freier Liebe.«

»Was für ein Gegensatz zu heute, wo man für alles einen überhöhten Preis bezahlt.«

Ohne auf Shantis trockene Bemerkung einzugehen, fuhr Caine fort: »1985 nahm das Ganze ein entsetzliches Ende. Die Regierung untersagte das Festival. Straßensperren wurden errichtet, um die Teilnehmer daran zu hindern, auf das Gelände zu gelangen, und bald schon kam es zu erbitterten Kämpfen mit der Polizei. Es war schrecklich, Shanti. Die Steine wurden unweigerlich zu einer Art Heiligem Gral. Ein Symbol für die Spaltung der Gesellschaft. Vielleicht kennen Sie den Schlachtruf ›Rache für die Steine‹?«

»Jetzt kenne ich ihn.«

»Finch und seine schöne Ehefrau Tiggy Antrobus-Lovell-Finch wohnten damals in Lovell Court. Das Anwesen wurde zu jener Zeit ausgesprochen kommerziell bewirtschaftet, und die beiden führten das Leben privilegierter Aristokraten, zusammen mit ihrem Sohn, der ein renommiertes Internat besuchte und die Sommerferien bei seinen Eltern verbrachte.«

»Quentin.«

»Silas befand sich mit seinem Bücherbus in einem Konvoi aus einhundertvierzig Fahrzeugen auf dem Weg nach Stonehenge. Die örtliche Polizei hatte Befehl von der Regierung erhalten, diese in einen Hinterhalt zu locken.«

»Ach du liebe Zeit! Bennos Vater …«

»Es war ein ungewöhnlich heißer Sommer, und die Dinge eskalierten schnell. Die Polizei zwang den Konvoi, von der Hauptstraße auf die Landstraßen auszuweichen. Die Reisenden wussten nicht, wohin sie sollten, deshalb öffnete einer von ihnen ein Tor, und alle fuhren auf Ackerland – genauer gesagt, auf ein Bohnenfeld …«

»… das Hector Lovell-Finch gehörte.«

»Nennen Sie es Zufall, nennen Sie es Karma, aber Silas und seine Freunde landeten in Lovell Court. Sie schlugen ihr Lager auf dem Feld auf, die Kinder spielten, und an jenem Abend erschien der zwölfte Earl von Lovell Court in seinem Land Rover, um sich mit ihnen zu treffen. Laut Silas war er die Freundlichkeit in Person. Wie ich bereits erwähnte, verfügt Silas über die Gabe, in die Menschen hineinzuschauen, und er beschrieb Finch als einen großen Mann mit einem großen Herzen. Obwohl sie in verschiedenen Welten lebten, bestand sofort eine Verbindung zwischen dem adeligen Gutsherrn und dem nomadischen Bibliothekar. Finch erkannte, dass es sich lediglich um arme Familien handelte, die auf sich selbst gestellt waren, und er wollte helfen, doch er hatte seinen jugendlichen Sohn bei sich. Silas sagt, er wird niemals den Hass vergessen, der in Quentins Augen aufblitzte, als er die Reisenden auf dem Land seiner Familie erblickte.«

»Aber Finch gestattete ihnen zu bleiben?«

»Er tat noch mehr. Er ließ ihnen fuhrenweise Nahrungsmittel bringen, ließ mobile Toiletten aufstellen und sorgte für fließendes Wasser. Finch wusste, dass die meisten Reisenden friedliche Menschen waren, die keinerlei Bedrohung darstellten, auch wenn die Regierung etwas anderes behauptete.«

»Die meisten?«

»Silas räumt ein, dass einige wenige Anarchisten und Unruhestifter darunter waren, doch diese wurden gebeten zu gehen.«

Caine machte eine Pause, kramte in der Papiertüte, die Benno in der Kantine bestellt hatte, und reichte Shanti ein Sandwich mit gegrilltem Speck, Salat und Tomate.

»Der gute alte Benno«, sagte Shanti dankbar, dann: »Herrgott, Caine, was haben Sie denn da?«

»Ein Bohnen-Sandwich. Köstlich.«

Shanti krauste die Nase und nahm einen weiteren großen Bissen. »Dann war das also Finchs Bekehrung?«, fragte sie mit vollem Mund.

»Die Erleuchtung kam ihm am folgenden Tag. Noch vor Tagesanbruch schlichen etwa hundert Officer mit Hunden und Schlagstöcken zum Bohnenfeld. Die Reisenden schliefen noch, so auch Silas in seinem Bücherbus. Er wurde von der berstenden Scheibe aus dem Schlaf gerissen, deren Scherben auf sein Bett fielen. Polizeibeamte schrien, Kinder weinten. Silas geht davon aus, dass die Polizei paramilitärische Techniken aus Nordirland anwandte.«

»Allmächtiger! Die schlimme Zeit eskalierender Polizeigewalt.«

»Silas behauptet, er habe gesehen, wie schwangere Frauen aus den Betten gezerrt wurden. Ihn selbst schleifte man an seinen Dreadlocks aus dem Bus und schlug ihn bewusstlos …«

»Kann er das belegen, Caine?«

Caine schenkte Tee aus einer Thermoskanne ein und reichte Shanti einen Becher.

»Ich habe gesehen, dass mehrere Fenster mit Brettern vernagelt oder mit Plastikfolie und Klebeband abgedichtet waren.«

»Aber das Ganze ist 1985 passiert – Sie wollen mir doch nicht etwa weismachen, dass er das Glas nie hat ersetzen lassen?«

»Er sagt, er wartet darauf, dass die Polizei sein Zuhause repariert.«

»Das wäre doch ein prima Wochenendjob für Sie, Caine.«

»Silas landete im Krankenhaus. Er lag zwölf Stunden im Koma. Über fünfhundert Reisende wurden festgenommen. Es war die größte Massenverhaftung seit dem Krieg. Ich habe das gegoogelt, Shanti. Aber jetzt kommt's: Finch wurde Zeuge all dessen. Er war entsetzt über das, was sich auf seinem Land abspielte. Er rief die Presse an, damit sie darüber berichtete, außerdem gab er ein Statement ab, dass die Reisenden auf seinem Land zu Gast waren, welches die Polizisten unbefugt betreten hatten. Er sorgte aus eigener Tasche für rechtlichen Beistand und sagte vor Gericht als Zeuge aus. Viele Jahre später zwang man die Behörden, für den entstandenen Schaden aufzukommen, mehrere hohe Polizeibeamte verloren ihren Job …«

»Augenblick, Caine. Das könnte wichtig sein. Finch hat sich in den 1980ern ganz offensichtlich Feinde gemacht.«

»Das sollten wir definitiv zur Kenntnis nehmen«, pflichtete

Caine ihr bei. »Dawn vermutet, dass jemand mit Insiderwissen hinter Finchs Tod steckt.«

»Auf der anderen Seite sind die infrage kommenden Polizisten inzwischen alt«, bemerkte Shanti, reichte Caine den leeren Becher zurück und umfasste das Lenkrad mit beiden Händen. »Außerdem gab es damals noch keine DNA-Analysen.«

Caine nickte. »Colin Pitchfork wurde erst 1988 anhand seines genetischen Fingerabdrucks des Doppelmordes überführt und verurteilt. Wie dem auch sei: Das war Finchs Erleuchtung. Er hat Silas jeden Tag im Krankenhaus besucht, und als der sich ein wenig erholt hatte, fuhr er ihn persönlich zurück nach Lovell Court, wo viele seiner Freunde nach wie vor Unterschlupf suchten. Silas war zutiefst bewegt, als er feststellte, dass Finch seinen Bücherbus zum Haus hatte schleppen lassen. Er hat mir erzählt, dass Finch eigenhändig das Blut abgewaschen hat. Er hat sogar die Bücher, die die Polizisten aus den Regalen gerissen hatten, wieder an Ort und Stelle geräumt, laut Silas in alphabetischer Reihenfolge. Von A wie Angelou bis Z wie Zephaniah.«

»Wie rührend.«

»Wissen Sie, Shanti, ich denke, Finch war tatsächlich eine Art Heiliger. Er hat jedem, der in Not war, Zuflucht geboten. Das ist ein außergewöhnlicher Akt der Großzügigkeit.«

»Vielleicht war ihm mit Tiggy auch einfach nur langweilig. Ich nehme an, sie war darüber nicht erfreut?«

»Silas sagte, zu der Zeit begannen die Streitigkeiten. Um fair zu sein: Ich denke, es war ziemlich schwer für Tiggy. Ihre Karriere war ins Stocken geraten, ihr Ehemann stellte alles infrage, was sie je gekannt hatte, und in ihrem Zuhause wimmelte es von Fremden. Aber Finch war auf einem Kreuzzug. Er hatte dieses gewaltige Unrecht mit angesehen, das er für eine vom Staat angeordnete ethnische Säuberung hielt …«

»Ist das nicht ein bisschen dick aufgetragen?«

»Die Reisenden erhielten anonyme Drohungen – man teilte ihnen mit, dass sie in derselben Minute, in der sie das Anwesen verließen, brutal bestraft würden.«

»Ach du liebe Güte. Dann sind sie also nicht mehr gegangen?«

»Genau. Finch lud sie ein zu bleiben, solange sie wollten. Sie bauten das Dorf, und das war der Anfang der Evolutionäre.«

»Dort leben immer noch dieselben Menschen? Die Reisenden von damals?«

»Finch wurde die knifflige Aufgabe zuteil, einige Schläger und Anarchisten zu vertreiben, die die friedliche Gesinnung nicht teilten. Mit den Jahren wurde Evol immer größer. Manche der Älteren starben, andere verkauften sich an das System, wie Silas es ausdrückt, was vermutlich bedeutet, dass sie Jobs annahmen. Neue Leute trafen ein, andere bekamen Kinder. Es ist wirklich schön, Shanti. All diese Familien, die zusammenarbeiten, um das Renaturierungsprojekt zu realisieren, die sich über grüne Politik informieren, mit Finch als ihrem Grünen König. Ich denke, sie haben wahre Glückseligkeit gefunden.«

»Alle außer Tiggy.«

»Im Frühjahr 1986 stolzierte Tiggy aus der riesigen Haustür hinaus und nahm Quentin mit. Finch war so erschöpft von den ständigen Auseinandersetzungen, dass er auf Reisen ging …«

»… und in Brasilien landete.«

»Er nannte es eine ›späte Auszeit‹. Vergessen Sie nicht, dass Finch in Cambridge Anthropologie studiert und immer schon davon geträumt hatte, nach Brasilien zu reisen. Er lernte Constanza auf einer Konferenz in São Paulo kennen. Es war Liebe auf den ersten Blick.«

»Masako sagt, sie hatten Mühe, internationale Flüge zu rechtfertigen.«

»Dennoch schritt die junge Constanza eines Tages mit einem

großen Koffer über die Zufahrt von Lovell Court. Es gab eine romantische Hochzeit im Grünen, und ein paar Jahre später ...«

»... kam Sky zur Welt.«

»Könnten Sie wohl einen Moment anhalten?«, bat Caine, als sie in ein kleines Dorf gelangten. »Der Laden hat geöffnet.«

»Sind Ihnen die Zigaretten ausgegangen?«, fragte Shanti.

Caine eilte hinein, und sie beobachtete durchs Schaufenster, wie er sich angeregt mit dem jungen Mädchen hinter der Ladentheke unterhielt. Es kam ihr vor wie eine Ewigkeit, bis er wieder erschien, beladen mit Papiertüten und einem kunstvoll gebundenen Strauß roter Rosen und Pinienzapfen, überzogen mit silbrigem Schnee.

»Für Tiggy«, sagte er, als er neben sie auf den Beifahrersitz glitt.

»Das ist sehr nett, Caine.«

»Oh, und das ist für Sie, Shanti. Ich dachte, Sie könnten ein bisschen Aufmunterung vertragen.«

Caine stellte einen Mini-Weihnachtsbaum, flankiert von zwei Mini-Rentieren, aufs Armaturenbrett.

»Es ist Weihnachten, Shanti. Ich habe auch etwas für Ihre Mum und Paul besorgt. Ich lege die Sachen auf den Rücksitz. Die junge Frau in dem Laden hat gesagt, dass es bis zum Pflegeheim nur noch etwa zehn Minuten sind ... Ich muss zugeben, ich freue mich darauf, Tiggy Antrobus-Lovell-Finch kennenzulernen. Sie ist eine faszinierende Persönlichkeit.«

»Ich muss ein Geständnis ablegen«, räumte Shanti ein. »Ich habe Masakos Akte über die *Operation Mittwinter* nicht gelesen, aber bitte verpetzen Sie mich nicht. Ich war gestern Abend so müde.«

Caine lächelte und schaltete die Mini-Lichter an dem Mini-Weihnachtsbaum ein.

»Kurz gesagt: Tiggy Antrobus war eine junge Frau der Oberklasse, die wegen ihrer Schönheit gefeiert wurde. Sie umgab sich mit Leuten wie Ken Russell, Antony Armstrong-Jones, und sie modelte sogar für Biba, ein damals angesagtes Kultlabel. Laut Masako hat sie kleinere Parts in eher unbedeutenden Filmen übernommen.«

»Ich wette, Mum kennt sie.«

»Ihre erfolgreichste Rolle hatte sie in einer englisch-deutschen Produktion mit dem Titel *Nackte Vampirinnen.* Ich habe gestern Nacht in den Film reingeschaut. Er kam mir ziemlich unschuldig vor.«

»Ich bin mir sicher, Sie haben gründlich recherchiert.«

»Zuerst genießt sie das Leben als feine Dame von Lovell Court – damals fanden ständig Bälle und andere gesellschaftliche Veranstaltungen statt –, doch dann entwickelten Finch und sie sich in unterschiedliche Richtungen. Die Scheidung muss sie hart getroffen haben.«

»Hat sie deshalb den Schlaganfall erlitten?«

»Als Finch davon erfuhr, war er am Boden zerstört und gab sich die Schuld an allem. Kurz darauf fielen die Anwälte wie die Geier über ihn her. Der gute alte Finch warf einfach die Hände in die Luft und ließ sich so gut wie alles wegnehmen.«

»Bis auf Lovell Court, was etwas mehr ist, als ich nach meiner Scheidung bekommen habe.«

»Ja, aber stellen Sie sich nur einmal die Instandhaltungskosten vor …«

»Da wurde nichts instand gehalten. Das Anwesen ist total heruntergekommen.«

»Finch kam für Quentins Schulgebühren auf, und die Kosten für die Scheidung und Tiggys Unterbringung in diesem Star-Pflegeheim zogen ihm auch noch den letzten Cent aus der Tasche.«

»Eine tragische Geschichte«, sagte Shanti. »Oh, sehen Sie nur, wir sind da. Gleich werden wir feststellen, wohin das ganze Geld verschwunden ist. Danke für den Weihnachtsbaum, Caine. Der ist wirklich putzig.«

Kapitel zwanzig

EIN PFLEGEHEIM FÜR EINSTIGE STARS

Caine drehte den auf Hochglanz polierten Messingtürknauf, und sie betraten das opulent ausgestattete Vestibül des Pflegeheims für einstige Stars.

Drinnen war es heiß. Absurd heiß. Shanti hatte das Gefühl, aus der Arktis in einen Ofen verfrachtet worden zu sein.

Der Rezeptionsbereich sah aus wie das Foyer eines luxuriösen Landhotels – hochflorige Teppiche und glänzendes Mahagoni. Ein junger Mann in einem kurzärmeligen Hemd mit Fliege stand lächelnd hinter einer breiten Empfangstheke. Auf seinem übergroßen Namensschild stand: *Hallo, mein Name ist* JAMAL.

»Willkommen in unserem Heim für einstige Stars«, begrüßte er die beiden Neuankömmlinge. »Wie kann ich Ihnen helfen?«

»Hi, Jamal«, sagte Caine. »Wir würden gern zu Lady Antrobus-Lovell-Finch.«

Er schaute auf einen Bildschirm.

»Ach ja, die Oberschwester hat eine Notiz hinterlassen. Wenn Sie mir bitte folgen? Ich führe Sie zu ihr.«

»Pardon, aber dürften wir ablegen?«, fragte Shanti. »Es ist sehr warm hier drinnen.«

»Kein Problem«, erwiderte Jamal. »Das Personal hat sich daran gewöhnt.«

Caine legte den Rosenstrauß auf die Theke, und beide fingen an, sich aus den Mänteln zu schälen, die sie Jamal reichten. Er hängte sie behutsam auf Bügel in einen Garderobenschrank hinter dem Empfang und schritt anschließend geräuschlos über die dicken Teppiche in der Lobby.

Während sie ihm folgten, versuchte Shanti, den Geruch einzuordnen, der überall in der Luft hing – Raumspray, vielleicht ein Textilerfrischer, vermischt mit dem süßlichen Duft der Orchideen aus einem gewaltigen Gesteck auf einer der Blumensäulen, dazu Desinfektionsmittel und Urin, verkochter Kohl und angebratenes Hackfleisch sowie der beißende Geruch nach feuchtem Hund – eine trächtige Labradorhündin, die neben einem Sammelsurium von Rollatoren und Klapprollstühlen schlief.

Sie kamen an einem Hausmädchen in tadelloser Uniform vorbei, das ehrerbietig lächelte, während es das Geländer einer breiten Treppe polierte. Die Hintergrundgeräusche waren genauso komplex wie die Gerüche: leise Melodien aus versteckten Lautsprechern, Staubsaugerrauschen und das Scheppern von Geschirr.

Jamal führte sie in einen großen Salon, bevölkert von etwa dreißig greisen Bewohnern. Mit Autogrammen versehene Fotografien von lächelnden Schauspielern und Schauspielerinnen in ihrer Blütezeit hingen an den Flocktapeten. Shanti meinte, ein paar der Gesichter aus den Filmen ihrer Mutter wiederzuerkennen, aber sie war sich nicht sicher.

Manche saßen dösend in bequemen Polstersesseln, andere legten Patiencen. Wieder andere saßen wie gebannt vor einem laut plärrenden Fernseher und schauten einen Schwarz-Weiß-Film.

Neben einem kunstvoll geschmückten Weihnachtsbaum griff ein betagter Pianist in die Tasten, während ein gebrechliches Paar langsame Pirouetten drehte.

Auf drei bis vier Bewohner kam ein uniformierter Angestellter – Schwestern, Masseurinnen, die eine altersverspannte Schulter nach der anderen kneteten, Kunsttherapeuten und ein einzelner Mann, der aussah wie ein Hausdiener oder Butler und Sherry anbot.

Ein außergewöhnlich agiler altersloser Herr mit weißem Gesicht vollführte in seinem Sessel merkwürdige, langsame Bewegungen. Es dauerte einen Moment, bis Shanti realisierte, dass sie einem Pantomimen aus einer längst vergangenen Zeit zusah.

»Wären Sie so freundlich, uns zu Tiggy zu führen?«, bat Caine. »Wir sind uns zuvor noch nicht begegnet.«

»Oh, Tiggy sitzt nie bei den anderen Gästen«, sagte Jamal. »Sie hat ihr Apartment im zweiten Stock.«

Sie durchquerten den Salon und betraten einen Vorraum, in dem es zu den Fahrstühlen ging. Jamal drückte auf einen der Knöpfe.

»Fahren Sie in den zweiten Stock und halten Sie sich dann rechts. Tiggys Apartment liegt am Ende des Gangs«, sagte er, als die Türen auseinanderglitten.

Caine bedankte sich für seine Hilfe.

»Gern geschehen«, erwiderte Jamal. »Ich fürchte allerdings, Sie werden Ihre Zeit verschwenden.«

Die Musikberieselung hörte auch im Fahrstuhl nicht auf. Shanti betrachtete die zahllosen Reflexionen von sich selbst in den Kabinenspiegeln. Ihr war so heiß, dass ihre Bluse am Körper klebte.

»Herrje, sehen Sie mich nur an!«, schimpfte sie ungehalten.

»Sie sehen fantastisch aus«, sagte der millionenfache Caine mit seinen Millionen Rosensträußen. »Wie immer.«

Sie verließen den Aufzug und gingen nach rechts, den Gang entlang. Vor der letzten Tür blieben sie stehen. Caine klopfte.

Eine mürrische Schwester öffnete.

»Detectives Joyce und Caine«, stellte Shanti sie vor. »Wir haben einen Termin mit Lady Antrobus.«

Die Schwester musterte sie von oben bis unten und verzog das Gesicht, als würde sie eine Zitrone aussaugen.

»Sie sehen gar nicht aus, als wären Sie von der Polizei. Können Sie sich ausweisen?«

Shanti klopfte ihre Taschen ab. »Ich fürchte, ich habe meinen Dienstausweis im Mantel am Empfang gelassen, aber ich versichere Ihnen: Wir sind genau die, für die wir uns ausgeben.«

»Fünf Minuten, nicht länger. Jede Minute mehr würde Lady Antrobus unter Stress setzen. Bitte reden Sie deutlich – aber Sie müssen nicht schreien. Ich nehme die Blumen, sie ist extrem allergisch.«

Sie folgten der drallen Schwester mit der eng anliegenden weißen Tracht in das geräumige, in Retrofarben eingerichtete Apartment. Alles war lila, moosgrün oder orange. Auf der rechten Seite entdeckte Shanti eine luxuriös ausgestattete Küche, gefolgt von einem prächtig ausstaffierten Schlafzimmer. Über dem elektrisch verstellbaren Bett hing ein großes Filmplakat: *Nackte Vampirinnen.* Auf der linken Seite ging es in ein glänzendes Badezimmer mit verschiedenen Haltegriffen und Hebevorrichtungen.

Der Flur öffnete sich zu einem großen Wohnzimmer mit einem tiefer gelegenen Sitzbereich, der über eine Rampe zugänglich war. Eine Reihe deckenhoher Glasflügeltüren ging auf einen schneebedeckten Balkon hinaus. Bei klarem Wetter hätte man von hier oben einen großartigen Blick über das Gelände.

Tiggy saß auf einer Art Podest in einem olivgrünen Ruhesessel, mit dem Rücken zu ihnen, und starrte in die neblige Welt unter ihr. Zu beiden Seiten des Sessels waren Ständer mit Infusionen, Monitore und Beatmungsgeräte platziert, die vielen Kabel und Schläuche erinnerten an ein Knäuel Spaghetti.

»Ihre Besucher sind da, Madam«, sagte die Schwester laut. »Ich drehe Sie jetzt um.«

Sie drückte einen Knopf, und der Sessel setzte sich in Bewegung. Shanti zuckte erschrocken zusammen. Die winzige Person, die da vor ihnen erschien, sah auf den ersten Blick aus wie ein Teenager. Es dauerte einen langen, verwirrenden Moment, das paradoxe Phänomen zu enträtseln: Obwohl Tiggy Antrobus-

Lovell-Finch eine zerbrechliche Dame Ende siebzig war, schien sie aus Gründen, die wohl nur sie selbst kannte, beschlossen zu haben, sich wie eine siebzehnjährige Schauspielerin aus den 1960er-Jahren zurechtzumachen – psychedelische Paisley-Bluse, mumifizierte Beine im Minirock, verschmierter orangeroter Lippenstift, Wimpern wie Spinnenbeine und eine wallende, blonde Perücke.

Der Ausdruck auf Tiggys stark geschminktem Gesicht war genauso, wie Quentin ihn beschrieben hatte: verwirrt, benebelt, abwesend.

Als Shanti sich wieder gefasst hatte, sagte sie: »Lady Antrobus … Dürfen wir Ihnen ein paar Fragen stellen?«

Tiggy starrte sie aus leeren, spinnenbeinbewehrten Augen an.

»Sie können sie fragen, was Sie wollen«, schaltete sich die Schwester in scharfem Ton dazwischen. »Sie wird Ihnen bloß nicht antworten.«

Jetzt war es an Caine, einen Versuch zu wagen.

»Tiggy«, sagte er sanft, machte ein paar Schritte auf sie zu und ging neben ihr auf ein Knie. »Mein Name ist Vincent. Ich möchte Ihnen mitteilen, wie sehr mir *Nackte Vampirinnen* gefallen hat.«

Ein leises Aufflackern von Bewusstsein.

»Nackt …«, sagte die altjunge Dame. »Vamp…«

»Quentin hat mir erzählt, dass Sie Weihnachten bei ihm und Petronella verbringen«, fuhr er fort und griff nach ihrer altersfleckigen Klaue.

»Quent…«, hauchte sie.

»Sie haben gerade ein Baby bekommen. Ihre Enkelin, Velveteen.«

»Velv…«

»Wir sind aus folgendem Grund hier«, sagte Caine. »Wir möchten mit Ihnen über Finch reden …«

Plötzlich schallte eine Kakofonie aus schrillen Pieps- und

Summtönen durchs Zimmer. Tiggys orangerote Lippen bogen sich nach unten.

»Madam möchte, dass Sie jetzt gehen«, sagte die Schwester und eilte zu ihrer Patientin.

»Wie bitte? Moment mal …« Shanti machte einen Schritt nach vorn. »Wir haben eine lange Fahrt hinter uns und fangen doch gerade erst an!«

»Verstehen Sie nicht?«, fragte die Schwester streng. »Ihr Blutdruck steigt. Ich muss Sie dringend bitten, zu gehen.«

»Zur Hölle mit der Schwester!«, fluchte Shanti und schaute in den Rückspiegel des Saabs, um einen letzten Blick auf das Pflegeheim für einstige Stars zu werfen. »Sie waren gerade dabei, eine Verbindung zu ihr aufzubauen.«

»Dessen bin ich mir nicht sicher«, entgegnete Caine nachdenklich. »Ich glaube, Tiggy stand unter starken Medikamenten. Es ist so traurig, einen Menschen in diesem Zustand zu sehen, vor allem jemanden, der für seine Eloquenz berühmt war.«

»Und dafür, nackt Blut zu saugen«, fügte Shanti hinzu.

»Das war wirklich eine seltsame Begegnung«, sagte Caine, tippte den Zielort »Stonehenge« ins Navi und schaltete die Weihnachtsbaumlichter an. »Man konnte meinen, sie würde im Jahr 1963 feststecken.«

»Auf dem Höhepunkt ihres Ruhms«, pflichtete Shanti ihm bei. »So oder so: Wir haben gerade anderthalb Stunden unserer kostbaren Zeit verschwendet. Denken Sie wirklich, Tiggy bringt uns weiter, Caine? Ich meine, sind wir bei der Suche nach Finchs Mörder auch nur einen klitzekleinen Schritt weitergekommen?«

»Sie wissen doch, wie so etwas läuft«, erwiderte er ruhig. »Das geduldige Sammeln von Informationen. Das Sichten von Hinweisen. Das Zusammensetzen von Einzelteilen … und dann …«

»Und dann was?«

»Dann fügt sich plötzlich alles zu einem Ganzen.«

»Es sollte sich aber besser schnell zu einem Ganzen fügen«, sagte Shanti und raste an einem Van vorbei, der in einer Schneewehe feststeckte. »Meine Mum hat mir erzählt, dass Paul mir einen Brief geschrieben hat.«

»Er ist ein sehr lieber Junge.«

»Ja, allerdings sagt Mum, es sei ein Beschwerdebrief.«

»Oh, Shanti, ich wünschte, ich könnte helfen.«

»Sie wissen, wie Sie helfen können, Caine. Werfen Sie einen Blick auf die weiße Landschaft. Da draußen ist ein Killer unterwegs. Wir müssen ihn zur Strecke bringen, bevor weitere schlimme Dinge geschehen, zum Beispiel, dass ich nicht mit Paul Weihnachten verbringen kann … Also geben Sie alles, damit das nicht passiert!«

Kapitel einundzwanzig

DNA LÜGT NICHT

Es entspricht zwar nicht gerade den üblichen Standards«, sagte Benno und stellte mehrere McDonald's-Tüten auf den Tisch der Einsatzzentrale, »aber es ist das Beste, was ich auftreiben konnte. Cheeseburger, Pommes … und Donuts, wenn ihr welche möchtet.«

»Leckere Donuts?«, fragte Shanti.

»Ja, Chefin.«

Schaudernd nahm sich Caine einen Pappbecher Tee und schob seinen Stuhl zurück, weg von dem fettigen Fleischgeruch.

»Also, fünfzehn Minuten Einsatznachbesprechung«, sagte Shanti und löste den Deckel von ihrem Kaffeebecher. »Anschließend haben Caine und ich eine Verabredung mit einer weiteren Person von besonderem polizeilichem Interesse – Professor Ned Tull. Dunster, Sie haben ihn überwacht. Was können Sie uns berichten?«

Der junge Constable ließ seinen Burger sinken, wischte sich die Finger ab und öffnete sein Notebook. »Beginn der Überwachung: 9.14 Uhr. Zielperson kommt aus Hütte und sucht Toilettenräume im Besucherzentrum auf. 9.32 Uhr: Zielperson bewegt sich ungefähr zwei Meilen zu Fuß mit Holzschlitten zu dicht bewaldetem Gebiet. PC Dunster setzt Beobachtung mithilfe eines Fernglases weitere 55 Minuten fort. Gitterkoordinaten sind verfügbar.«

»Kommen Sie zum Punkt, Dunster. Was hat er dort gemacht?«

»Feuerholz gesammelt, Ma'am. 10.27 Uhr: Zielperson kehrt

zurück in Hütte auf Rückseite des Besucherzentrums und entzündet kleines Feuer. 10.55 Uhr bis 12.30 Uhr: Zielperson sitzt am Feuer, schnitzt Holzspielzeug.«

»Holzspielzeug? Wovon reden Sie?«

»Für seine Enkel«, erklärte Caine. »Ich habe doch sicher erwähnt, dass der Professor das Weihnachtsfest bei seiner Familie verbringt – Jul, wie er es nennt. Dafür fertigt er Geschenke an. Ich wette, sie sind wunderschön.«

Er nahm sich einen kleinen Löffel *Henge Hives*-Honig – *Honigsüße Weihnachten* stand auf dem Etikett.

»Sprechen Sie weiter«, forderte Shanti ihren Kollegen auf. »Denken Sie, er hat vor, das Gelände zu verlassen?«

»Wie ich schon sagte: Ned ist eingeladen, das Fest bei seiner Familie zu verbringen.«

»Bei seiner Familie? Warum wohnt er denn nicht bei seiner Familie?«

»Auch das habe ich bereits erklärt, Shanti. Gegen Ende der Serie *Unsere Nachbarn aus der Jungsteinzeit* ereignete sich ein tragischer Zwischenfall mit dem Sohn. Neds Frau und die Tochter, die damals im Teenageralter war, zogen aus der Rundhütte in eine Wohnung in Amesbury. Die Tochter ist mittlerweile erwachsen und hat selbst Kinder.«

»Und wo befindet sich der Professor jetzt?«, erkundigte sich Shanti bei Dunster.

»Drüben auf dem Museumsgelände«, antwortete der Constable.

»Unbewacht?«

»Shanti, das ist absurd«, sagte Caine. »Ich kann Ihnen genau sagen, was er dort macht – Ned bereitet eine Ausstellung mit Figuren aus dem Neolithikum für die Wiedereröffnung im neuen Jahr vor. Ich habe ihn gebeten, sich dort mit uns zu treffen. Finden Sie nicht, dass diese Überwachungsaktion eine Verschwendung von Polizeiressourcen ist?«

»Darf ich jetzt Schluss machen?«, fragte Dunster.

»Wie bitte? Oh, ja, natürlich. Gute Heimfahrt, Dunster«, sagte Shanti.

»Danke«, erwiderte er. »Und frohe Weihnachten. Frohe Weihnachten Ihnen allen.«

»Ja, richtig. Weihnachten. Frohe Weihnachten, Dunster.«

Dunster rannte so eilig zur Tür, dass er fast mit Masako zusammengeprallt wäre, die schwungvoll durch die automatischen Schiebetüren trat.

»Wenn die noch einmal ›also‹ sagt ...«, murmelte Shanti.

»Also«, sagte Masako und wedelte mit einem Stoß Papiere. »Hier ist der vorläufige Bericht aus der Gerichtsmedizin, frisch aus dem Drucker.«

Sie reichte Shanti die Unterlagen, die sie blitzschnell überflog.

»Sieht so aus, als hätte Dawn recht gehabt: Der Schnitt am Hals wurde tatsächlich von diesem Beil verursacht – die Techniker haben weitere Fragmente von Feuerstein in der Wunde entdeckt. Allerdings ist zweifelhaft, ob es das war, was ihn umgebracht hat.«

Sie reichte den Bericht weiter an ihren Kollegen.

»Ich sage es nur ungern, aber ich hatte es Ihnen gesagt.« Caine blickte konzentriert auf das Blatt vor ihm. »Die Gerichtsmedizinerin bestätigt meine Theorie, dass die Wunde zeremonieller oder ritueller Natur sein könnte.«

»Aber wenn das Beil ihn nicht umgebracht hat, was dann?«, fragte Benno.

»Hier steht, dass der vollständige toxikologische Bericht noch aussteht«, antwortete Caine. »Ich nehme an, wir werden abwarten müssen.«

»Allerdings hat es mittlerweile eine weitere entscheidende Entwicklung gegeben«, sagte Masako theatralisch. »Also, ich habe einen Videoanruf mit den Technikern im Labor getätigt. Wie Sie wissen, sind sie mit der Untersuchung von Finchs Kleidung und dem Beil befasst.«

»Sie sind auf DNA-Spuren gestoßen?«, fragte Shanti hoffnungsvoll.

»Also, die Kleidung war voller Schnee und damit klatschnass, was DNA-Tests erschwert. Das Beil dagegen war eine wahre Goldmine! Das Labor hat die Handabdrücke untersucht und konnte ein DNA-Profil erstellen. Das Ergebnis wurde an die nationale DNA-Datenbank übermittelt, und siehe da: Es gab eine glasklare Übereinstimmung.«

»Nun spannen Sie uns nicht auf die Folter«, knurrte Shanti.

»Die DNA auf dem Beil kann eindeutig Professor Ned Tull zugeordnet werden, genau wie die ungewöhnlich fettigen, rußigen Fingerabdrücke auf dem Holzgriff. Die Chance, dass die DNA von einer anderen Person stammt, liegt bei eins zu einer Milliarde.«

Shanti sprang auf.

»Bingo!«, rief sie. »Plötzlich fügt sich alles zu einem Ganzen – ist es nicht genau das, was Sie vorhin gesagt haben, Caine? Nur dass Sie Ihr Instinkt in diesem Fall aufs Übelste getrogen hat.«

»Moment, Shanti …«

»Die gute Nachricht für uns ist, dass wir diesen Fall bis zum Ende des Tages eintüten können. Die schlechte Nachricht für Tull ist, dass er einen kleinen runden Raum gegen einen kleinen quadratischen eintauschen muss.«

»Ich stimme Ihnen zu, dass es nicht gut für Ned aussieht«, räumte Caine ein. »Allerdings reicht das Ganze nicht …«

»Es reicht nicht? Polizeiregel Nummer eins: DNA lügt nicht.«

»Aber wir haben doch gerade gehört, dass das Beil nicht das eigentliche Mordwerkzeug war. Außerdem müssen wir uns die Frage nach dem Warum stellen. Warum um alles in der Welt sollte Ned Finch umbringen?«

»Genau das werden wir herausfinden.« Shanti zog ihre Jacke an. »Das ist exakt die Frage, die wir Professor Tull stellen werden. Warum hat er Hector Lovell-Finch ermordet? Warum hat er ihn auf dieses Trilli-Dings verfrachtet?«

Sie warf einen Blick in ihre Tasche und vergewisserte sich, dass Pfefferspray und Handschellen darin lagen.

»Benötigt ihr Verstärkung, Chefin?«, fragte Benno.

Shanti schüttelte den Kopf. »Ich denke, wir kommen klar, Benno.«

Kapitel zweiundzwanzig

DIE TRAGISCHE GESCHICHTE VON TALIN TULL

Seite an Seite standen sie im dunklen Zentrum von Stonehenge, die Gesichter erhellt von träumerisch herabrieselnden Schneeflocken, während die Jahrtausende um sie herumwirbelten.

»Wo zum Teufel sind wir?«, fragte Shanti.

»In der mesolithischen Periode, der Mittelsteinzeit. Etwa neuntausend vor Christus. Es ist Wintersonnenwende, und wir beobachten den Bau von Stonehenge. Wie Sie sehen, war es zunächst nicht mehr als ein simpler Holzkreis, eher so wie der in Woodhenge …«

»Ich meine, wo sind wir wirklich, Caine?«

»Oh, verstehe. Wir befinden uns in der sogenannten Stonehenge Experience. Hier bekommen die Besucher mittels modernster Technik einen unmittelbaren Eindruck von den Steinen und ihrer Geschichte. Ist das nicht großartig? Ein panoramisches Diorama – digitale, computergenerierte Bildeffekte für ein fotorealistisches Erlebnis. In einer Minute beginnt die Reise durch die Jahreszeiten …«

»Herrgott, Caine, Schluss mit dem Geschwätz, hören Sie mir lieber zu! Mir ist gerade ein Gedanke gekommen – warum sind Tulls Fingerabdrücke eigentlich in der nationalen Datenbank gespeichert?«

»Keine Ahnung.«

»Es kann nur einen Grund dafür geben: Er hat eine kriminelle Vorgeschichte.«

»Ach, das glaube ich nicht, Shanti. Ich gebe zu, das ist seltsam, aber ich bin mir sicher, dafür gibt es eine harmlose Erklärung.«

»Nun, wo bleibt er denn? Wo ist Ihr harmloser Freund? Ich dachte, Sie hätten sich hier verabredet.«

»Er ist wahrscheinlich in einem der angrenzenden Räume, wo er seine Ausstellung vorbereitet. Warten Sie nur ab, dort sind einige außergewöhnliche Stücke zu finden.«

»Oh, tatsächlich? Gibt es auch einen Mitmachbogen mit Fragen, den wir unterwegs ausfüllen können?«

»Ich ...«

»Sie müssen darauf nicht antworten, Caine. Gehen Sie einfach davon aus, dass alles, was ich zu Ihnen sage, ironisch gemeint ist. Damit sparen Sie sich jede Menge Zeit.«

Sie schlenderten weiter durch das dunkle Museum, vorbei an den erleuchteten Ausstellungsvitrinen. Überall waren Knochen, Schüsseln, Schädel, Skelette und lebensgroße Figuren stark behaarter Steinzeitmenschen mit vorgewölbter Brauenpartie.

»Schauen Sie sich diese Wachsfiguren an, Shanti. Diese hier stellt einen Neandertaler dar. Unglaublich, wie lebensgetreu man unsere Vorfahren heutzutage nachbilden kann! Und jetzt gehen wir weiter ins Neolithikum.«

»Lebensgetreu? Diese Wachsfiguren sind lächerlich übertrieben! Sehen Sie sich nur den Burschen da drüben an, das bärtige Gesicht, die schmutzigen Felle. Ich schwöre, ich bin ihm schon einmal begegnet: Er stand vor dem U-Bahnhof Camden und hat Flüssiganzünder in sich hineingeschüttet!«

»Ah, da ist Professor Tull, Shanti. Ich dachte mir schon, dass wir Sie hier finden, Ned. Wie geht es Ihnen?«

Der Professor war damit beschäftigt, Ausstellungsstücke auf einem Glasregal in einer der Vitrinen zu arrangieren. Als er Caines Stimme hörte, schloss er behutsam die Vitrinentür, drehte sich um und nickte den Detectives traurig zu.

»Ned, darf ich Ihnen meine Kollegin und beste Freundin Shanti Joyce vorstellen?«, fragte Caine.

Der Professor zog einen weißen Handschuh aus und streckte Shanti eine schmutzige Hand entgegen, die diese geflissentlich übersah.

»Professor Tull«, sagte sie stattdessen. »Ich möchte Sie bitten, uns zu begleiten. Wir müssen Ihnen einige äußerst wichtige Fragen stellen und fürs Protokoll aufzeichnen.«

»Selbstverständlich«, erwiderte Tull. »Lassen Sie mich nur schnell die Vitrine abschließen.«

Sie saßen vor einer hohen Mauer, verziert mit berühmten Zitaten über Stonehenge. Shanti und Caine auf Klappstühlen, Tull mit seinem geflochtenen grauen Bart, der Hose aus Tierhaut und den handgenähten Stiefeln auf einer kleinen Bank. Über seinem Kopf prangten die Worte: *Was ist Stonehenge? Es ist die unbedachte Vergangenheit.* Verfasser war ein gewisser Siegfried Sassoon, Soldat und Dichter, 1928.

Nachdem sie den Professor über das folgende Prozedere aufgeklärt und Datum, Ort, Uhrzeit sowie die Namen der an der Befragung teilnehmenden Personen aufgezeichnet hatte, legte Shanti los.

»Ist es richtig, dass Sie den Verstorbenen kannten, Professor Tull?«

»Wie ich Vincent bereits gesagt habe, hat Finch an mehreren meiner Workshops für alte Handwerkskunst teilgenommen, und manchmal haben wir einander auf der Hochebene zugewinkt. Ich habe ihn oft mit seinem Magnetometer herumfahren sehen. Obwohl wir in grundverschiedenen Welten lebten, teilten wir doch gewisse Leidenschaften. Ich hatte großen Respekt vor ihm.«

»Was ist mit seinem Sohn, Quentin Lovell-Finch – kannten Sie ihn auch?«

»Ich weiß, wer er ist, aber wir sind einander nie begegnet.«

»Wo waren Sie gestern, am Dienstag, dem einundzwanzigsten Dezember, in den frühen Morgenstunden?«

»Ich bin in der Rundhütte aufgewacht.«

»Kann das jemand bestätigen?«

»Ich lebe allein. Für gewöhnlich wache ich beim ersten Tageslicht auf.«

»Dürfte ich mir Ihre Hände ansehen?«

Er sah sie verwirrt an, dann streckte er ihr beide Arme entgegen und zeigte ihr zunächst die Handrücken, dann die Handflächen.

»Fürs Protokoll«, sagte Shanti. »Der Professor zeigt sich kooperativ. Seine Hände und Fingernägel sind außergewöhnlich fettig und rußbeschmutzt.«

»Vielleicht sind Ihre aber auch außergewöhnlich sauber«, hielt er dagegen.

»Professor Tull, sind Sie jemals mit dem Gesetz in Konflikt geraten?«, fuhr Shanti unbeirrt fort. »Genau gesagt: Hat man Sie jemals gebeten, Ihre Fingerabdrücke nehmen zu lassen?«

»Zweimal, ja.«

»Aha. Und warum?«

Stille senkte sich über das Museum herab, so tief wie die Zeit an sich. Caine sah, wie sich eine Träne in Tulls Augenwinkel bildete.

»Sie wollen die Geschichte wirklich hören?«, fragte er.

»Wenn sie dazu beiträgt zu klären, wie Sie in diese Angelegenheit involviert sind, ja«, sagte Shanti.

»Ich nehme an, es schadet nicht, darüber zu reden«, befand Tull. »Man verschließt diese Dinge in sich wie Ausstellungsstücke in Vitrinen, aber das ist nicht gut. Wo soll ich anfangen?«

»Beginnen Sie doch mit der Serie *Unsere Nachbarn aus der Jungsteinzeit*«, schlug Caine mit einem sanften Drängen in der Stimme vor.

Ein schwaches Lächeln huschte über Tulls zerklüftetes Gesicht. Dann fing er an zu erzählen.

»Die Achtziger- und Neunzigerjahre waren die glücklichsten meines Lebens. Damals errichteten wir das neolithische Dorf, meine Zeitreisekollegen und ich. Es war ein einzigartiges Experiment, denn wir benutzten nichts außer den zur Jungsteinzeit vorhandenen Werkzeugen und Materialien. Stellen Sie sich das einmal vor! Die Kinder spielten zwischen den Rundhütten, der ganze Ort summte vor Leben – Hunde, Hühner, Schweine und eine kleine Gemeinschaft Gleichgesinnter. Wenn ich zurückdenke, sehe ich immer das Lächeln vor mir – unsere lächelnden Gesichter. Und als dann ein Fernsehsender an uns herantrat, entdeckte ich, dass ich über ein weiteres Talent verfügte – ich war nicht nur ein Archäologe und Handwerker, ich war auch ein Geschichtenerzähler. Die Kamera war mein Publikum …«

»Sie haben eine ganze Generation in Ihren Bann gezogen«, bemerkte Caine. »Bei *Unsere Nachbarn aus der Jungsteinzeit* habe ich mehr erfahren als in der Schule im Geschichtsunterricht!«

»Wie nett, dass Sie das sagen.«

»Es ist die Wahrheit, Ned.«

»Über die Jahre hinweg verfolgten Pamela und ich, wie unser Sohn und unsere Tochter zu jungen Kriegern heranwuchsen – so gesund und ungezähmt und frei. Es war wie eine Glückssträhne, die niemals enden würde …«

Während er sprach, verwandelte sich Tulls Gesicht in eine Maske der Verzweiflung.

»Doch dann, eines schicksalhaften Morgens im August, nahm alles ein bitteres Ende. Mein Sohn Talin war gerade achtzehn geworden. Er hatte sich in eine holländische Archäologiestudentin verliebt, die ihr Praktikum bei uns absolvierte. Es war alles ganz unschuldig, obwohl Pamela und ich nicht wirklich begeistert waren. Uns war klar, dass sie irgendwann wieder abreisen musste, was beiden das Herz brechen würde. Aber in diesem Alter kann man seine Kinder nicht aufhalten. Die Liebe besiegt alles. Talin und das Mädchen schlichen sich oft aus dem Dorf auf die Hochebene, doch eines Tages kehrten sie nicht mehr zurück.«

Ein gequälter Ausdruck trat in seine Augen.

»Wir haben stundenlang nach ihnen gesucht. Die ganze Gemeinschaft. Schließlich haben wir die Polizei gerufen. Die Polizei von Wiltshire hat uns alle vernommen, auch mich, Pamela und unsere Tochter Aylin. Jedes Mitglied unserer Gemeinschaft hat freiwillig Fingerabdrücke nehmen lassen und eine DNA-Probe abgegeben.

So, nun wissen Sie Bescheid. Fünf Wochen später kamen Ihre Kollegen – die Polizei – zu dem Schluss, dass Talin und sein Mädchen durchgebrannt waren. Sie waren volljährig – da konnte man angeblich nichts machen. Auch die niederländische Polizei schaltete sich ein – ebenfalls ohne Erfolg. Die beiden waren wie vom Erdboden verschluckt. Irgendwann wurde die Suche eingestellt, das Schicksal der beiden ist bis heute ungeklärt.«

»Das tut mir sehr leid«, sagte Caine leise.

»Ich habe das nie akzeptiert«, erklärte Tull mit Nachdruck. »Die Erklärung, sie seien durchgebrannt, wollte mir einfach nicht in den Kopf. Mein Junge wäre niemals so mir nichts, dir nichts davongelaufen. Doch was sollte ich tun? Er war fort. Tag für Tag durchstreifte ich die Hochebene auf der Suche nach ihm. Binnen einer Woche wurden meine Haare und mein Bart grau. Ich drehte fast durch vor Kummer. Und dann habe ich mir eingeredet, die beiden wären von den Steinen verschluckt worden. Dass zwei dieser Megalithen nun eine gepeinigte, verlorene Seele innewohnt.«

Caines Augen wurden von einem anderen Zitat über Tulls Kopf angezogen: *Zu all den Fragen, beginnend mit »Warum?« Wir wissen es nicht, und wir werden es wahrscheinlich niemals wissen.*

»So ist das nun mal mit dem Unglück«, fuhr Tull fort. »Hat die Pechsträhne einmal begonnen, hört sie nicht mehr auf. Die Produktionsfirma war fest entschlossen, die Geschichte vor der Presse zu verheimlichen, also wurde *Unsere Nachbarn aus der Jungsteinzeit* still und heimlich aus dem Programm gestrichen. Doch es sollte noch schlimmer kommen: Der Zwischenfall rief so viel böses Blut in der Gruppe hervor, dass die Gemeinschaft auseinanderbrach. Am Ende verließen alle das Dorf, und es dauerte nicht lange, da verabschiedeten sich auch Pamela und Aylin. Wer könnte ihnen das zum Vorwurf machen?

Ich brachte es nicht über mich, fortzugehen. Ich hatte diesen Ort errichtet. Die Steine waren mein Leben. Ich überredete English Heritage, mich bleiben und meine Forschung fortsetzen zu lassen. Im Gegenzug dafür würde ich Workshops anbieten, bei denen die Teilnehmer die Fertigkeiten der Steinzeitmenschen erlernen konnten – Handwerk, Waffen, Technologien. Ich *musste* bleiben, verstehen Sie das? Mein Sohn ist irgendwo da draußen. Wie könnte ich von hier fortgehen?«

Er legte seinen zotteligen Kopf in die rußverschmierten Hände und weinte.

Caine sprang auf und eilte zu der Bank, um den gebrochenen Mann zu trösten, der schluchzte und bebte und sich die Nase an seinem Fellärmel abwischte.

»Ihr Verlust tut mir aufrichtig leid«, sagte Shanti nach einem kurzen Augenblick. »Ich habe selbst einen Sohn, deshalb kann ich ansatzweise nachvollziehen, was Sie empfinden müssen.«

»Danke.« Tull schniefte. »Wie alt ist Ihr Junge?«

»Paul ist neun.«

»Erzählen Sie mir von ihm.«

»Nun, vielleicht ein andermal, Professor. Ich möchte Ihnen keine falschen Hoffnungen machen, aber irgendwie habe ich das Gefühl, dass wir Licht in das Verschwinden Ihres Sohnes bringen, wenn es uns gelingt, den Mord an Hector Lovell-Finch aufzuklären. Ich wäre bereit, den Fall Talin neu aufzurollen in der Hoffnung, ihn zu einem Abschluss zu bringen.«

»Vielen Dank«, stammelte Tull mit beinahe mitleiderregender Dankbarkeit. »Tief im Herzen weiß ich, dass Talin tot ist, aber wenn ich ihn nur endlich zur letzten Ruhe geleiten könnte, wäre ich in der Lage, anschließend nach vorn zu schauen. Und wenn ich irgendwie dazu beitragen kann, den Mord an Finch aufzuklären, dann tue ich das gern. Finch war ein guter Mensch.«

»Das freut mich, Professor. Dürfte ich Sie bitten, sich dieses Foto einmal gründlich anzuschauen?«

Sie tauschte den Platz mit Caine und setzte sich zu Tull auf die schmale Bank. Sofort stieg ihr sein moschusartiger Geruch in die Nase.

Tull nahm ihr das Handy ab und blickte blinzelnd auf den hellen Bildschirm.

»Das ist die Nachbildung eines Axthammers aus der Jungsteinzeit«, sagte er.

»Haben Sie dieses Werkzeug gefertigt, Professor?«

»Möglich. Der Kopf mit der Schneide wird mit Streifen aus Tierhaut an Ort und Stelle gehalten, das ist eines der Verfahren, die ich anwende. Andererseits …« Er zögerte, dann fuhr er fort: »Sehen Sie, dort, auf der Schulter des Stiels, befindet sich ein Ring aus Hirschhorn – ein hübsches Detail, aber nicht so mein Stil.« Er reichte Shanti das Handy zurück. Auf dem Display prangten fettige Fingerabdrücke. »Im Großen und Ganzen ist es ein gelungenes Werkzeug, auch wenn es nicht ganz meinen Ansprüchen genügt. Da ist übrigens Blut an der Schneide, haben Sie das schon bemerkt?«

Shanti nickte. »Das wissen wir.«

Er riss entsetzt die Augen auf. »Oh! Sie wollen doch nicht etwa sagen, dass das Finchs Blut ist?«

Shanti ignorierte seine Frage. »Mich interessiert, warum sich Ihre Fingerabdrücke und Ihre DNA auf dem Stiel befinden, Professor.«

Tull schwieg eine ganze Weile, dann sagte er: »English Heritage hat mir eine Lagereinheit auf der Rückseite des Besucherzentrums zur Verfügung gestellt. Sie können gern einen Blick hineinwerfen. Sie befindet sich ganz am Ende der Reihe, die letzte Tür, der Code lautet 040807. Ich werde ihn nie vergessen, weil Talin an diesem Tag verschwunden ist. In dem Lager werden Sie auf ein großes Regal mit Plastikkisten stoßen. Fast jede dieser Kisten ist randvoll mit Nachbildungen prähistorischer Gerätschaften, darunter auch Faustkeile ähnlich dem Kopf des Axthammers, den Sie mir gerade gezeigt haben. Ich sage Ihnen noch einmal: Ich habe Hunderte von Workshops gegeben, an denen unzählige Besucher teilgenommen haben, darunter auch Finch. Manchmal nehmen die Leute die von ihnen gefertigten Werkzeuge mit nach Hause, manchmal verstaue ich sie in diesen Kisten – was bedeutet, dass sich auf jedem dieser Objekte sowohl meine Fingerabdrücke als auch meine DNA befinden müssen. Bis heute habe ich nie darüber nachgedacht.«

»Vielen Dank. Ich kann Ihnen versichern, dass wir in jede Richtung ermitteln. Wer hat sonst noch Zugang zu der Lagereinheit?«

»Nur das Securityteam von GoodGuys und English Heritage, Letztere sind ja im Grunde meine Vermieter.«

»Darf ich Sie bitten, das Lager nicht zu betreten, bis wir es wieder freigeben? Soweit ich weiß, beabsichtigen Sie ohnehin, das Weihnachtsfest bei Ihrer Familie zu verbringen, Professor?«

»Aylin holt mich morgen ab. Ist das ein Problem?«

»Bis auf Weiteres steht es Ihnen frei, zu gehen, wohin Sie wollen. Allerdings würde ich Sie bitten, uns Ihre Kontaktdaten zu hinterlassen.«

Nachdem Shanti die Befragung offiziell beendet hatte, schlurfte Tull zurück in das dunkle Museum. Caine stand ebenfalls auf. Sein Blick fiel auf ein weiteres Zitat an der Wand, diesmal eins von Wordsworth: *Steine von Stonehenge! Stolz andeutend Geheimnisse, die ihr dennoch bewahrt …*

»Armer alter Ned«, sagte Caine, als sie in die um diese Jahreszeit so früh hereinbrechende Dunkelheit hinaustraten. »Auf derart mysteriöse Weise den eigenen Sohn zu verlieren … Unfassbar.«

»Er war gut«, stellte Shanti fest. »Entweder ist er der gerissenste Lügner, dem ich jemals begegnet bin …«

»… oder mein Instinkt hatte recht?«

»Herrgott, Caine. Ich schließe ihn nach wie vor nicht als Täter aus. Er hat Kaugummi gekaut, ist Ihnen das aufgefallen? Das ist nicht besonders prähistorisch, oder?«

»Das mit dem Kaugummi ist interessant. Ich erinnere mich, dass Ned auch in *Unsere Nachbarn aus der Jungsteinzeit* eine Art Kaugummi gekaut hat – unsere Vorfahren verwendeten angeblich Birkenpech –, dieselbe klebrige, teerartige Substanz, mit denen sie auch Beil- oder Pfeilköpfe befestigten. Selbstverständlich hatten sie nicht diese Gier nach Zucker, die wir heute verspüren …«

»Niemand, der halbwegs bei Verstand ist, kleidet sich so wie Tull. Der Mann ist ein Narr!«

»Ein weiser Narr, Shanti.«

»Ich möchte, dass die Spurensicherung die Lagereinheit Millimeter für Millimeter durchkämmt.«

»Selbstverständlich. Möglicherweise hat sich jemand dort unbefugt Zutritt verschafft und eines dieser Beile entwendet.«

Der Abend war überraschend klar. Die Schneeflocken rieselten nun spärlicher, dafür waren sie so groß, dass man beinahe ihre komplexe Geometrie erkennen konnte.

In weiter Ferne auf der Hochebene schimmerten diffus die mysteriösen Steine. Caine atmete hörbar aus. Die Ohrenklappen seiner Fliegermütze fielen nach hinten, als er den Kopf in den Nacken legte, um das kosmische Sieb des Nachthimmels zu betrachten.

»Das ist so romantisch«, sagte er. »Nur Sie und ich, im Universum treibend.«

»Sie sind keine Schneeflocke, Caine.«

»Wir sind alle Schneeflocken, Shanti.«

»Sehen Sie – schon wieder sagen Sie seltsame Dinge, und ich habe keine Ahnung, was das bedeuten soll.«

»Es bedeutet, dass jeder von uns einzigartig und perfekt ist, doch unser Leben ist vergänglich.«

»Aha. Ein kluger Gedanke.«

»Erzählen Sie mir nicht, dass Sie nie an die Nacht bei meiner Hütte auf der Undercliff denken oder an die Zeit, als wir uns mein Zelt in Glastonbury geteilt haben.«

»Sehen Sie diese Steine dort hinten, Caine? Sie sind längst Geschichte, genau wie jegliche Beziehung, die in Ihrer überspannten Fantasie existiert.«

»Ich verstehe, warum Sie das tun, Shanti. Sie müssen die Arbeit von der Liebe trennen.«

»Liebe? Wer redet denn von Liebe? Brrr, hier draußen ist es so kalt wie in Sibirien. Ich mache mich mal lieber auf den Weg zur Stonehenge Tavern, nehme ein heißes Bad und gehe früh schlafen.«

In Shantis Kopf blitzte eine Erinnerung auf. Die Einladung zu einer Party. Dem Weihnachtsball der Offiziere.

»Natürlich«, sagte Caine. »Ich begleite Sie zum Wagen. Sollen wir währenddessen die Operation Mittwinter Revue passieren lassen? Wir könnten eine Liste unserer Hauptakteure erstellen.«

»Einverstanden. Aber kommen Sie mir nicht zu nahe – Sie sind voller Haare und riechen streng. Also, ich fange an: Zunächst einmal wäre da der Tote, Lord Hector Lovell-Finch.«

»Der Ilexkönig.«

»Dann haben wir noch seinen usurpierenden Sohn, Quentin Lovell-Finch.«

»Der Politiker.«

»Warum machen Sie das, Caine?«

»Warum mache ich was?«

»Warum verwenden Sie diese merkwürdigen Bezeichnungen? Der Ilexkönig? Der Politiker? Wir sind doch hier nicht bei *Game of Thrones.*«

»Ich glaube, das liegt an diesem Traum. Jeder scheint ein jungscher Archetyp zu sein.«

»Sie sind wirklich ein ausgesprochen seltsamer Cop, Caine. Hat Ihnen das schon mal jemand gesagt?«

»Sie erwähnten es bereits, Shanti.«

»Als Nächstes wären da die Tochter des Verstorbenen, Sky Lovell-Finch …«

»Die junge Heldin oder die Kriegerprinzessin. Was ist Ihnen lieber?«

»… und die Witwe, Constanza.«

»Die Kräuterheilkundige.«

»Außerdem Ihr Freund Silas.«

»Der alte Bibliothekar. Ein wundervoller Mann.«

»Ich denke, wir sollten auch Tiggy Antrobus-Lovell-Finch auf die Liste setzen. Quentin hat sie als ›verwirrt, benebelt, abwesend‹ beschrieben.«

»Sollen wir sie die ›entthronte Diva‹ nennen?«

»Nennen Sie sie, wie Sie möchten. Und zu guter Letzt bleibt uns noch Ihr verlotterter Kumpel, Professor Ned Tull, außerdem bekannt als ›Der Beschuldigte‹.«

»›Der weise Narr‹«, korrigierte Caine. »Das ist so tragisch, Shanti. Ich würde ihm liebend gern helfen.«

Ein Teil von ihr weinte um ihren eigenen verlorenen Sohn, aber sie riss sich eilig zusammen. Paul war am Leben und wohlauf. Bald schon würde sie ihn wiedersehen und mit viel zu vielen Süßigkeiten und viel zu viel Weihnachtsfernsehen verwöhnen. Shanti richtete den Fernbedienungsschlüssel auf ihren Saab und drückte, doch alles, war sie hörte, war ein dumpfes *Klonk!* Sie versuchte es erneut, aber die Zentralverriegelung war eingefroren. Verdammt! Wie sehr sie sich danach sehnte, endlich nach Hause zu fahren! Sie wollte nicht auf dieser gespenstischen Hochebene umhergeistern und versuchen, irgendein abgefahrenes Verbrechen aufzuklären.

Sanft nahm Caine die Fernbedienung aus ihren tauben Fingern, drehte sie hin und her und klappte schließlich den traditionellen Schlüssel heraus, der für Notfälle darin verborgen war. Anschließend schob er ihn ins Schlüsselloch und drehte ihn. Die Tür war offen.

Verflucht. Verfluchter Caine. Warum war er nur immer so gelassen?

»Schlafen Sie gut, Shanti«, sagte er. »Morgen wird sich gewiss alles zusammenfügen.«

»Hier«, knurrte sie und warf ihm die Decke zu, mit der er den zotteligen Wolfshund abgetrocknet hatte. »Sagten Sie nicht, Sie wollten sie waschen?«

Kapitel dreiundzwanzig

IHR FÜHLENDEN WESEN

Shanti weichte im kinntiefen Wasser ein, dessen Temperatur nur knapp unter dem Siedepunkt lag, und nippte an einem Glas Champagner.

Von unten drangen der gedämpfte Sound eines ekstatischen Saxofons sowie wummernde Bässe zu ihr herauf. Die *Flirty Fusiliers* spielten sich für ihren Auftritt in der Lounge Bar warm.

Nach einer geraumen Weile stieg Shanti aus der Badewanne, zwängte sich in ein blutrotes Satinkleid und ein Paar mörderisch hohe Stilettos und föhnte sich die Haare. Anschließend betrachtete sie sich in dem schlierigen Ganzkörperspiegel des Kleiderschranks. Der Reißverschluss in ihrem Rücken drohte zu platzen, aber eigentlich sah sie gar nicht so schlecht aus.

Das verdiente es, mit einem weiteren Glas Moët gefeiert zu werden. Immerhin war Weihnachten.

Wieder warf sie einen Blick auf die handgeschriebene Nachricht. Sie lehnte an dem Eiskübel mit der Flasche Champagner, die jemand während ihrer Abwesenheit in ihrem Zimmer deponiert hatte. Die Schrift wirkte seltsam kindlich, leicht wacklig, die Nachricht war übermäßig interpunktiert.

Genießen Sie das Schaumbad!!
Wir sehen uns um 10 auf der Tanzfläche!!
Troy
PS: Ich habe eine superspannende Finch-Story für Sie!!

All die Dinge – das Kleid, die Schuhe, den Föhn, das Make-up – hatte sie in einer Plastiktüte unter der Ramme im Kofferraum ihres Saabs versteckt, gut verborgen vor Caines neugierigem Blick. Sie hatte sie kurz nach ihrem gemeinsamen Einsatz auf dem Glastonbury Festival besorgt für den Fall, dass sie sich wieder einmal ans Ende der Welt verirrten und sie Caine spontan beeindrucken wollte, doch dazu war es bislang nicht gekommen. Im Übrigen hatte sie heimlich die Befürchtung, dass das Einzige, was ihn an der Angelegenheit erregen würde, die leichtfertige Verwendung einer Einwegtüte wäre.

Doch im Augenblick schnarchte Caine zusammen mit seinem fellbekleideten Steinzeitkumpan in einer verrußten Rundhütte. Und sie würde den ach-so-schneidigen Major Troy McAble auf den Offiziersball begleiten. Okay, okay, mach mir bitte keine Vorwürfe, sagte sie in Gedanken zu ihrem tadelnd dreinblickenden Spiegelbild, das gehört alles zu den ausgeklügelten polizeilichen Ermittlungen. McAble mochte nicht die hellste Kerze am Weihnachtsbaum sein, aber es bestand durchaus die Chance, dass sie wichtige Informationen über Hector Lovell-Finch aus ihm herausleiern konnte.

Außerdem war es kein Verbrechen, auf dem Everkill-Offiziersball das Tanzbein zu schwingen – eine Entschädigung für die Strapazen, die sie im eisigen Wind mit Caine erdulden musste.

Lustigerweise erkannte die Medienmeute sie nicht, als sie die Treppe hinuntertrippelte und sich zur Bar durchdrängte. Einige der männlichen Gäste beäugten sie lüstern, aber die meisten waren zu betrunken, um sie wirklich wahrzunehmen.

Zwei Soldaten an der Tür zur separaten Lounge Bar hielten sich strikt an die Anweisung, keine Journalisten einzulassen. Shanti lächelte strahlend, zeigte ihre goldumrandete Einladung und stand eine Sekunde später in dem großen Raum, der in ein funkelndes Winterwunderland verwandelt worden war. An der

Decke drehte sich eine Glitzerkugel und schickte eine Galaxie an Sternschnuppen durch das verführerische Dämmerlicht. Auf der Bühne spielte eine fünfköpfige Band in schottengemusterten Smokings ein schwülstiges Weihnachtspotpourri mit viel Trommelbürste und Doo-Wop-Elementen.

Troy, tadellos gekleidet mit Smoking und Fliege, hielt im Epizentrum der Lounge Bar Hof und lachte schallend mit einer Gruppe ebenso tadellos gekleideter Kameraden, die einander leutselig auf den Rücken klopften.

Als Shanti auf die Tanzfläche zuging, verstummte die Gesprächsrunde. Troy drehte sich zu ihr um, als wäre ihm plötzlich etwas absolut Faszinierendes ins Auge gestochen. Und das Faszinierende, stellte sie mit einem wohligen Schaudern fest, war Shanti Joyce.

Auf dem Parkplatz des Besucherzentrums sah Caine dem Saab nach, der sich langsam zwischen den Vans der Nachrichtenteams mit ihren Trittleitern, Halogenstrahlern und geschwätzigen Nachrichtensprechern hindurchschlängelte.

Anschließend kehrte er zur Rundhütte zurück und nahm gemeinsam mit Ned eine bescheidene Mahlzeit am Feuer ein, aber Tull war zu müde, um noch länger aufzubleiben und zu reden. Seine Tochter würde ihn am nächsten Morgen abholen, und schon jetzt bereitete die Vorstellung von bunten Lichtern und elektronischem Kinderspielzeug dem alten Mann Kopfschmerzen.

Caine verließ die Rundhütte, damit Ned sich ausruhen konnte, aber es war zu kalt, um sich draußen aufzuhalten. Die Wahrheit war, dass dieser erschütternde Fall ihn rastlos machte und sein inneres Gleichgewicht störte. Ihm fiel auf, dass er seit zwei Tagen nicht meditiert hatte.

Er nickte zwei Wachleuten von GoodGuys auf ihrem Patrouillengang zu, dann betrat er das warme Besucherzentrum. Zu seiner Erleichterung war die Einsatzzentrale leer und fast dunkel. Er suchte sich ein stilles Eckchen und machte es sich mit übereinandergeschlagenen Beinen auf dem Fußboden bequem. Nachdem er ein paar Minuten langsam und mit geschlossenen Augen ein- und ausgeatmet hatte, tauchte er tief in sein Inneres ein, spürte die aufgestaute Anspannung wie ein Knäuel aus Gummibändern.

Vor langer Zeit in Thailand hatte Tu, sein Meister, ihm beigebracht, dass der Weg, das loszulassen, »was einem nicht länger dient«, darin bestand, es einfach auszusitzen. Man dürfe es nicht verurteilen, hatte Tu gesagt. Nicht dagegen ankämpfen. Stattdessen solle man einfach zuschauen, wie sich die Gedanken auflösten wie Wolken an einem klaren Himmel.

Es war ein wundervolles Ereignis gewesen, als der alte Meister Tu ihn von allen Novizen auserwählte, ein Geschenk entgegenzunehmen – ein wunderschönes Buch mit buddhistischen Texten. Doch bevor er es ihm überreichte, hatte Tu eine ganz bestimmte Passage von dem Weisen Cheng-Li vorgelesen und seine Schüler dazu ermutigt, sie auswendig zu lernen: *Ihr fühlenden Wesen, die ihr nach Erlösung strebt – warum lasst ihr nicht los? Wenn ihr traurig seid, lasst den Grund für eure Traurigkeit los. Seid ihr lüstern oder gierig, lasst das Objekt eurer Begierde los …*

Wie tiefgreifend und simpel dieser Ratschlag dem jungen Caine vorgekommen war. Aber jetzt konnte er nicht loslassen. Was für einen grausamen Streich das Universum ihm doch gespielt hatte: Von den Milliarden fühlender Wesen auf diesem Planeten war er dazu verdammt, ausgerechnet mit dem zusammenzuarbeiten, zu dem er sich am meisten hingezogen fühlte.

Shanti hatte ihn damit aufgezogen, dass er keine Freunde hatte, und wie immer hatte sie ins Schwarze getroffen. Caine tat so, als würde ihm Weihnachten nichts bedeuten, dabei war genau das Gegenteil der Fall. Diese traditionellen Feiertage unterstrichen die Zerrissenheit seiner eigenen Familie. Die Einzige, die am Weihnachtstag an ihn denken würde, wäre seine umtriebige Halbschwester Misty, die im Augenblick mit einem oder mehreren ihrer zahllosen Freunde welches Land bereiste? Indien, Thailand oder Indonesien? Das Schlimmste an Weihnachten aber war, dass es Caine dazu zwang, sich an schmerzvolle Dinge zu erinnern, die er schon vor langer Zeit tief in sich vergraben hatte, Dinge über seinen Vater und ja, auch über seinen Bruder.

Wenn ihr traurig seid, lasst den Grund eurer Traurigkeit los …

Er war nicht dazu gemacht, Detective Inspector zu sein. Er hatte nicht den Trick gelernt, sich von dem Schmerz anderer abzugrenzen. Caine war ein Cop, der zu viel fühlte.

Sein Entschluss stand fest. Sobald dieser Fall gelöst war, würde er wahrhaftig loslassen – die Arbeit bei der Polizei, seine Familie und, was am schmerzhaftesten sein würde, auch Shanti. Schließlich konnte man nur das verlieren, woran man sich klammerte.

Er sehnte sich nach der Abgeschiedenheit seiner Hütte auf der Undercliff. Caine war besser allein dran.

Doch zunächst galt es, diesen Fall zu lösen. Er war bis ins Mark erschüttert gewesen, als er in das grüne Gesicht des Ilexkönigs geblickt hatte, und er hatte Finch, Sky, Constanza, Ned und Shanti geschworen, dass er in diesem komplizierten Fall für Gerechtigkeit sorgen würde.

Als er tiefer in die Meditation versank, spürte Caine den subtilen, vertrauten Prozess seines Unterbewusstseins, das das tat, was es am besten konnte: langsam und intuitiv die einzelnen Puzzlestücke zusammenfügen. Es war beinahe so, als folgte er den Hinweisen wie Fußabdrücken in einem tosenden Schneesturm. Alles, was er tun musste, war, Schritt für Schritt vorwärts zu gehen und sich von seiner inneren Weisheit führen zu lassen. Vor ihm tauchten verschwommene Umrisse auf. Der Mörder war dort draußen, dessen war er sich sicher, und vollführte unaussprechliche Dinge. Eine der schattenhaften Gestalten wandte sich ihm zu, und nun, in der tiefsten Versunkenheit seiner Meditation, spürte Caine, dass er gleich in das Gesicht des Killers blicken würde …

Troy McAble drückte freundschaftlich die Schulter des Offiziers neben ihm und entschuldigte sich. Dann strich er sich über den rotbraunen Schnurrbart und schoss mit einem strahlenden Grinsen auf Shanti zu wie ein Marschflugkörper auf sein Zielobjekt.

»Hallo, Göttin Shantala«, flötete er, nahm ihre Hand und führte sie an die Lippen.

Wieder war Shanti hin- und hergerissen: Einerseits fühlte sie sich geschmeichelt, andererseits war ihr zum Kotzen zumute. Während sie noch mit ihren Gefühlen kämpfte, starrte Troy sie fasziniert an, als hätte er noch nie eine Frau gesehen. Was möglicherweise sogar zutraf bei der abgeschiedenen Lage der Everkill-Kaserne.

»Sie sehen absolut … Ach, verflixt! Wie lautet noch gleich das Adjektiv, nach dem ich suche?«

»Prall? Eingeschnürt?«

»Nein, das ganz gewiss nicht. Einen Augenblick bitte, ich bin gleich wieder bei Ihnen.« Er drehte sich um und gab dem Leadgitarristen, der eine Weihnachtsmannmütze trug, ein Zeichen. Der Gitarrist beugte sich vor, und Troy sagte ihm etwas ins Ohr. Der Gitarren-Weihnachtsmann nickte, und die *Flirty Fusiliers* stimmten einen schmusigen James-Blunt-Klassiker an.

»Da haben wir's.« Troy lächelte schleimig. »Das Wort, nach dem ich gesucht habe: wunderschön. *You're beautiful. You're beautiful, it's true … I saw your face in a crowded place …*«

Von allen Songs, die die Musikgeschichte je hervorgebracht hatte, hasste Shanti ausgerechnet diesen mehr als alles andere. Es war der Song, den ihr Ex für ihr erstes Date ausgesucht hatte.

»Ihr Lied«, hatte er behauptet, so, wie jeder Warmduscher es der Frau seiner Träume weismachen wollte. Er hatte es auch auf ihrer Hochzeit gespielt, und es war der erste Song, den sie von ihrer Playlist gelöscht hatte, als sie endlich mit Paul entkommen war.

Immer mehr Gäste schwärmten in den großen Raum mit der niedrigen Decke. Es kamen tatsächlich auch andere Frauen, aber der Abend gehörte Troy und seinen tapferen Brüdern, die den Anschein von Männern erweckten, die schon alles gesehen hatten und dafür lebten, dies der Welt mitzuteilen. Cool. Selbstbewusst. Kontrolliert. Arrogant.

Während sie sich auf der Tanzfläche drehten, erklärte Troy, dass die Veranstaltung der guten Sache diene: Jedes Jahr sammelten die Offiziere eine ordentliche Summe für wohltätige Zwecke. Dafür seien die Männer von Everkill berühmt. Um Mitternacht würde eine große Tombola veranstaltet, und er hoffe sehr, dass Shantala zu ihm auf die Bühne käme, um die Gewinner zu ziehen. Die Preise seien fantastisch!

Die Band spielte nun *Driving Home for Christmas,* und Troy lockerte seine Fliege und reichte einem vorbeieilenden Lakai seine Smokingjacke – »Passen Sie auf, dass sie nicht zerknittert, Mann!« Darunter kam ein schmal geschnittenes Frackhemd zum Vorschein, das sich an seinen stahlharten Oberkörper schmiegte.

Während eines Einsatzes in Afghanistan hatte er Tanzstunden genommen, erzählte er Shanti. Man musste sich ablenken, wenn man in der Hölle feststeckte. Jetzt, in der Lounge Bar der Stonehenge Tavern, fing er an, Shimmy zu tanzen und seitwärts zu kreisen, wobei er anerkennend auf die kunstvollen Bewegungen seiner glänzenden Schuhe starrte.

Selbst auf der Tanzfläche wurden sie bedient. Zahllose rangniedrigere Soldaten erschienen mit Tabletts voller Horsd'œuvres und einem quietschsüßen Cocktail namens Howitzer.

»Der pustet Ihnen garantiert den Kopf weg«, versprach Troy, der ein Glas nach dem anderen kippte. »Wenngleich auf eine angenehme Weise. Allerdings verträgt er sich gar nicht mit den Medikamenten. Aber zumindest an Weihnachten darf man sich mal gehen lassen, nicht wahr, Göttin Shantala?«

»Medikamente?«, fragte Shanti skeptisch über die Musik hinweg.

»Ach, nichts Ernstes. Prozac. Seroxat. Zoloft. Effexor. Hilft gegen Angstzustände. Die meisten Kameraden leiden unter der guten alten posttraumatischen Belastungsstörung. Damals hat niemand darüber gesprochen, heute dagegen ermutigen uns die Therapeuten dazu, unsere Seelen zu entblößen.«

»Tut mir leid, das zu hören.«

»Kein Problem. Genau deshalb ziehen wir unsere eigene Band vor.«

»Die Band?«

»Die *Flirty Fusiliers*. Kein plötzliches *Peng! Wumm!* So vermeiden wir, dass alle Männer im Raum schlagartig in Deckung gehen oder aus den Fenstern springen. Sie sehen sich immer wieder um, Shantala – haben Sie einen Wunsch?«

Wenn Shanti einen Wunsch hatte, dann den, nicht hier zu sein. Alles war beklemmend. Sie hatte zu viel getrunken, und McAble tanzte viel zu eng mit ihr. Sein sportgestählter Körper kam ihr aufgeblasen vor und künstlich, wie der ganze Mann. Verschwommen erinnerte sie sich an den eigentlichen Grund, warum sie hier war.

»Ich würde gern etwas über Finch erfahren!«, rief sie über die Musik hinweg.

»Hat die Polizei denn niemals Feierabend? Sogar während des Ersten Weltkriegs gab es eine Weihnachtspause.«

»Sagten Sie nicht, Sie hätten mir eine Geschichte über Finch zu erzählen?«

»Das war eher eine List, um Sie herzulocken. Ich wusste, dass es Ihnen hier gefallen würde!«

»In Ihrer Nachricht stand, Sie hätten eine ›superspannende Finch-Story‹ für mich.«

»Das hab ich geschrieben? Das ist ziemlich gut, stimmt's? Aber wir wollen doch jetzt nicht über den alten Pazifisten reden. Hmmm, diesen Song liebe ich … *When a Man Loves a Woman* … ein absoluter Klassiker.«

»Na schön, Major«, sagte Shanti gereizt. Plötzlich spürte sie, wie erschöpft sie war. »Machen wir für heute Feierabend. Ich melde mich morgen früh bei Ihnen.«

»He, das ist wirklich lustig. Also gut, ich erzähle Ihnen die Geschichte. Ich erzähle Ihnen, wie ich Finch in einem Jeep verfolgt und zur Strecke gebracht habe. Ich habe ihn zu Boden gedrückt … das war der Brüller!«

Sämtliche Hinweise hatten ihn hierhergeführt. In den wirbelnden Tiefen seiner Meditation drehte sich der Killer zu ihm um. »Zeig mir dein Gesicht«, sagte Caine.

Doch in ebendiesem Moment wurden Caines Traumbilder gestört. Ein entlegener Teil seines Bewusstseins wurde gewahr, dass jemand die Einsatzzentrale betrat und eilig auf ihn zuschritt. Stehen blieb. Ihn beim Meditieren betrachtete.

Es kostete ihn eine gewaltige Anstrengung, die meditativen Gefilde zu verlassen und ins Hier und Jetzt zurückzukehren.

»Also, es tut mir so leid«, entschuldigte sich eine Frauenstimme. »Ich wollte Sie nicht stören …«

Er lächelte mit halb geschlossenen Augen. Masako konnte man keinen Vorwurf machen.

»Schon gut«, sagte er. »Sie arbeiten ja lange! Wie kann ich Ihnen helfen?«

Masakos Arme waren voll beladen mit Akten und einem Laptop, ihr junges Gesicht glühte vor Enthusiasmus.

»Benno hat dafür gesorgt, dass English Heritage mir ein klitzekleines Büro zur Verfügung stellt, und ein Feldbett aus Beständen der Everkill-Garnison hineingeschoben, damit ich nicht extra nach Hause muss. Ich kann also sozusagen rund um die Uhr arbeiten. Ist es in Ordnung, wenn ich rede?« Sie zog einen Stuhl heran und setzte sich Caine gegenüber, der mit überkreuzten Beinen auf dem Fußboden sitzen blieb.

»Selbstverständlich. Ich habe mir nur einen Moment genommen, um ...«

»Also«, fiel sie ihm ins Wort. »Der toxikologische Bericht ist da. Ich möchte mich nicht zu weit aus dem Fenster lehnen, aber ich wage zu behaupten, dass sich das Blatt gewendet hat.«

Caine öffnete die Augen ganz und sah, dass sie ihm ein offiziell aussehendes Dokument hinhielt, das er irgendwie nicht entgegennehmen wollte. Die Akte schien sich als Sinnbild seines Doppellebens zu gerieren.

»Könnten Sie mir schildern, was drinsteht, Masako?«

»Sicher. Die Untersuchungen führten zu dem Ergebnis, dass Finch einen Atemstillstand erlitt durch die Einnahme einer Substanz namens ... ähm ... *Conium maculatum*. Sagt Ihnen das etwas?«

Er kam auf die Füße, zog sich einen Stuhl heran und setzte sich der jungen Frau gegenüber.

»Schierling«, antwortete er. »*Conium maculatum* ist Gefleckter Schierling – eine tödliche Giftpflanze, die in diesem Teil der Welt in Hülle und Fülle vorkommt.«

»Ihr Wissen ist beeindruckend«, befand Masako. »Ich bin verloren, wenn ich etwas nicht googeln kann.«

»Ich weiß selbst nicht, woher ich das weiß. Mein Gehirn neigt offenbar dazu, nutzlose Informationen zu speichern.«

»Aber diese Information ist ganz sicher nicht nutzlos!« Masako strahlte ihn ehrfürchtig an.

»Hören Sie, Masako, es ist schon ziemlich spät. Ich denke, Sie sollten versuchen, ein bisschen Schlaf zu bekommen.«

»Sie auch«, erwiderte sie. »Sie sehen müde aus.«

»Ich bin momentan ein wenig rastlos. Doch Sie haben recht – das ist eine interessante Entwicklung. Ich werde sofort Shanti anrufen. Danke, Masako, Ihre Arbeit ist für uns unverzichtbar.«

»Sie müssen sich nicht bedanken, es ist das Aufregendste, was ich je gemacht habe.«

Sie stand auf und nahm ihre Unterlagen und den Laptop, dann wandte sie sich zum Gehen.

»Schlafen Sie gut«, sagte Caine.

Sie drehte sich um und lächelte ihn schüchtern an.

»Also, ich hoffe, dass Sie das nicht missverstehen, aber ich finde Sie einfach toll, DI Caine.«

Er sah ihr verblüfft nach.

Als sie weg war, versuchte er, die Meditation fortzusetzen, aber er fand nicht wieder hinein. Stattdessen schwirrte ihm der Kopf. Er wählte Shantis Handynummer, doch sie ging nicht dran. Er rief noch einmal an. Sprach auf den Anrufbeantworter. Schickte eine Textnachricht …

»Sehen Sie sich meine Hände an!«, brüllte McAble. »Sie zittern gar nicht. Muss an den Howitzers liegen!«

»Hören Sie, Troy!«, brüllte Shanti zurück. »Das hier ist äußerst wichtig. Ich möchte, dass Sie mir alles erzählen, was Sie über Finch wissen.«

»Sie sind ganz schön hartnäckig!«, rief der Major. »Beinahe besessen. Aber bei dem Lärm hier kann ich kaum meine eigenen Gedanken hören.«

Shanti nahm seinen gestählten Arm und führte ihn in Richtung der Fenster auf der gegenüberliegenden Seite der Lounge Bar, wo der Geräuschpegel nicht ganz so ohrenbetäubend war.

»Ich habe das Gefühl, Sie wissen mehr, als Sie preisgeben wollen«, sagte sie.

»Schon gut, schon gut, ich werde Ihnen alles erzählen«, beschwichtigte er sie und wiegte sich im Takt der Musik, die Hände auf ihren Schultern. »Allerdings müssten wir enger tanzen – ich habe einen Tinnitus.«

Ihr Instinkt drängte sie, ihn von sich zu stoßen, aber es ging hier nicht um sie. Es ging um Finch.

»Stellen Sie sich die Szene nur mal vor«, fuhr er theatralisch fort. »Es ist Abschlussparade. Zweihundert Kadetten in Reih und Glied auf dem Paradeplatz vor dem General und seiner Gattin. All die Familien, die den Sonnenschein genießen. Die Militärkapelle spielt auf. Der Kaplan hält eine Predigt. Die Lokalpresse ist vor Ort. Die Kadetten exerzieren ihren Paradeschritt. Der Sergeant Major brüllt Befehle. *Stillgestanden! Achtung – präsentiert! Augen – rechts!* Alles läuft wie am Schnürchen, und dann plötzlich …«

»Plötzlich?«

»Plötzlich schlingert so ein grüner Scheißkerl mit seinem Fahrrad über den Paradeplatz. Er strampelt direkt zwischen dem Sergeant Major und den Kadetten hindurch und hält ein großes Plakat in die Höhe. Die Kapelle hört auf zu spielen. Man kann eine Stecknadel fallen hören, als Finch direkt vor dem Sergeant Major zum Stehen kommt und mit glockenklarer Stimme ein einziges Wort hervorstößt: ›Faschist!‹ Als wir uns wieder gefasst haben, stürmen mehrere Soldaten auf Finch zu, aber er entwischt ihnen und fährt mit seinem Fahrrad davon. Raten Sie, wo ich bin?«

»Ich habe keine Ahnung.«

»Ich sitze am Steuer eines Jeeps, ein halbes Dutzend Soldaten sind bei mir. Wir nehmen die Verfolgung auf – zwischen den Nissenhütten hindurch, rein und raus. Es ist wie bei einer Fuchsjagd – ›Jagd frei!‹«

Er imitierte ein Jagdhorn. Shanti stellte fest, dass er stockbetrunken war. Er stützte sich so schwer auf sie, dass sie seinen muskelbepackten Körper kaum noch halten konnte.

»Wir brauchen fast zehn Minuten, um ihn aufzustöbern«, lallte er ihr ins Ohr. »Es gelingt uns, ihn auf die Hochebene zu treiben. Ich steuere den Jeep neben das Fahrrad. Vier Männer springen hinaus, dann bringen wir ihn zur Strecke. Wir haben uns fast totgelacht!«

»Wann war das?«, hakte Shanti nach und trat unauffällig einen Schritt zurück.

»Vor ein paar Monaten. Am Ende des Sommers. Ich habe Finch verhaftet, und die Parade wurde kurzerhand beendet. Leider schaffte der Zwischenfall es auf die Titelseiten sämtlicher Lokalzeitungen, was für Everkill ausgesprochen demütigend war. Finch kam mit einer Strafe von fünfzig Pfund wegen Hausfriedensbruch davon. Irrsinnig witzig. Das Plakat hängt immer noch in der Offiziersmesse, als eine Art Souvenir.«

»Was steht darauf?«

»Worauf?«

»Auf dem Plakat. Was ist darauf geschrieben?«

»Ach so. Nun, auf der einen Seite steht ›Schützt die Steine!‹, auf der anderen ›Rettet den Sonnenaufgang!‹ – alles in Großbuchstaben natürlich.«

»Und was soll das bedeuten?«

»Oh, Finch hat sich furchtbar aufgeregt über ein Gebäude, welches angeblich die Strahlen der aufgehenden Sonne zur Sonnenwende daran hinderte, auf die Steine zu fallen. Das Ganze war eine seltsame Geschichte: Ein paar Jungs haben ihn provoziert, aber Finch fand das gar nicht komisch. Diese Bäumeumarmer nehmen ohnehin alles viel zu ernst.«

»Das klingt so, als würden Sie ihn hassen.«

»Ich? Ihn hassen? Ich doch nicht. Ich komme mit allen gut aus, Shantala. Doch ich kenne da durchaus ein paar Leute, die ihn am liebsten an seinem Zottelbart aufgehängt hätten.«

»Was für Leute, Troy?«

»Was wollen Sie von mir? Eine Liste?«

»Wissen Sie etwas über eine Grabung, die Finch auf der Hochebene durchführte?«

»Sie müssen etwas näher kommen, Shantala. Sie weichen immer wieder zurück … Hören Sie, ich bin sehr oft zu Pferd da draußen, und ich habe Finch andauernd mit diesem verfluchten Quad herumgurken sehen, das jedes Mal das Pferd scheu macht. Jetzt, da Sie es erwähnen, fällt mir ein, dass ich ihn beim Graben eines verdammt großen Lochs ertappt habe, was im Sperrgebiet der absolute Wahnsinn ist.«

»Warum?«

»Minen. Die Gegend ist voll davon.«

»Wann haben Sie ihn das letzte Mal dort gesehen?«

»Oh, keine Ahnung. Ist aber noch nicht lange her.«

»Wie lange? Wochen? Monate?«

»Ein paar Tage. Bevor das Wetter umgeschlagen ist. Er war wütend auf mich – Finch war immer auf irgendwen wütend.«

»Warum war er wütend?«

»Ich nehme an, das lag an dem Hirsch. Okay, okay, Sie haben mich ertappt. Ich habe ein bisschen herumgeballert und ein ziemlich großes Exemplar erwischt. Das hat Finch gar nicht gefallen. Er war natürlich ein erbitterter Jagdgegner. Ich habe ihn daran erinnert, dass es verboten ist, in militärischem Sperrgebiet zu buddeln – dafür kann man sogar ins Gefängnis wandern.«

»Richtig. Darüber möchte ich unbedingt Näheres erfahren. Allerdings ist das kaum der richtige Ort …«

»Da pflichte ich Ihnen bei. Haben Sie hier nicht ein Zimmer gemietet? Wir könnten dort die Flasche Champagner leeren, die ich Ihnen …«

»Ganz sicher nicht«, entgegnete sie scharf. »Ich bin müde, Troy. Ich versuche, einen Mordfall aufzuklären. Ich versuche, eine gute Mutter zu sein. Können Sie das denn nicht verstehen?«

»Oh, es gefällt mir, wenn Sie so streng sind.«

Sie straffte die Schultern. »Ich könnte morgen Vormittag in die Kaserne kommen, um Ihre Aussage aufzunehmen. Außerdem würde ich mir gern das Gebäude anschauen, von dem Sie erzählt haben – das, das die Strahlen der aufgehenden Sonne blockiert –, und natürlich will ich unbedingt zu diesem Loch, das er gebuddelt hat.«

Seine Hände lagen jetzt auf ihrer Taille, und sie musste unweigerlich an stickige Schuldiscos denken, mit Jungs, die ihre gierigen Grapschfinger nicht bei sich behalten konnten und sich noch dazu einbildeten, ihre stümperhaften Anmachversuche würden den Mädchen gefallen. Major Troy McAble kam ihr in jeder Hinsicht vor wie ein aufgeblasener Internatsbubi.

»Was für eine glückliche Fügung – mein Weihnachtsurlaub beginnt morgen Mittag«, plapperte er. »Ich hatte vor, einen Ausritt zu unternehmen. Mögen Sie Pferde, Shantala? Zufällig bin ich Vorsitzender des Royal Everkill Saddle Club.«

»Das ist vielleicht so ein Klassending: Entweder man reitet sie, oder man wettet darauf.«

»Und was bevorzugen Sie, Shantala?«

»Keins von beiden. Das letzte Mal, als ich in die Nähe eines Pferdes gekommen bin, war ich sechzehn und habe auf der Kentish Town City Farm in London Reitstunden genommen.«

»Dann ist das ja noch gar nicht lange her«, stellte er fest. Sie spürte seinen Schnurrbart an ihrem Ohr wie einen aufdringlichen Igel. Einen Igel, der nach Hai-Karate-Aftershave roch.

Sie musste hier raus. Sofort.

»Sagen wir um zehn Uhr dreißig? Wo finde ich Sie?«

»Mittlerer Gebäudekomplex Ost. Im Erdgeschoss«, antwortete er mit einer Stimme wie ein zurückgewiesenes Kind. »Davor stehen ein Wachhäuschen und eine ziemlich phallisch aussehende Feldkanone.«

Irgendetwas veranlasste sie dazu, über Troys fleischige Schulter zu blicken. Draußen vor der Scheibe stand jemand in der Dunkelheit und spähte herein. Ein fassungsloses Gesicht mit gequältem Blick … Caine!

Shanti schob McAble beiseite. »Ich muss gehen.«

»Verlassen Sie mich nicht, Göttin … Wer soll denn sonst die Gewinnlose ziehen?«

Kapitel vierundzwanzig

KLONHENGE

Er saß auf der Miniaturversion des Trilithen, auf dem man den Leichnam entdeckt hatte.

»Was zur Hölle machen Sie hier?«, fragte Shanti. »Sie sind doch nicht etwa zu Fuß gekommen?«

Seine Augen glitzerten feucht im Mondlicht.

»Es tut mir leid«, sagte er. »Gehen Sie doch wieder hinein. Es ist gut, wenn Sie sich amüsieren.«

Sie trippelte um den Stein herum und baute sich vor ihm auf. Mit jedem Schritt bohrten sich ihre Absätze in den Schnee.

»Was? Moment mal … Sie denken doch nicht etwa, McAble und ich …«

Caine wandte das Gesicht ab, als wäre es zu schmerzhaft, sie anzusehen. »Sie haben ihn geküsst, Shanti.«

»Herrgott, Caine! Ich habe ganz bestimmt niemanden geküsst. Wenn Sie die Wahrheit wissen wollen: Es fehlte nicht viel, und ich hätte ihm Pfefferspray ins Gesicht gesprüht.«

Caine tat etwas Seltsames: Er knöpfte seinen dicken Mantel auf, zog ihn aus und legte ihn ihr behutsam um die Schultern.

»Es ist eiskalt hier draußen«, sagte er leise. »Sie haben ja kaum etwas an.«

Der Mantel roch nicht nach Hai Karate. Er roch nach Holzfeuer. Er roch nach Caine.

»Hören Sie«, fuhr Shanti fort. »Ich weiß, wie das ausgesehen haben muss, aber ich versichere Ihnen, es war rein beruflich. Troy hat einen Tinnitus, und ich war dabei, wichtige Informationen zu sammeln. Aber was geht Sie das überhaupt an? Ich bin eine freie, vollkommen unabhängige Frau, und ich tue genau das, was mir gefällt, und zwar dann, wann es mir gefällt.«

»Sie haben völlig recht, Shanti. Es tut mir leid.«

»Das sollte es auch, Caine. Selbst wenn ich leidenschaftlichen Sex mit Troy McAble auf dem Tombolatisch haben wollte, während das gesamte Bataillon zuschaut – was ganz bestimmt nicht der Fall ist –, würde Sie das nichts angehen.«

»›Wenn ihr traurig seid, lasst den Grund für eure Traurigkeit los. Seid ihr lüstern oder gierig, lasst das Objekt eurer Begierde los ...‹«

»Wie bitte? Was sagen Sie da? Sie delirieren ja. Was machen Sie überhaupt hier?«

»Vermutlich ist er all das, was ich nicht bin.«

»Wer?«

»Der Mann da drinnen«, erwiderte Caine verächtlich. »Der Soldat mit der dicken Fliege und dem albernen Schnurrbart.«

»Nun, das ist nicht sonderlich buddhistisch, oder? Sehen Sie sich doch nur mal an: Sie werden Ned Tull jeden Tag ähnlicher. Vielleicht sollten Sie Troy um ein paar Anmachtipps bitten.«

»*Troy!* Sie nennen ihn schon wieder Troy ...«

Caine wich zurück. Sein Hanfhemd, die schwarze Jeans und die Fliegermütze wirkten völlig fehl am Platz. Von seiner Schulter baumelte sein Leinenbeutel.

»Was haben Sie hier zu suchen?«, fragte sie noch einmal. »Hat Tull Sie rausgeworfen? Hatten Sie Streit?«

»Ich bin gekommen, um Ihnen zu berichten, dass der Fall eine interessante Wendung genommen hat. Der toxikologische Bericht ist da.«

»Und warum haben Sie nicht angerufen? Nummer eintippen und das Klingeln abwarten. Sie wissen, wie man telefoniert, auch wenn Sie so tun, als könnten Sie kein Telefon bedienen.«

»Überprüfen Sie doch mal Ihren Anrufeingang, Shanti«, schlug er vor.

Shanti warf einen Blick aufs Display. Caine hatte sieben Mal angerufen, Mum zwei Mal.

Sie unterdrückte ihre betrunkene, genervte Hälfte und zwang sich, die andere Hälfte, die Polizistin in ihr, zu aktivieren.

»Herrje, dann bringen Sie mich mal schnell auf den neuesten Stand. Der Bericht war offensichtlich so wichtig, dass Sie bei Minustemperaturen eine Wanderung querfeldein unternommen und mich durchs Fenster beobachtet haben.«

»Finch wurde vergiftet.«

»Vergiftet? Womit?«

»*Conium maculatum,* allgemein als Gefleckter Schierling bekannt.«

»Und was zum Teufel ist Gefleckter Schierling?«

»Schierling ist eine krautige Blühpflanze, die vorzugsweise in diesen Gefilden wächst. Sie bevorzugt lehmige, nährstoffreiche Böden, weshalb man sie häufig auf Brachen, an Gräben oder Ackerrainen findet. Ihr Kraut sieht aus wie Petersilie, die Wurzeln ähneln Sellerie oder wilden Möhren. Sie sind jedoch hochgiftig.«

»Finch ist an Möhren gestorben?«

»Gefleckter Schierling enthält ein tödliches Gift, Coniin genannt, welches grauenvolle Auswirkungen auf das Nervensystem hat. Das Opfer entwickelt muskuläre Lähmungserscheinungen, was bedeutet, dass es bis zum Schluss klar denken und empfinden, sich aber nicht bewegen kann. Der untere Teil des Pflanzenstiels ist rot gefleckt, die Flecken werden allgemein als ›Sokrates' Blut‹ bezeichnet. Sie erinnern sich an Sokrates?«

»Den Fußballspieler?«

»Den griechischen Philosophen. Er wurde gezwungen, Schierling zu trinken. Soweit ich weiß, musste der arme alte Sokrates so lange herumlaufen, bis seine Beine taub wurden. Er gab dabei allerlei weise Dinge von sich, dann ist er qualvoll verendet.«

»Ich nehme an, Sie haben ein paar dieser Weisheiten auf Lager?«

»Sicher. Möchten Sie, dass ich …«

»Nein, im Augenblick nicht. Herrgott, Caine, wo speichern Sie all diese nutzlosen Informationen?«

»Sie sind nicht alle nutzlos, Shanti …«

»Mir ist gerade etwas eingefallen«, unterbrach sie ihn nachdenklich.

»Ja?«

»Etwas, was Sky gesagt hat. ›Zum ersten Mal in der Geschichte sind die Menschen pflanzenblind geworden‹ – oder so ähnlich. Ich habe das Gespräch aufgenommen.«

»Ja, ich erinnere mich ebenfalls. Sie sagte, unsere Vorfahren hätten die Landschaft lesen können wie die Speisekarte in einem Restaurant. Es hat mich verblüfft, einen solchen Satz aus dem Mund einer Vierzehnjährigen zu hören.«

»Soweit ich weiß, hat sie die Worte ihrer Mutter wiedergegeben. Außerdem hat sie erwähnt, dass Constanza ihr von frühester Kindheit an beigebracht hat, in der Natur nach Nahrung zu suchen.«

»Sie kennt sich aus mit Pflanzen, weiß, welche heilen und welche töten.«

»Ach, kommen Sie«, sagte Shanti. »Denken Sie wirklich, Sky könnte …?«

»Niemals. Das ist schlichtweg unvorstellbar.«

»Was ist mit Constanza?«

»Constanza hat Finch vergöttert. Sie haben mit ihr gesprochen. Sie war todunglücklich.«

»War sie das, Caine? Soweit ich mich entsinne, hat sie seinen Tod geleugnet. Reagiert man so, wenn jemand, den man liebt, brutal ermordet wird?«

»Keine Ahnung. Ich möchte mir das lieber nicht vorstellen.« Er sah sie an und schauderte. »Aber es bringt mich zu der Frage, was der arme Finch in den letzten Stunden seines Lebens wohl durchgemacht hat.«

»Sie meinen, dass er zwar bewegungsunfähig, aber noch bei vollem Bewusstsein gewesen sein könnte, als man ihm die Kehle durchtrennt hat?«

»Nun, das werden wir wohl nie erfahren.«

»Richtig«, pflichtete Shanti ihm bei. »Da gibt es einiges zu verdauen. Schlafen wir erst mal darüber. Springen Sie in den Wagen, ich fahre Sie zurück zu Ihrer Hütte.«

»Das ist nicht nötig, Shanti. Ich möchte nicht, dass Sie sich Sorgen um mich machen. Außerdem haben Sie etwas getrunken …«

»Wie bitte? Oh, ja, natürlich.«

Morgen würde sie einen schrecklichen Kater haben, der jetzt schon seine Krallen nach ihr ausstreckte.

»Es ist zudem gut zu laufen, wenn man versucht, sich über gewisse Dinge klar zu werden«, sagte Caine niedergeschlagen.

Sie gab ihm seinen Mantel zurück. »Werden Sie sich nicht einsam fühlen, Caine?«

»Ich bin es gewohnt, allein zu sein. Außerdem haben Sie vollkommen recht: Ich habe kein Recht, hier zu sein, genauso wenig wie ich das Recht habe, Sie mit meinen Gefühlen zu belästigen.«

Er drehte sich zur Hochebene um. *Seid ihr lüstern oder gierig, lasst das Objekt eurer Begierde los …*

»Nun kommen Sie schon. Sie sind kindisch!«

Er lächelte matt.

Sie betrachtete sein unrasiertes Gesicht, und zum ersten Mal während dieser Ermittlungen wurde ihr klar, was sie die ganze Zeit über gewusst hatte, sich aber nicht hatte *be*wusst machen wollen, weil es die Dinge so verdammt kompliziert gemacht hätte: Caine war nervig, so viel stand fest. Er war nicht einmal attraktiv, wie Troy es war. Doch er hatte etwas an sich, was sie einfach nicht ignorieren konnte. Ihr Sohn Paul vergötterte ihn, und sie wusste, warum. Der Mann war echt. Authentisch. Ein Mensch aus Fleisch und Blut mit echten Emotionen. Wenn er traurig war, weinte er. Wenn er glücklich war – und das war die meiste Zeit der Fall –, lächelte er. Und wenn er etwas für jemanden empfand, konnte er seine Gefühle einfach nicht verbergen.

»Wir sehen uns beim Frühstück, Shanti. Dürfte ich wohl etwas Unprofessionelles äußern?«

»Setzen Sie es auf die Liste. Sie haben heute Nacht schon jede Menge unprofessionelle Dinge gesagt.«

»Das Kleid ist absolut umwerfend. Sie sehen wunderschön aus. Wie ein Rubin im Schnee.«

»Klar. Übertreiben Sie es nicht, Caine.«

»Ich werde Ihnen helfen, den Fall zu lösen, und anschließend muss ich gewisse Dinge klären. Sie wissen schon … Familienangelegenheiten. Auf dem Weg hierher ging mir immer wieder ein Lied durch den Kopf. Ich bekomme es einfach nicht aus meinen Gedanken!«

»Sollte es *You're Beautiful* sein, möchte ich es gar nicht erst wissen.«

»Es ist *Father and Son,* von Cat Stevens.«

»Gute Nacht, Caine.«

»Gute Nacht, Shanti.«

Er ging zu einem Zauntritt, der halb von einer schneebedeckten Hecke verborgen war. Als er darüberstieg, um auf den Fußweg dahinter zu gelangen, sah sie sein Profil, das sich vor dem hellen Mondlicht abzeichnete: ein hochgewachsener Mann, dessen Haare im Wind flatterten, genau wie seine Ohrenklappen und Mantelschöße.

»Oh, einen Augenblick noch. Ich hätte es fast vergessen …« Er kam zu ihr zurück und öffnete seinen Leinenbeutel.

»Was denn?«

»Ich habe Ihre Decke gewaschen.«

Sie sah ihn fragend an.

»Die Sanitärräume im Besucherzentrum bieten ungeahnte Möglichkeiten.«

Er reichte ihr die alte Decke aus dem Saab, sauber, trocken und ordentlich gefaltet.

Als sie zum Gasthof zurückkehrte, hätte sie sie am liebsten ans Gesicht gedrückt und geweint.

Kapitel fünfundzwanzig

WIE DIE STEINZEITMENSCHEN SCHWERE GEWICHTE HOBEN

Die Rabenvögel waren unruhig, als sie sahen, wie er den über die Zeiten erhabenen Steinkreis durchquerte.

Dort drüben erhob sich Dawns Turm, hoch und bedrohlich unter dem Auge des Mondes. Das Polizeiband flatterte im Wind.

Während er gleichmäßig einherschritt, ging Caine hart mit sich ins Gericht. Eifersucht war das niedrigste aller Laster, doch Shanti mit diesem Mann tanzen zu sehen, hatte ihm das Herz zerrissen.

Stonehenge bei Nacht erinnerte ihn an eine andere tragische Liebesgeschichte: die Schlüsselszene in *Tess von den d'Urbervilles* von Thomas Hardy, in der Tess auf einem steinernen Altar schläft, während Angel Clare ein letztes Mal ihre Hand hält, bevor sie fortgeschleppt wird, um ein grässliches, für Hardy typisches Ende zu erleiden.

Obwohl das Gelände nicht länger abgesperrt war, hatte Benno sechs uniformierte Kollegen abgestellt, die heute Nacht Wache schieben sollten – eine Vorsichtsmaßnahme wegen des dreisten Flüchtigen, der die Steinzeitwaffe in Dawns Van deponiert hatte.

Caine sah zwei Gespanne um das Monument patrouillieren, während das dritte Gespann im Van Tee trank. Er ging an ihnen vorbei und hob grüßend die Hand. Bildete er sich das nur ein, oder lachten sie tatsächlich über ihn?

Als er die mondbeschienene Straße erreichte, die zum Besucherzentrum führte, kam Caine zu dem Schluss, dass Shanti recht daran getan hatte, ihn zurechtzuweisen: Sie war in der Tat eine freie, unabhängige Frau, nicht etwas, was er besitzen konnte.

Sie hatte in so vielen Dingen recht – auch, wenn sie seine unbestreitbare Tendenz, allein auf seine Instinkte zu vertrauen, infrage stellte. Ned zum Beispiel – konnte es sein, dass Caines automatische Unschuldsüberzeugung auf etwas so Naivem beruhte wie der Tatsache, dass er den Professor als Teenager vergöttert hatte? Während er einen Fuß vor den anderen setzte, stiegen Zweifel in ihm auf. War es möglich, dass der alte Mann gar nicht so aufrichtig war, wie er, Caine, dachte? Vor seine Augen trat das grauenhafte Bild eines Wilden, der mit einer Feuersteinschneide auf seine Kehle einhieb, während er schlief.

Und nun wusste er auch wieder, woher sein Wissen über Schierling und obskure Substanzen wie Coniin rührte. In einer Folge von *Unsere Nachbarn aus der Jungsteinzeit* hatte ein jüngerer, sehr viel selbstbewussterer Ned über die alte Kunst des Sammelns von Nahrung gesprochen. Der Teenager Caine hatte seine Ausführungen äußerst interessiert verfolgt und aufmerksam Tulls Warnungen vor einer Reihe von Pflanzen zur Kenntnis genommen, von denen Schierling die berüchtigste war.

Caine marschierte entschlossen über die mondhelle Straße und fing an, sowohl seine Intuition als auch sein Urteilsvermögen infrage zu stellen. Am Abend hatte er zum Beispiel eine weitere von Tulls selbst gekochten Mahlzeiten zu sich genommen. Er mochte sich gar nicht vorstellen, wie es vor Gericht aussehen würde, sollte sich herausstellen, dass der Professor tatsächlich etwas mit dem Verbrechen zu tun hatte. DI Vincent Caine, der Polizist, der in der Rundhütte des Hauptverdächtigen übernachtet und mit ihm gegessen hatte! Das würde er nicht überleben. Vielleicht war er einfach schrecklich naiv. Vielleicht lachten ihn die anderen Cops deswegen aus.

Neds Suppe hatte gut geschmeckt. Da er nun wusste, dass Caine

Vegetarier war, hatte er Hülsenfrüchte, Kräuter und frisches Wintergemüse verwendet und ihm die Suppe kochend heiß in einer Tonschale serviert. Doch es war nicht das fehlende Fleisch, das Caine beschäftigte, vielmehr beunruhigte ihn die Frage, ob es denkbar war, dass Tull ihm etwas ins Essen getan hatte. Verspürte er etwa ein leichtes Ziehen im Bauch, als er sich nun den warmen Lichtern des Besucherzentrums näherte? Oder waren es erste Lähmungserscheinungen, die sich in seinen Gliedern bemerkbar machten?

Wie viele Meilen hatte er in den letzten vierundzwanzig Stunden zu Fuß zurückgelegt?

Der Schnee unter seinen Füßen knirschte, als er auf die Rückseite des Gebäudes zustrebte. Sein Blick fiel auf eine Reihe Mülltonnen mit hohen weißen Hauben, die an eine in der Bewegung erstarrte Militärparade erinnerten. Ein Stück weiter hinten befanden sich die Lagereinheiten. Jede Tür war mit einem Zahlenschloss versehen. Caine erinnerte sich, dass das Lager ganz am Ende Tull gehörte.

Der Code hatte sich dem Professor unauslöschlich ins Gedächtnis eingeprägt, denn es handelte sich um die Ziffern des Datums, an dem sein Sohn verschwunden war. Doch wie um alles in der Welt lautete dieses Datum? Shanti hatte es während der Befragung von Tull aufgezeichnet, aber er wollte sie nicht noch einmal stören. Caine konzentrierte sich. Tulls Sohn war achtzehn gewesen, als er verschwand – im selben Alter wie Caine damals. Es musste also 2007 passiert sein. Talin und seine holländische Freundin waren nicht mehr vom Sammeln zurückgekehrt – vermutlich im August.

Caine tippte die Ziffern 010807 ein.

Dann probierte er es mit 020807.

030807.

Als er es mit 040807 versuchte, sprang das Schloss auf.

Caines Finger ertasteten den Lichtschalter innen an der Betonmauer. Er stellte sich vor, wie sehr Tull es verabscheuen würde, wenn die Neonröhren flackernd zum Leben erwachten. Caine blinzelte gegen das grelle Licht an. Er befand sich in einem eiskalten Raum mit hoher Decke, der an ein kleines Warendepot erinnerte. Industrieregale waren so aufgestellt, dass sie schmale Gänge bildeten. In den Regalen befanden sich unzählige transparente Boxen. Zwei davon waren mit Dutzenden verblasster Bücher gefüllt: Tulls Autobiografie mit dem Titel *Vergessene Techniken der Jungsteinzeit – Die Kunst der Feuersteinbearbeitung*, einst ein Bestseller, mittlerweile längst vergessen.

In den anderen Kisten entdeckte Caine verschiedene prähistorische Artefakte, darunter auch mit kunstvollen Mustern versehene Töpfe, zusammengefaltete Felle und Tierhäute, Werkzeug aus Knochen und Geweihen, und, wie er mit einem Schaudern feststellte, unverarbeitete Knochen und uralte Schädel.

Caine öffnete weitere Plastikboxen und stieß auf Dutzende Werkzeuge aus Feuerstein, einschließlich handgemachter Beile, die dem sehr ähnlich waren, mit dem man dem Ilexkönig die Kehle durchtrennt hatte.

Und endlich, im hintersten Winkel der Lagereinheit, wurde er mit etwas konfrontiert, was seine Überzeugungen auf den Kopf stellte wie der gehäutete Hase, der in der Rundhütte an den Hinterläufen von der Decke hing. Es handelte sich um ein gewaltiges Objekt, das beinahe bis zur Decke reichte. Gefertigt aus behauenen Baumstämmen und gewebten Seilen, handelte es sich praktisch um die Nachbildung eines neolithischen Krans, fähig, einen riesigen Sarsenstein mit vielen Tonnen Gewicht zu heben.

Es war durchaus denkbar, damit den reglosen Körper eines großen Mannes auf einen sieben Meter hohen Deckstein zu verfrachten.

Caine durchforstete gerade sämtliche Taschen auf der Suche nach seinem Handy, um Fotos von dem Kran zu machen, als er plötzlich ein Geräusch hinter sich vernahm – das leise Tappen von Tierhautstiefeln auf dem Betonboden. Er drehte sich um und sah sich Professor Tull gegenüber, der nichts anderes am Leib trug als seine handgenähten Stiefel und einen Lendenschurz aus Ziegenhaut. Er schwang ein erhobenes Feuersteinbeil.

Mit zornfunkelnden Augen kam er auf Caine zu.

»Wir müssen reden, Ned«, sagte Caine sanft. »Nehmen Sie das Beil runter.«

Es war, als würde der alte Mann aus einem Traum erwachen. Verwirrt betrachtete er die Waffe, man konnte fast meinen, er sähe sie zum ersten Mal. Behutsam nahm Caine ihm das Beil aus der Hand und legte es ins Regal.

»Ich dachte, Sie wären ein Eindringling«, sagte Tull. »Jemand, der sich unbefugt Zutritt verschafft hat, um meine Sachen zu stehlen und mir die Schuld in die Schuhe zu schieben für etwas, was ich nicht getan habe.«

»Ihnen muss doch kalt sein«, sagte Caine. »Lassen Sie uns in die Rundhütte zurückkehren. Wenn Sie nichts dagegen haben, würde ich Ihnen gern ein paar Fragen stellen.«

Als würde er den Rosenkranz beten, spielte der sehnige alte Mann mit den Perlen in seinem geflochtenen Bart.

»Wenn Sie möchten. Ich konnte ohnehin nicht schlafen. Zu viele Gedanken.«

»Was wühlt Sie derart auf, Ned?«

»Was denken Sie denn? Der tote Mann auf dem Stein. Die Vorstellung, das Julfest mit Pamela und den Kindern zu verbringen. Und Talin. Ich werde Talin nie vergessen.«

Caine legte die Hand auf Neds knochigen Rücken, führte ihn aus der Lagereinheit hinaus und durch den verharschten Schnee zum Rundhaus. Als er sich durch die niedrige Türöffnung duckte, stieg ein Gefühl tiefer Dankbarkeit in ihm auf für die Wärme, die ihm entgegenschlug.

»Ich hoffe, meine Frage klingt nicht grob, Ned, aber haben Sie Finch umgebracht?«

Der Professor sah ihn bestürzt an. »O nein, nicht auch noch Sie! Ich dachte, wir wären Freunde.«

»Ich will ehrlich zu Ihnen sein«, sagte Caine. »In diesem Fall begegne ich vielen Dingen, die ich nicht verstehe. Erzählen Sie mir von dem Hebegerät dort hinten im Lager. Es ist riesig, Ned, und es ist eine wunderschöne Arbeit.«

»Danke. Die alten Eichenstämme wurden mit Äxten aus Geweihen behauen. Auch die Seile und Räder sind ausschließlich aus Materialien gefertigt, die den Menschen damals zur Verfügung standen.«

»Aber wozu dient es?«

»Ich dachte, das läge auf der Hand – es ist ein Flaschenzug für schwere Gewichte.«

»Wie zum Beispiel für den Körper eines großen Mannes?«

»Oh, ich verstehe, worauf Sie hinauswollen. Sie denken, ich hätte meine Maschine benutzt, um den armen Finch auf den Trilithen zu hieven. Hören Sie, Caine, ich habe die Vorrichtung gebaut, um zu verstehen, wie man einen Sarsenstein mithilfe uralter Technik bewegen konnte. Das gute Mädchen kann bis zu fünfunddreißig Tonnen heben. Ich habe das Experiment mithilfe der Soldaten aus der hiesigen Kaserne Dutzende Male durchgeführt.«

»Sie verstehen aber mein Dilemma?«, vergewisserte sich Caine. »Der Mörder hat vermutlich etwas Ähnliches benutzt, um den armen Finch dort hinaufzubefördern.«

»Um ehrlich zu sein, bin ich enttäuscht von Ihnen, Vincent. Ich dachte, Sie zählten zu den klügeren Vertretern Ihres Fachs. Haben Sie im Schnee irgendwelche Spuren von den Rädern entdeckt?

Natürlich nicht. Wurde meine Apparatur seit letztem Sommer benutzt? Natürlich nicht. Sie klingen ein wenig verzweifelt, wenn ich das mal so sagen darf.«

»Noch eine weitere Frage, Ned …«

»Ja?«

»Sie sind ein kompetenter Sammler, richtig?«

»Ein, zwei Dinge weiß ich schon«, räumte der Professor ein und widmete sich seiner regelmäßigen Routine, Tee aus getrockneten Kräutern und Pflanzen zu kochen.

»Würden Sie mir sagen, welche giftigen Pflanzen auf der Hochebene vorkommen?«

»Da haben Sie freie Auswahl«, antwortete er und schüttete kochendes Wasser in zwei Schalen. »Zunächst einmal wären da die Misteln, außerdem gibt es jede Menge äußerst stimulierender Pilze. Nachtschatten ist tödlich, genau wie Fingerhut, Bärenkralle, Schierling …«

»Okay, das genügt. Hatten Sie jemals einen Grund, irgendwem diese Substanzen zu verabreichen?«

Caine nahm Tull eine dampfende Schale ab.

»Warum um alles in der Welt sollte ich das tun? Ich würde niemals jemandem etwas geben, was eine Gefahr für seine Gesundheit darstellt – davon abgesehen, haben diese Pflanzen selbstverständlich auch eine medizinische Wirkung. Allerdings dürfen sie nur mit äußerster Vorsicht eingenommen werden und normalerweise nur in winzigen Mengen.«

»Wer kennt sich in dieser Gegend sonst noch mit Pharmakologie aus?«, wollte Caine wissen. »Die Druiden?«

»Hören Sie mir mit dem Pack auf. Bitte, Vincent – darf ich Ihnen etwas auf möglichst höfliche Weise zu verstehen geben?«

Caine rührte etwas wilden Honig in seinen Tee und nippte vorsichtig daran.

»Selbstverständlich.«

»Ich habe Sie bei Ihren Ermittlungen beobachtet. Sie quälen sich ziemlich, nicht wahr?«

»Wir stehen noch ganz am Anfang, Ned, da müssen wir jeder Spur nachgehen.«

»Hätten Sie mich von Anfang an um Hilfe gebeten, wäre der Fall längst gelöst. Ich kenne Stonehenge besser als jeder andere.«

»Wollen Sie damit andeuten, Sie wissen, wer Finch ermordet hat?«

»Das möchte ich nicht behaupten, ich sage lediglich, dass Sie die Sache völlig falsch angehen. Meiner Meinung nach machen Sie und Ihre beste Freundin bei Ihrer Suche nach dem Mörder einen fundamentalen Fehler. Möchten Sie Näheres erfahren? Sind Sie jetzt bereit, zuzuhören?«

»Natürlich bin ich das, Ned. Ich kann es kaum erwarten zu erfahren, was Sie zu sagen haben.«

»Einverstanden, ich helfe Ihnen. Das Einzige, worum ich Sie bitte, ist, dass ich mich hinlegen darf, während wir reden. Es ist schon spät. Ich friere und ich bin müde. Und in ein paar Stunden wird man mich ins einundzwanzigste Jahrhundert zwingen.«

Ned Tull ging zu seinem Bett und legte sich erschöpft unter die Felle.

Und von da an bis in die frühen Morgenstunden hing Caine an den Lippen seines ehemaligen Mentors.

Kapitel sechsundzwanzig

EIN PARALYSIERTER HUND

Shantis Nerven lagen blank.

Als Benno in der Einsatzzentrale einen Donut futterte, hatte sie das Gefühl, von jedem einzelnen Zuckerkörnchen provoziert zu werden, ganz zu schweigen von Bennos übermäßig lauten Kaugeräuschen.

Der Tag hatte nicht gut begonnen. Nachdem sie mehrfach die Schlummertaste ihres Weckers gedrückt hatte, war sie schließlich die Treppe hinunter in die Lounge Bar gestolpert und hatte an einem der eilig aufgestellten kleinen Tische Platz genommen. Die Bühne und die Glitzerkugel unter der Decke hatten sie auf unschöne Weise an den gestrigen Abend erinnert.

Sie hatte das »Full Stonehenge«-Frühstück zugunsten von süßem, schwarzem Kaffee abgelehnt und dem fetten Paparazzo, der sie fragte, ob er sich zu ihr setzen dürfe, einen ebenso schwarzen, aber weitaus weniger süßen Blick zugeworfen.

Jetzt musste sie an etwas denken, was ihr der übermäßig körperbetonte Troy ins Ohr gebrabbelt hatte: »Ich verrate Ihnen ein kleines Geheimnis: Wenn Sie nur beim besten Champagner bleiben, bekommen Sie keinen Kater. Glauben Sie mir, Shantala – Sie werden aus dem Bett springen wie ein junges Fohlen.«

Die grellen Blitze, die hinter ihren Augenlidern zuckten, straften seine Worte Lügen.

Wenn sie sich schon beduselt fühlte, in welchem Zustand mochte er sich dann erst befinden? In der Zeit, in der sie ein Glas geleert hatte, hatte McAble vier gekippt, und sie war bereits geflüchtet, als die Nacht noch jung war.

Wäre da nicht die Flut von Hinweisen, die der Major den Abend über ausgespuckt hatte, hätte sie ihren Termin in zwei Stunden liebend gern gecancelt.

Doch trotz allem – ihrem permanenten Scheitern als Mutter, der drohenden Last von Weihnachten, ihrem verunglückten Liebesleben – spürte sie eine gewisse entschlossene Vorfreude in sich aufsteigen. Wie Caine richtig bemerkt hatte, hatten verworrene Fälle wie dieser die Eigenschaft, sich rasend schnell zu entwickeln. Heute war der entscheidende Tag, das spürte sie in den Knochen. Und sie hoffte inständig, dass ihr Gefühl sie nicht trog, denn morgen war Heiligabend und Paul kurz davor zu vergessen, dass er überhaupt eine Mutter hatte.

Ihre Gereiztheit nahm noch zu, als ihr Blick auf Bennos Praktikantin fiel. Masako saß selbstsicher und schlank neben ihm, auf ihren Laptop fixiert. Sie sah aus, als käme sie frisch aus einem Spa.

Hinter den riesigen Fenstern der Kantine herrschte dichtes Schneegestöber. Sie konnte Caine an der Schranke stehen sehen. Er war dabei, sich von Tull zu verabschieden – er half dem Wilden sogar dabei, handgefertigte Geschenke in den Peugeot seiner Tochter zu verladen. Caine würde ihr morgendlicher Terminplan gar nicht gefallen.

Nach einer Weile testete sie vorsichtig ihre Stimme: »Bilde ich mir das nur ein, oder sind heute Morgen weniger Medienfuzzis zugegen?«

»Ja, Chefin, den Eindruck hatte ich auch«, sagte Benno und schaufelte Zucker in seinen Kaffee, als wäre er stolzer Besitzer von Zuckeraktien. »Meiner Schätzung nach weniger als die Hälfte.«

»Woran könnte das liegen, Benno?«

»Ich nehme an, jeder Mensch hat ein Recht auf Freizeit. Darf ich mir eine Bemerkung erlauben, Chefin?«

»Es wäre mir lieber, du würdest dir deine Bemerkung verkneifen, Benno.«

»Wir alle bewundern deine Beharrlichkeit. Ehrlich. Aber auch du brauchst eine Pause, genau wie wir alle. Soweit ich es beurteilen kann, schadet es nicht, die Ermittlungen für ein paar Tage auszusetzen.«

»Ich schlage vor, du behältst dein Urteil für dich, zumal du es warst, der mich zu diesem psychopathischen Weihnachtsspiel eingeladen hat. Nur für den Fall, dass du es vergessen hast: Der Mörder hat sich keineswegs zur Ruhe gesetzt, er wartet garantiert nur darauf, erneut zuzuschlagen. Aber um ehrlich zu sein, verstehe ich nicht ganz, warum du heute Morgen hier aufgekreuzt bist. Du wirkst auf mich wie ein Mann, der sich für eine Partie Scrabble und ein Nachmittagsschläfchen bereit macht.«

Benno ertrug ihre schlechte Laune kommentarlos. Er war bekannt für seine Geduld, selbst mit den provokantesten Sträflingen.

»Dawn hat mich gebeten, den Abbau des Turms zu beaufsichtigen. Oh, außerdem müsstest du offiziell den Tatort freigeben, wenn du Zeit dafür hast.«

»O Mann, jetzt warte doch mal eine verdammte Minute. Warum wird der Turm abgebaut? Woher wissen wir, dass wir nicht weiteres Beweismaterial finden? Außerdem ist noch nicht hundertprozentig geklärt, ob es sich um einen Tatort oder bloß um den Leichenfundort handelt.«

»Dawn meint, sie habe alles, was sie braucht.«

»Ja, aber was schadet es, wenn wir die Absperrung einfach bis nach Weihnachten lassen?« Sie sah Benno fragend an. »Ah, hier geht es um die Ressourcen, stimmt's? Wir haben nicht genügend Kollegen, die das Gelände bewachen. Und natürlich spielen auch die Kosten für die Gerüstmiete eine Rolle.«

»Es wäre kosteneffizienter, GoodGuys mit der Überwachung zu beauftragen, das ist richtig. Meiner Beurteilung nach … entschuldige, ich meine, je schneller wir diesen Turm abbauen, desto besser, Chefin. Er kann jeden Moment umgeweht werden, und ich möchte nicht den Papierkram erledigen müssen, wenn die Steine Schaden nehmen.«

»Ja, ja, ich verstehe, was du meinst. Die Zerstörung antiker Artefakte kommt gar nicht gut an.«

»Zu deiner Beruhigung, Chefin: Du kannst dir sicher sein, dass wir alles ein letztes Mal vollständig und gründlich absuchen werden, sobald die Zelte und Trittplatten entfernt sind.«

»Okay, Benno. Du und Dawn, ihr wisst, was ihr tut.«

»Danke, Chefin. Möchtest du deinen Donut nicht essen?«

Sie schob das zuckersüße Gebäck in seine Richtung.

Draußen am Tor tauschte Caine einen warmen Händedruck mit Tull, was sie noch mehr auf die Palme brachte.

»Ich habe eine kleine Aufgabe für Sie, Masako«, sagte sie daher. »Vorausgesetzt, Sie wollen mich nicht auch im Stich lassen wie Benno.«

»Also, ich bin für Sie da, solange Sie mich brauchen«, erwiderte die fleißige Praktikantin. Ihre Begeisterung sprühte Funken wie ein Feuerstein.

»Es wäre nett, wenn Sie sich einen alten Vermisstenfall noch einmal ansehen würden. 2007, wenn ich mich richtig erinnere. Ein junger Mann namens Talin Tull und seine holländische Freundin verschwanden von hier, ohne irgendeine Spur zu hinterlassen. Der Fall wurde nie gelöst.«

Blitzschnell glitten Masakos Daumen über die Handytastatur.

»Es ist mir eine Freude, DI Joyce. Gehe ich richtig in der Annahme, dass Talin mit Professor Tull verwandt ist?«

»Er ist sein Sohn, ja. Der lange verschollene Bruder jener Dame dort drüben.«

Sie deutete auf Aylin Tull, die so normal wirkte wie eine Mutter, die ihr Kind von der Schule abholte. Um die dreißig, mit einer schmalen Brille, die Haare zu einem ordentlichen Knoten geschlungen. Ihre Kids hüpften aufgeregt um den Peugeot herum, offensichtlich erfreut, ihren unkonventionellen Großvater begrüßen zu können, der auf dem Beifahrersitz Platz nahm. Sein beklommener Gesichtsausdruck war bis hierher zu erkennen.

Als der Wagen vom Gelände fuhr, winkte Caine Tull nach.

O nein, das, was sie vorhatte, würde ihm gar nicht gefallen.

Sie sah, wie er auf die automatischen Schiebetüren zustrebte. Es war unfair, dachte sie, dass ihm das strähnige Haar und der Viertagebart mit einem leichten Anflug von Grau standen, auch wenn er genauso mitgenommen aussah, wie sie sich fühlte.

»Entschuldigen Sie bitte …« Shanti drehte sich um und sah eine stämmige Frau in GoodGuys-Uniform, die einen großen Schlüsselring in der Hand hielt. »Es tut mir leid, aber wir schließen jetzt ab.«

»Sie schließen ab?«, fragte Shanti. »Alles?«

Die Frau nickte. »English Heritage hat uns gebeten, das Besucherzentrum über Weihnachten dichtzumachen. Ihre Kollegin« – sie nickte Masako zu – »muss auch gehen.«

»Aber … das ist unsere Einsatzzentrale …«

»Das verstehe ich. Ich befolge allerdings nur die Anweisungen.«

»Wusstest du das, Benno?«

»Ja, Chefin. Masako wird nach Hause fahren, doch sie ist durchgehend erreichbar und natürlich jederzeit bereit, wieder herzukommen.« Er wandte sich an die Securitymitarbeiterin. »Wäre es möglich, dass Sie uns noch zehn Minuten geben, damit wir die Besprechung zu Ende bringen können?«

Die Frau nickte erneut, dann durchquerte sie die Kantine und blieb an der Tür stehen, wo sie mit den Schlüsseln klapperte wie eine Gefängniswärterin.

»Das ist doch lächerlich«, sagte Shanti.

»Fairerweise muss man einräumen, dass English Heritage sich unglaublich entgegenkommend gezeigt hat«, wandte Benno ein. »Wusstest du, dass sie sogar die Kosten für die Erfrischungen des gesamten Teams übernommen haben?«

»Aha. Trotzdem brauchen wir eine Einsatzzentrale …«

»Ja. Sie haben sich bereit erklärt, uns hereinzulassen, sollte es über die Weihnachtsfeiertage irgendwelche bedeutenden Entwicklungen geben. Das ist es ja, was dir alle begreiflich zu machen versuchen, Chefin: Lass uns fürs Erste einpacken und nach dem Fest weitermachen.«

Er stand auf und wischte sich Zucker von seiner Uniform.

»Vergiss es«, sagte Shanti. »Es ist mir egal, und wenn ich der letzte Mensch an diesem Ort bin – ich gebe erst dann Ruhe, wenn der Täter hinter Gittern ist.«

»Ich bin ja auch noch da«, sagte Caine und trat an ihre Seite.

»Und denk dran, Chefin, ich bin weniger als eine halbe Stunde entfernt«, sagte Benno. »Du kannst mich Tag und Nacht anrufen. Ach ja, ich habe dir ein hübsches Wichtelgeschenk im Präsidium hinterlegt.«

»Ja, ja, klar, Benno«, sagte Shanti wehmütig. »Alles Gute für die Familie.«

Als der große Mann und das schlanke Mädchen das Gebäude verließen, erhellte die Morgensonne den großen Raum und die Welt draußen. Sie verströmte einen Optimismus, den Shanti nicht verspürte.

»Es wird ein wunderschöner Morgen«, sagte Caine mit viel zu lauter Stimme.

»Dafür sehe ich keine Beweise. Ich fasse es nicht, Caine. Benno hat mich im Stich gelassen. Selbst Ihr Professor Tull, der – sehen

Sie den Tatsachen ins Gesicht – unser Hauptverdächtiger bleibt, selbst Tull darf Zeit mit seiner Familie verbringen.«

»Wie bereits erwähnt, ich bleibe bis zum Schluss bei Ihnen.«

»Hören Sie auf, so etwas zu sagen. Wir haben viel zu tun. Ich dachte, wir fangen damit an, uns in Tulls Lager umzusehen.«

»Das habe ich schon gestern Nacht erledigt.«

»Nun, dann eben in seiner Hütte. Ist sie verschlossen?«

»Nein. Es gibt kein Schloss. Ned hat mir freundlicherweise gestattet, so lange wie nötig darin zu wohnen. Sie werden nichts finden, Shanti, das garantiere ich Ihnen.«

Als Shanti aufstand, hatte sie den Eindruck, die Migräne habe die ganze Zeit über nur ein paar Zentimeter über ihrem Kopf gelauert und mache sich jetzt mit aller Wucht darin breit.

»Ich muss zugeben, ich hatte letzte Nacht auch Bedenken wegen Ned«, räumte Caine ein, als er Shanti in die Jacke half und sogar ihre Tasche unter dem Tisch hervorzog.

»Ach …«, sagte Shanti.

»Allerdings kann ich Ihnen versichern, dass ich ihn endgültig von unserer Verdächtigenliste gestrichen habe.«

»Das ist sehr beruhigend«, erwiderte sie sarkastisch. Sie gingen auf die Schiebetür zu. Caine lächelte die GoodGuys-Frau an, während Shanti ihr einen finsteren Blick zuwarf.

»Warum hatten Sie denn überhaupt Bedenken wegen Tull?«, fragte Shanti, kniff die Augen vor der gleißenden Helligkeit zusammen und durchsuchte ihre Handtasche nach der Sonnenbrille.

»Das ist ein bisschen zu kompliziert, um es auf die Schnelle zu erklären.«

»Gott sei Dank.«

»Nur so viel: Wir sind die ganze Nacht wach geblieben, damit er mir seine Theorie, diesen Fall betreffend, erläutern kann. Das hat mich dazu gebracht, all unsere Ansätze noch einmal zu überdenken. Ach, übrigens, er hat für Paul ein Geschenk dagelassen.«

»Er hat *was?*«

»Ned hat sich daran erinnert, dass Sie einen Sohn haben, also hat er auch für ihn ein Julgeschenk angefertigt. So ist er nun mal, Shanti.«

»Ja. Natürlich. Sie wissen schon, dass es ein schwerwiegender Verstoß gegen das Protokoll ist, Geschenke von einer Person von besonderem polizeilichem Interesse entgegenzunehmen?«

»Er ist ein guter Mann, Shanti. Außergewöhnlich, ja. Aber er hat nichts zu verbergen.«

»Das werden wir ja sehen«, murmelte Shanti, als sie zum hinteren Teil des Ausstellungsgeländes schlenderten, wo weitere Mitarbeiter von GoodGuys in dicken Mänteln und Sturmhauben mehrfach die Schlösser an den Türen überprüften.

»Ich möchte Ihnen mitteilen, dass es mir leidtut wegen gestern Abend«, sagte Caine leise. »Ich weiß, dass mein Verhalten …«

»Was?«

»… ungeschickt war. Unüberlegt. Ich hoffe, Sie hatten Spaß.«

»Vergessen Sie's.«

»Allerdings …«

»Allerdings was, Caine?«

»Finden Sie wirklich, dass er ihm steht?«

»Dass wer wem steht?«

»Der Schnurrbart. Denken Sie nicht, er ist ein bisschen …«

Sie betraten das neolithische Dorf. Tulls Rundhütte war als einzige frei von Schnee. Caine stieß die kleine Tür auf, und Shanti folgte ihm ins dämmrige Innere, wo ein Feuer auf dem gestampften Kreideboden glühte.

»Herrjemine!«, stieß sie verblüfft hervor. »Das ist sehr …«

»… steinzeitlich«, ergänzte Caine.

»Nun, es ist verflucht dunkel.«

»Ihre Augen werden sich daran gewöhnen. Soll ich uns einen Tee kochen?«

»Vergessen Sie den Tee. Wir bleiben eh nicht lange, zumal ich ständig daran denken muss, dass heute unser letzter Tag in Stonehenge ist. Ich hoffe, es wird ein ganz großer …«

Caine bückte sich, um das Feuer wieder zu entfachen, während Shanti ihre Handytaschenlampe auf die gewölbten Wände und die grob behauenen Möbel und primitiven Utensilien richtete.

»Ist das nicht wundervoll?«, fragte Caine. »Das ist meine Schlafstätte, und der Professor schläft … Oh! Was liegt denn da auf Neds Bett?«

Sie leuchtete die geflochtene Matratze auf der Rückseite der Rundhütte an. Dort lag etwas, etwas Großes, halb versteckt unter einem Stapel Felle. Die dürren Beine ragten weit in den Raum.

Shanti fühlte, wie ihre Sinne durcheinanderwirbelten. Das hier war ihr größter Albtraum. Ihre größte Furcht. Binnen eines Augenblicks war alles wieder da: der verpfuschte Fall in Camden, und jetzt passierte es wieder, direkt vor ihren Augen. Sie war die Verantwortliche in diesem Fall, und sie hatte zugelassen, dass so etwas geschah.

Caine nahm ihr das Handy aus der Hand und richtete den Strahl der Taschenlampe wieder auf die große Gestalt, die reglos auf dem Bett lag.

Im Bruchteil einer Sekunde übernahm er die Kontrolle, räumte die Felle beiseite und entblößte das Gesicht des Opfers. Shanti konnte kaum hinsehen.

»Es ist ein Hund«, sagte Caine leise.

»Ein Hund?«

»Das muss der arme Albion sein.«

Shanti verspürte Erleichterung. Dann Scham über ihre Erleichterung. Dann Verwirrung.

»Aber warum?«, fragte sie fassungslos. »Warum um Himmels willen sollte jemand einen Hund umbringen?«

Caine ging neben dem Tier in die Knie. Suchte nach einem Pulsschlag.

»Da … ich fühle etwas. Warten Sie … warten Sie … Er lebt, Shanti! Halten Sie mal das Telefon, während ich seine Atemwege überprüfe.«

Im Licht der Taschenlampe sah sie Caines geschäftige Hände, die das Maul des Hundes öffneten. Mit einer Knochenkelle bewegte er die schlaff herabhängende Zunge.

»Er atmet. Er ist schwach, aber er ist definitiv noch am Leben.«

Shanti musste raus aus der Hütte. Musste dringend an die frische Luft, ganz gleich, wie eisig diese in ihren Lungen brennen würde.

»Ich rufe Benno an«, sagte sie. »Er dürfte noch am Turm sein. Wir brauchen … Ja, was brauchen wir eigentlich? Einen Rettungswagen?«

»Einen Tierarzt, Shanti. Und zwar so schnell es geht. Er ist total steif. Paralysiert. Ob es wohl möglich ist, dass …«

»Dass was, Caine?«

»Dass man ihm Schierling verabreicht hat? Mit derselben Pflanze hat man sein Herrchen außer Gefecht gesetzt. Ich denke, der arme Albion wurde vergiftet.«

Er stand auf und trat neben sie.

»Hören Sie mir gut zu, Shanti«, sagte er ernst. »Ganz gleich, ob Albion durchkommt oder nicht: Sie müssen Benno sagen, dass wir Proben aus dem Magen des Hundes benötigen, die sofort ins Labor geschickt werden sollen. Wir brauchen eine toxikologische Analyse. Sofort. Heute noch.«

Sie taumelte nach draußen. Schneidend kalte Luft peitschte ihr ins Gesicht. Ihr Kopf hämmerte. Als sie versuchte, Benno zu erreichen, wurde ihr plötzlich speiübel. Beinahe wäre sie ohnmächtig geworden. Fast so, als hätte sie nichts gegessen, was sie, wie ihr jetzt einfiel, tatsächlich nicht getan hatte.

Doch es war nicht nur der Hunger, der ihr zu schaffen machte, auch nicht die Nachwirkungen des gestrigen Alkoholkonsums. Was Shanti wirklich empfand, war eiskalte Furcht.

Irgendjemand schickte eine weitere, finstere Warnung.

Kapitel siebenundzwanzig

EIN BUDDHIST IN EINER KASERNE

»Wissen Sie, was mir Sorge bereitet?«

»Verraten Sie es mir, Shanti.«

»Dass er uns bei der Arbeit beobachtet. Ich kann seine Anwesenheit nahezu spüren.«

»Genau das hat Dawn auch gesagt.«

»Dawn ist eine vernünftige Frau, und ich denke, sie hat recht. Diese Sache mit dem Hund – das war ein ziemlich knappes Zeitfenster, finden Sie nicht? Es lässt darauf schließen, dass er sich in unmittelbarer Nähe befindet. Macht Ihnen das keine Angst, Caine? Um ehrlich zu sein: Ich mache mir deswegen beinahe in die Hose.«

Caine erwiderte nichts. Sie spürte, wie sich die Rädchen in seinem Gehirn unter der albernen Fliegermütze drehten.

Als sie den Saab durch den Morgenchor der Journalisten lenkte, stellte sie fest, dass Benno und sie mit ihrer Vermutung richtiggelegen hatten: Heute war die Meute nur halb so groß. Was irgendwie keinen Sinn ergab – der Fall wirbelte in jede Richtung kräftig Staub auf, warum also verloren die Medien das Interesse?

Sie klappte die Sonnenblende herab und bog auf die A303 nach Osten. Die Schneepflüge hatten am Straßenrand einen schmutzigen Wall aufgeschoben.

»Gehen wir das Ganze noch einmal durch«, schlug sie vor.

»Da gibt es nicht viel zu sagen«, entgegnete Caine. »Ich war jede Minute mit Ned zusammen, habe ihn nicht aus den Augen gelassen. Wir haben gemeinsam gefrühstückt, Tee und Porridge, anschließend habe ich ihm geholfen, sein Gepäck zum Parkplatz zu tragen. Ich habe neben ihm gewartet, bis Aylin eintraf. Schon rein physisch ist es unmöglich, dass Ned etwas damit zu tun hat.«

»Aber wer kann sonst in seiner Hütte gewesen sein?«, überlegte Shanti in stiller Verzweiflung. »Ich meine, das gesamte Gelände gleicht momentan einer Geisterstadt.«

»Das ist richtig, allerdings habe ich gestern Abend mit ein paar Leuten von GoodGuys geplaudert, und sie haben mir erzählt, wie schwierig es ist, das Gelände zu sichern. Ringsum sind Hunderte Hektar Wildnis, und jeder, der die Gegend kennt, könnte sich über die Hochebene Zutritt verschaffen, aus fast jeder Richtung.«

»Aber man wird wohl kaum mit einem monströs großen, komatösen Hund aufkreuzen können, ohne dass es jemand bemerkt. Dafür braucht man eine Schubkarre oder etwas Ähnliches.«

»Gehen wir doch einmal rein rational an die Sache heran«, schlug Caine vor.

»Oh, das ist ganz in meinem Sinne. Rationalität gefällt mir.«

»Albion war ziemlich abgemagert, ist Ihnen das auch aufgefallen? Genau wie Ganesh. Er ist also wahrscheinlich jemandem gefolgt, von dem er sich etwas zu Fressen erhoffte. Was bedeutet, dass es sehr einfach war, ihn zu der Rundhütte zu locken und sein Futter mit Schierling zu versetzen. Nach kurzer Zeit fühlt Albion sich schlecht und legt sich in Neds Bett. Job erledigt.«

»Was für ein Job, Caine? Was bezweckt dieses kranke Individuum damit?«

»Es will uns verunsichern. Für mehr Drama sorgen. Ned den Mord an Finch in die Schuhe schieben.«

»Womit wir wieder beim Thema wären. Der arme alte Tull ist ein unschuldiges Opferlamm.«

»Tja, darauf deuten die jüngsten Entwicklungen nun einmal

hin. Sie halten ihn doch nicht im Ernst immer noch für verdächtig?«

»Genau das tue ich. Für mich ist jeder verdächtig, bis seine Unschuld bewiesen ist, und das schließt sogar Sie mit ein, Caine. Hören Sie, Sie spielen dieses Spielchen genauso lange wie ich, also sagen Sie mir, wer den Großteil der Kapitalverbrechen begeht?«

»Verwandte. Oder Menschen, die das Opfer gut kannten. Sagen Sie, sind wir auf der richtigen Straße, Shanti?«

Sie ignorierte seine Frage. »Korrekt. Deshalb stehen Quentin und Constanza ganz oben auf meiner Liste. Letztere ist mir übrigens noch ein paar Antworten schuldig.«

»Wegen ihrer Kräuterkenntnisse, meinen Sie?«

Shanti nickte. »Dennoch kann ich Tull nicht einfach aus dem Kreis der Verdächtigen ausschließen«, fügte sie hinzu, »obwohl er den Kindern Weihnachtsgeschenke bastelt.«

»Wie ich schon sagte: Er nennt das Fest nicht ›Weihnachten‹, sondern ›Jul‹. Aber fahren Sie fort: Worauf stützen Sie Ihren Verdacht?«

»Oje, womit soll ich anfangen? Okay. Erstens: Tull kannte den Verstorbenen, sie vertraten ganz ähnliche Gesinnungen. Zweitens: Seine fettigen Fingerabdrücke und seine DNA befanden sich zuhauf auf der Waffe. Drittens: Wie er immer wieder betont, ist Tull ein Meister in der Fertigung von Werkzeugen aus Feuerstein. Viertens: Der Mann kennt sich bestens mit giftigen Kräutern aus. Fünftens: Er hat eine Vorgeschichte, Caine, und damit meine ich nicht seine Geschichte als Steinzeitexperte. Ich meine, dass er wegen des Verschwindens seines Sohnes und einer weiteren Person von der Polizei befragt wurde … ich habe Masako übrigens gebeten, den Fall noch einmal aufzurollen. Sechstens: Tull hat uneingeschränkten Zugang zum Ort des Verbrechens. Siebtens: Er lebt in seiner Hütte in einer ganz eigenen Welt.«

»Der letzte Punkt ist kein richtiger Grund.«

»Mir genügt er. Je ungewöhnlicher das Verbrechen, desto stärker müssen wir an bewährten Prinzipien festhalten.«

»Aber Dawns erster Eindruck war doch, dass der Täter wusste, wie man DNA-Spuren verwischt. Sie hat wohl trotz gründlicher Suche keine bei den Steinen gefunden. Da war ein Profi am Werk, und das passt nicht zu Ned.«

»Herrgott, Caine – vielleicht haben Sie recht. Tull ist wahrlich ein Höhlenmensch.«

Durch Lücken in den Hecken und Sträuchern konnte sie Blicke über die weiß glitzernde Hochebene werfen. Das Monument leuchtete im Schein der Morgensonne. Dawns Turm war mittlerweile abgebaut, die Gerüstbauer luden die einzelnen Teile in den Lkw, dessen Planen sich im Wind blähten.

»Die gute Nachricht ist, dass der Tierarzt meint, Albion würde sich wieder voll und ganz erholen«, sagte Caine. »Das wird Sky und Constanza ein großer Trost sein. Ich habe fest vor, heute noch einmal mit ihnen zu reden. Wohin fahren wir eigentlich, Shanti? Lovell Court liegt doch in der anderen Richtung …«

»Habe ich das nicht erwähnt? Wir werden ein Wörtchen mit Troy McAble wechseln.«

»Nein, das haben Sie nicht erwähnt.«

»Ja, wir haben eine Verabredung, in fünfzehn Minuten bei den Kasernen, deshalb müssen wir Gas geben.«

»Ach, Shanti, ich denke, ich passe. Ich habe gestern Nacht nicht gut geschlafen, eigentlich gar nicht. Ich muss duschen und mich rasieren …«

»Eine Dusche wäre gut. Was ist das für ein Duft, den Sie da tragen? Eau de Ziege?«

»Ich ertrage es nicht, Shanti.«

»Was ertragen Sie nicht?«

»Dieses ganze … Militärding. Sie wissen schon. Alle werden mich anstarren.«

Sie warf ihm ein Päckchen in den Schoß.

»Was ist das?«

»Das sind Baby-Feuchttücher. Damit können Sie sich säubern. Sie haben sich gehen lassen, Caine.«

Sie bogen links auf die Hauptstraße ein, vorbei an dem Mini-Monument vor der Stonehenge Tavern, Klonhenge, wo Caine auf dem kleinen Sarsenstein geweint hatte.

»Lassen Sie mich einfach irgendwo raus«, bat er.

»Das ist doch albern.«

»Nein, es ist in Ordnung. Von hier aus kann ich zu Fuß nach Lovell Court gehen.«

»Ich habe die Kindersicherung eingeschaltet.«

»Ich möchte nicht den Eindruck erwecken, ein schwieriger Mensch zu sein, aber ich gehöre einfach nicht an einen Ort wie Everkill. Die Polizei von Yeovil ist schlimm genug, aber eine Kaserne!«

»Okay. Hören Sie, Caine, es ist ganz einfach: Sie und ich sind erfahrene Officer, die eine wichtige polizeiliche Untersuchung leiten. Das ist Ihnen bewusst, oder? Unsere gegenwärtigen Ermittlungen führen uns zufällig in eine militärische Einrichtung, was Sie wegen Ihrer ausgeprägten pazifistischen Einstellung leicht nervös macht. Hier geht es aber nicht um Gefühle, Caine, es geht darum, die Gesellschaft zu schützen und den Hinterbliebenen Gerechtigkeit widerfahren zu lassen. Wäre ich nicht der festen Überzeugung, dass es sich lohnt, würde ich nicht unseren letzten Morgen vergeuden.«

»›Wo kein Selbst ist, kann kein Leid sein, keine Begierde …‹«

»Wie bitte? Was haben Sie gesagt? Ich weiß, dass Sie McAble für unausstehlich halten, und glauben Sie mir, mein Typ ist er auch nicht …«

»Dieses ununterbrochene Gelaber. Ich denke, er ist eine Art Narzisst.«

»Da mögen Sie recht haben, aber im Grunde ist das belanglos. Wir müssen dem nachgehen, weil Troy das Opfer kannte. Er war gestern Abend sehr betrunken, aber er hat mir eine ungewöhnliche Geschichte erzählt. Finch wurde verhaftet, weil er eine Militärparade gestört hat, und das war nur die jüngste Episode einer langen Reihe von Zusammenstößen mit dem Militär. Außerdem, und das mag von entscheidender Bedeutung sein, weiß McAble, wo Finch gegraben hat … er hat ein riesiges Loch erwähnt. Er hat ihn erst vor ein paar Tagen dabei ertappt, wie er wieder einmal unbefugt in militärisches Sperrgebiet eingedrungen ist.«

»Wir befinden uns auf der Salisbury Plain, Shanti. Sie gehört nicht der Armee. Wir reden von den alten Gefilden der Druiden.«

»Ja, allerdings sterben manche Berufe im modernen Zeitalter aus. Druide fällt auch darunter. Auch einige DIs sind anscheinend nicht mehr ganz so unentbehrlich wie früher.«

»Es ist seltsam, dass Sie darauf zu sprechen kommen, und deshalb können Sie es genauso gut wissen: Ich habe eine Entscheidung getroffen. Das hier wird mein letzter Fall sein. Es ist Zeit, dass ich meine Marke abgebe.«

»Jetzt geht das schon wieder los: Willkommen bei der täglichen caineschen Selbstbewusstseinskrise. Massieren Sie gründlich sein Ego, um den Normalmodus wiederherzustellen.«

Sie fuhren jetzt über die breite, schäbige Highstreet einer Militärmetropole, wo Soldaten nach Dienstschluss in mit amerikanischen Flaggen dekorierten Lokalen abhingen, die sprechende Namen hatten wie *Battle Burgers* oder *Kombat Kebab*. An den Autofenstern zogen mit Schneematsch bedeckte Sportplätze, rote Backstein-Sporthallen, knallbunt angestrichene Grundschulen und schmucke Wohnsiedlungen vorbei. Auf verschneiten Baustellen ruhten riesige Kräne wie Watvögel neben halb fertigen Unterkünften, die, wie Shanti vermutete, später einmal Hunderte von jugendlichen Rekruten beherbergen würden.

Als sie an hohen Zäunen mit Stacheldraht vorbeikamen, blickte Caine betrübt auf triste Hangars und Nissenhütten und seufzte tief.

»Hier muss es sein«, sagte Shanti. »Mittlerer Gebäudekomplex Ost. McAble sagte, es würden eine ›ziemlich phallisch aussehende Feldkanone‹ und ein Wachhäuschen davorstehen.«

Sogar die Schilder schienen Befehle zu brüllen.

SÄMTLICHE WAFFEN MÜSSEN VOR DEM BETRETEN DER EVERKILL-KASERNE DEKLARIERT UND DEN WACHSOLDATEN AUSGEHÄNDIGT WERDEN!

»Irgendetwas zu deklarieren, Caine?«

»Nur eine gewaltige Sehnsucht nach Weltfrieden und eine tiefe Abneigung gegen den Krieg.«

Ein stark tätowierter Wachposten überprüfte ihre Ausweise und deutete anschließend mit seiner halb automatischen Waffe auf einen großen, zweigeschossigen Bürokomplex.

Sie fuhren unter der sich öffnenden Schranke hindurch auf einen Parkplatz, wo frisch gewaschene Soldaten darauf warteten, für die Weihnachtstage von ihren Familien abgeholt zu werden. Shanti umkreiste ein kleines Rondell, auf dem eine halb eingeschneite Feldkanone aus dem Zweiten Weltkrieg stand, von der man nur das Rohr sah. Es ragte in den gleißend hellen Himmel wie ein überdimensionierter Penis.

Shanti löste ihren Gurt und warf Caine, der zusammengesunken auf dem Beifahrersitz verharrte, einen strengen Seitenblick zu.

»Herrgott, Caine. Das ist ja schlimmer, als Paul zur Schule zu bringen.«

»Die Sache ist, dass ich heute Morgen keine Gelegenheit zum Meditieren hatte, deshalb fühle ich mich ein wenig dezentriert. Vielleicht sollte ich lieber im Wagen warten. Ich möchte Sie allerdings keinesfalls im Stich lassen.«

»Nun gut, Caine, ich *brauche* Sie. Wollten Sie das von mir

hören? Jetzt holen Sie ein paar Mal tief Luft, und dann bringen wir die Sache hinter uns.«

Gebäude haben Gesichter, dachte Caine oft, und die schneebedeckte Schuhschachtel, in der sich Troy McAbles Büro befand, hatte das hohläugige Antlitz des Kummers.

Eine mustergültig gekleidete Offizierin führte sie durch einen Gang in ein Großraumbüro, das sparsam und effizient ausgestattet war. Ein Dutzend jugendlich frische Soldaten arbeiteten fleißig an ihren Computern.

Caine trat zögernd ein, die Mütze in der Hand wie ein Bauer in der Kirche.

Am anderen Ende des Raumes saß McAble in einem Glaskubus hinter einem großen Schreibtisch. Er trug eine Tarnhose mit einem hautengen T-Shirt und sah blass und erschöpft aus.

Als ihre Begleiterin an die Tür klopfte, schaute der Major auf. Sein finsterer Gesichtsausdruck verwandelte sich in Enthusiasmus, als er Shanti erblickte. Mit einem begeisterten Lächeln sprang er auf und hüpfte auf sie zu.

»*I saw your face in a crowded place …*«, sang er leise, als er die Tür öffnete. »Guten Morgen, Shantala. Nun sehen wir uns binnen vierundzwanzig Stunden schon zum zweiten Mal. Der gute alte Troy kann sich wirklich glücklich schätzen. Obwohl … eines macht mich traurig …«

»Ja?«

»Sie tragen nicht das atemberaubende rote Kleid.«

»Ich bin rein beruflich hier, Major.«

McAble wählte den bequemsten Stuhl aus, drängte sie, Platz zu nehmen, und bemerkte Caines leicht verwahrloste Gestalt an der Tür erst deutlich später.

Seine fein gemeißelten Gesichtszüge entgleisten. »Hallo«, sagte er. »Haben Sie eine Lieferung für mich?«

»Das ist mein Partner, DI Caine«, stellte Shanti ihren Kollegen erneut vor. »Sie haben sich bereits in der Kantine von Stonehenge kennengelernt. Wir arbeiten sehr eng zusammen.«

»Ach ja, verstehe«, sagte McAble und tippte sich übertrieben wichtigtuerisch an die Nase. »Er arbeitet undercover. Mischt sich unter die Aktivisten und das andere Pack. Genial. Bitte, nehmen Sie Platz ... vielleicht irgendwo dort drüben.«

Er deutete vage auf einen Stapel grüner Freischwinger mit schlaffer Leinenbespannung, dann drehte er sich wieder zu Shanti um. Sein Schnurrbart hob sich wie ein Theatervorhang, hinter dem perlweiße Zähne zum Vorschein kamen, so gleichmäßig positioniert wie Showgirls in einer Tanzreihe.

»Kaffee oder lieber etwas Stärkeres? Es ist schließlich Weihnachten.«

»Ich dachte, Sie hätten mehr als genug von gestern Abend. Ich möchte nicht unhöflich erscheinen, aber wir haben einen sehr eng getakteten Terminplan, Major.«

»Troy, bitte. Wie ich schon sagte: Ich bin eigentlich schon im Weihnachtsurlaub, deshalb stehe ich ganz zu Ihrer Verfügung.«

»Wir würden Ihnen gern ein paar Fragen über Hector Lovell-Finch stellen.«

Es gelang Caine, einen der Stühle von dem Stapel zu heben. Er stellte ihn neben Shantis und setzte sich, was der Major und Shanti nicht zu bemerken schienen. Für McAble war er offenbar ohnehin unsichtbar.

»Ich interessiere mich besonders für die Orte, die Sie erwähnt haben«, fuhr Shanti fort. »Sie sagten, Sie hätten Hector Lovell-Finch vor ein paar Tagen bei Arbeiten an einer Ausgrabungsstätte ertappt. Wo genau ist das?«

»Richtung Imber, ein ganzes Stück abseits der ausgetretenen Pfade.«

Caines Gefühl der Unsichtbarkeit steigerte sich so sehr, dass er meinte, seinen Geist durch das schneebedeckte Dach schweben zu sehen wie einen Vogel, der sich über der sonnenbeschienenen Hochebene in die Lüfte schwang. Er musste sich zwingen, im Hier und Jetzt zu bleiben und der Unterhaltung zu folgen.

»Haben Sie etwas dagegen, wenn ich unser Gespräch aufzeichne?«, fragte Shanti.

»Ach du liebe Güte! Darüber muss ich erst nachdenken … Ähm, nein, ich fürchte, das ist nicht möglich. Vorschriften – Sie verstehen. Alles ist reglementiert, aber das wissen Sie sicher.«

Sie fischte ihr Notizbuch aus der Tasche.

»Kein Problem. Dann mache ich mir eben Notizen. Erzählen Sie uns etwas über Everkill, Major.«

»Troy. Selbstverständlich. Everkill ist mein Lieblingsthema …«

Er reichte ihnen beiden eine Broschüre, doch noch bevor Shanti einen Blick hineinwerfen konnte, setzte McAble zu einem seiner endlosen Monologe an. Sie beschloss, ihn reden zu lassen.

»Nur für den Fall, dass Sie das nicht wissen: Everkill ist als Teil einer Supergarnison gedacht«, prahlte er. »Wenn alles nach Plan läuft, sollten wir hier in den nächsten Jahren eine wesentlich größere Militärpräsenz sehen. Sie haben bei Ihrer Anfahrt gewiss die Bauarbeiten bemerkt. Unser Ziel ist es, die Belegschaft um viertausend Personen aufzustocken, dazu kommen dreitausend Familienmitglieder. Wir haben eine neue Kantine, in der dreimal am Tag tausendzweihundert Menschen beköstigt werden können – Sie sollten sich mal die Speisekarte ansehen, Shantala, da gibt es nicht nur Schinkenspeck und Kartoffeln wie damals, als ich zum Militär gegangen bin.«

Wenn McAbles Stimme Caines Bewusstsein durchdrang, hörte er Begriffe wie »Aktionsplan« und »Missionsziel«. Voller Sehnsucht dachte er an seine heimelige Hütte auf der Undercliff, fernab von Männern, die er nicht verstand. Der Raum, in dem sie saßen, war alles andere als heimelig. Statt sanfter Baumwipfel, hinter denen silbern die See durchblitzte, blickten die nüchternen Rechtecke von Troys Fenster auf den gefrorenen Paradeplatz, wo ein gesichtsloser Sergeant seinen Truppen Befehle zubellte. Statt der Gedichtbände in Caines Zuhause, des Holzofens und des Meditationskissens vor dem Schrein wurde dieses mit Linoleumfußboden ausstaffierte Büro von bambusfarbenen Aktenschränken, Flaggen in Glasvitrinen und einem riesigen, grauenhaften, fotorealistischen Acrylgemälde dominiert. Es zeigte Troy und mehrere seiner muskelbepackten Kameraden, die in irgendeinem weit entfernten Kriegsgebiet grinsend auf einem Panzer posierten. Auf dem Sandboden davor hatte sich eine Schar von Straßenkindern versammelt, die ehrfürchtig zu den sonnengebräunten Göttern aufblickten.

»… bis heute haben wir allein für den Standort Salisbury Plain über eine Milliarde Pfund ausgegeben, aber unseres Erachtens riskieren unsere Leute alles, und im Gegenzug haben wir die Pflicht, ihnen die bestmögliche Lebensqualität zu bieten …«

Was war mit seinem Akzent los? Irgendetwas an dem arroganten Internatsgenäsele war seltsam …

»… falls noch Zeit bleibt, würde ich Ihnen gern den R.E.S.C. – den Royal Everkill Saddle Club zeigen. Ich bin übrigens der Vorsitzende, hatte ich das erwähnt? Der Reitverein verfügt über einen vollständigen Springparcours, Reitanlagen in Halle und Gelände sowie direkten Zugang zu den schönsten Reitwegen des ganzen Landes …«

Caines Geist nahm jedes Detail dieses Ortes in sich auf, angefangen bei dem MAKE WAR NOT LOVE-Kaffeebecher auf McAbles Schreibtisch bis hin zu dem riesigen, auf eine Eichenplatte geschraubten Hirschgeweih. Anschließend blieb sein Blick an einem Foto in einem Aluminiumrahmen hängen, der halb verborgen auf dem oberen Brett eines Regals stand. Die Aufnahme kam ihm irgendwie bekannt vor.

Schlagartig war Caine hellwach.

»Dürfte ich kurz unterbrechen?«, fragte er.

»Das haben Sie doch gerade getan«, entgegnete McAble ungehalten.

»Das Foto da oben interessiert mich.«

»Welches Foto?«

Caine stand auf, durchquerte den Glaskubus und nahm es vom Regal.

McAble schäumte. Offenbar war er ein Mann, der es nicht gewohnt war, unterbrochen zu werden.

»Was zur Hölle hat das mit Ihrem Fall zu tun?«, blaffte er und riss Caine das Foto aus der Hand. »Es ist aus meiner Schulzeit. Ich habe es seit Jahren nicht mehr betrachtet.«

»Dann sehen wir es uns doch jetzt einmal an«, schlug Caine vor. »Ich nehme an, das sind Sie – leicht verdeckt in der hintersten Reihe, der mit den roten Haaren.«

»Der Gutaussehende? Ja, das bin ich.«

»Und wer ist das, Major? Ihr selbstbewusster Klassenkamerad in der ersten Reihe, der mit der dicken Brille?«

»Keine Ahnung. Die Aufnahme ist mindestens zwanzig Jahre alt.«

»Ich wage zu behaupten, dass der junge Mann ungewöhnlich markant aussieht. Sie haben doch sicher nicht Quentin Lovell-Finch vergessen? Er hat es nach der Schule recht weit gebracht.«

McAble lief puterrot an.

»Ja, jetzt fällt es mir wieder ein. Quentin Lovell-Finch und ich sind für kurze Zeit gemeinsam zur Schule gegangen, aber wir waren nie befreundet.«

»Ein seltsamer Zufall, dass ich genau das gleiche Foto in der Alten Pfarrei gesehen habe.«

»Wo?«

»In der Old Vicarage – Quentins Landhaus, nicht weit von hier entfernt. Und Sie sind sich seit der Schulzeit tatsächlich nie mehr begegnet?«

»Möglicherweise bei dem einen oder anderen Jubiläumsklassentreffen. Hören Sie, Detective … Wie ist noch gleich Ihr Name?«

»Caine. Vincent Caine.«

»Richtig. Es gibt etwas, was ich vielleicht erklären sollte. Ich bin nicht besonders stolz darauf, aber ich hatte ein Stipendium. Mein sozialer Hintergrund unterschied sich deutlich von dem der anderen Schüler, und das haben sie mich nie vergessen lassen.«

»Sie wurden gemobbt?«

»O ja, Sie wissen doch, wie Jungs in dem Alter sind.« Die Hand, die den Rahmen hielt, fing an zu zittern. »›Troy, Troy, der Arbeiter-Boy‹. Quentin und ich lebten in unterschiedlichen Welten.«

»Sie kommen aus einer Glasgower Arbeiterfamilie«, stellte Caine fest.

»Ich … Sie wirken gar nicht überrascht?«

»Ihr Akzent. Ich hatte es vermutet. Ich mag Glasgow übrigens sehr. Dann waren Sie ein besonders leistungsstarker Schüler?«

»Ganz im Gegenteil. Ich bin Linkshänder und habe eine leichte Lese- und Rechtschreibschwäche, wenn Sie die Wahrheit wissen wollen.«

»Aber wie sind Sie dann an ein Stipendium gekommen?«

McAble deutete auf eine Vitrine mit Silberpokalen und Turnierschleifen: »Dressur, Polo, Springreiten … Apropos Reiten: Mir fällt gerade ein, dass ich Shantala versprochen habe, mit ihr zu Finchs Grabungsstätte zu reiten. Wir sollten uns besser beeilen.«

»Augenblick«, schaltete sich Shanti alarmiert ein. »Wer hat etwas von reiten gesagt?«

»Wir haben gestern Abend darüber gesprochen. Sagen Sie nicht, Sie haben es vergessen. Sie haben mir erzählt, Sie hätten mit sechzehn reiten gelernt. Es ist ein herrlicher Tag, und da dachte ich …«

»Sie können also wieder denken«, bemerkte Shanti.

»Die Pferde sind gesattelt und freuen sich auf einen Ausritt. Es ist ein wundervolles Erlebnis, vor allem bei Schnee.«

»Sie haben doch bestimmt einen Jeep oder etwas anderes in der Art.«

»Damit werden wir wohl kaum dorthin gelangen«, erklärte McAble. »Zu dem Loch, das Finch gegraben hat, gelangt man nur über einen schmalen Reitweg. Da passt kein Fahrzeug durch. Ich habe die Stelle lediglich entdeckt, weil ich zu Pferd unterwegs war.«

»Und wie ist Finch dorthin gekommen?«

»Mit dem Quad, auf das er hinten dieses seltsame Ding geschraubt hat.«

»Das ist doch Wahnsinn«, murmelte Shanti.

»Ich habe um eins der sanftmütigsten Ponys gebeten«, sagte er. »Aber wenn Sie Angst haben …«

»Ich habe keine Angst vor einem Pony, Major McAble.«

»Dann wäre das ja geklärt. Im Leichttrab brauchen wir etwa dreißig Minuten.«

Caine setzte seine Mütze auf, beflügelt von der Aussicht, endlich nach draußen zu dürfen.

»Ich bin bereit«, verkündete er. »Seit meiner Zeit in Thailand habe ich zwar nicht mehr auf einem Pferd gesessen, aber das kriegen wir schon hin. Es wird bestimmt lustig.«

»Da gibt es ein kleines Problem«, entgegnete McAble. »Ich möchte Sie nicht enttäuschen, aber der Stallbursche hat nur zwei Pferde gesattelt. Shantala hat versäumt zu erwähnen, dass sich uns jemand anschließen würde.«

Es entstand eine lange Pause.

»Verstehe«, brach Caine schließlich das Schweigen. »Nun, dann werde ich mir eben ein wenig die Beine vertreten, bis Sie wieder da sind.«

McAble starrte ihn an, als wäre er geistesgestört. »Ich fürchte, das ist nicht möglich. Das hier ist Militärgelände, kein Freizeitpark. Der gute alte Finch hat das auch nicht verstanden, deshalb ist er ja ständig in Schwierigkeiten geraten.«

»Ich möchte Sie daran erinnern, dass wir in einem Mordfall ermitteln«, wandte Shanti ein. »Ich denke, es dürfte kein Problem sein, eine entsprechende Genehmigung zu erhalten.«

»Ich widerspreche Ihnen nur ungern, aber ich fürchte, auf militärischem Gelände hat die Polizei keinerlei Befugnisse. Hier ist alles streng geheim.«

»Und wie soll mein Kollege hier wegkommen? Wir sind mit *einem* Wagen hergefahren.«

»Das lassen Sie mal meine Sorge sein«, beschwichtigte der Major. »Ich bin in fünf Minuten zurück.«

Sobald er das Büro verlassen hatte, fingen Caine und Shanti ein leises Gespräch an.

»Ich kann Sie unmöglich mit dem Kerl allein lassen«, flüsterte Caine.

»Ich bin ein großes Mädchen. Ich komme schon klar.«

»Er ist manipulativ, Shanti. Er schaut Sie an wie ein Raubtier seine Beute. Warum besorgen wir uns nicht einfach einen Durchsuchungsbeschluss und kommen noch einmal wieder?«

»Wiederkommen? Nach Weihnachten, meinen Sie? Ich muss mir die Stelle ansehen, an der Finch gegraben hat, und zwar heute. Außerdem will ich Major McAble dazu bringen, mir ein paar Fragen zu beantworten. Das mit dem Foto war ein guter Punkt, Caine. Die Tatsache, dass er mit Quentin zur Schule gegangen ist, ist schon ziemlich sonderbar. Weiß Gott, was das zu bedeuten hat, aber ich nehme Witterung auf. Jetzt machen Sie nicht so ein besorgtes Gesicht, Caine – ich hab's ja kapiert.«

McAble kehrte mit zwei großen Militärpolizisten mit roten Baretten zurück, die schweigend vor dem Glaskubus warteten.

Caine warf Shanti einen langen, beunruhigten Blick zu, dann ging er hinaus, um sich von den beiden aus dem Großraumbüro begleiten zulassen, verfolgt von Dutzenden Blicken.

»Was für ein eigenwilliger Bursche«, bemerkte Troy, als Caine weg war. »Warum zum Teufel schaut er sich alte Schulfotos an? Was stimmt nicht mit ihm?«

»Mit DI Caine stimmt alles«, erwiderte Shanti. »Er ist ein erstklassiger Detective, das kann ich Ihnen versichern.«

»Ich nehme Sie beim Wort, Shantala, auch wenn ich eher ungern mit ihm zusammengespannt würde. Nun, Sie sind hier, und das ist gewiss kein Zufall.«

Shanti warf ihm einen fragenden Blick zu. »Ähm, nein?«

»Jetzt habe ich Sie ganz für mich allein. Versuchen Sie nicht, mir weiszumachen, Sie hätten es gestern Nacht nicht auch gespürt, dieses Knistern zwischen uns.«

Der Geruch seines Hai-Karate-Rasierwassers drehte ihr beinahe den Magen um.

»Major McAble, lassen Sie mich eines klarstellen: Ich bin aus einem einzigen Grund hier …«

»Warum sagen Sie es mir nicht einfach frei heraus?«

»… und zwar, weil ich einen ausgesprochen unschönen Mord aufklären muss. Mir läuft die Zeit davon, deshalb würde ich Ihnen gern noch einige Fragen stellen.«

»Ich bin noch nie einer Frau begegnet, die so neugierig ist. Wie dem auch sei: Sie haben gewonnen. Ich suche schnell ein paar Sachen zusammen, und auf dem Weg zu den Stallungen dürfen Sie mich alles fragen, was Sie möchten … Vorher Lust auf ein kleines Schnäpschen?«

Kapitel achtundzwanzig

ENDLICH ACHTSAM

So, da sind wir.«

»Danke fürs Bringen«, sagte Caine.

»Frohe Weihnachten, Kumpel.«

»Ja … danke. Ihnen ebenfalls.«

Caine kletterte aus dem Land Rover der Militärpolizei und ging über die schneematschige Fahrbahn auf die Schranke zu. Seine maßlose Erleichterung, den Kasernen entkommen zu sein, machte beinahe seine Scham darüber wett, Shanti im Stich gelassen zu haben.

Sie würde schon klarkommen. Shanti kam mit allem klar. Und Caine hatte dringende Dinge zu erledigen. Doch zunächst einmal musste er sich selbst wieder ins Lot bringen.

Sogar die Schlagzeilenjäger vor dem Gelände brachten ihn nicht so sehr in Verlegenheit wie sonst. Er grinste höflich und drängte sich durch die Menge. Jeder hatte schließlich seinen Job zu erledigen.

Mit dem Schlüssel, den er sich von den GoodGuys-Sicherheitsleuten geliehen hatte, schloss er die Tür zu dem Gebäude auf, in dem sich die Toilettenräume für die Mitarbeiter befanden, ging unter die Dusche und wusch sich die Haare. Anschließend rasierte er sich vor dem beschlagenen Spiegel. Und stellte sich Tull in Pamelas moderner Wohnung vor, umgeben von lärmenden Videospielen und flackernden Fernsehschirmen.

Er zog sich saubere Wäsche an, die er stets für Notfälle in

seinem Leinenbeutel bei sich trug, säuberte notdürftig seine Kleidung, die er unter dem elektrischen Handföhn trocknete, und suchte sich ein entlegenes Eckchen, wo er kurz meditierte. Eine knappe halbe Stunde später fühlte er sich rundum erneuert und gestärkt.

Zeit, sich auf den Weg zu machen.

Glücklicherweise nahm ihn ein Lieferwagen ein gutes Stück mit in die richtige Richtung. Als er ausstieg, war es bis zu seinem Ziel nicht mehr weit.

Das gleißende Sonnenlicht fiel durch das dichte Wurzelwerk an der steilen Straße und machte den Schneetunnel, der sich in Richtung Lovell Court schlängelte, angenehm hell. Caine schlug einen regelmäßigen Schritt an und war froh, dass er auf dem rutschigen Boden seine schweren Wanderstiefel trug. Er fand einen langen Haselzweig und schnitzte daraus mit seinem Taschenmesser einen hervorragenden Wanderstecken. Dabei kam ihm der Gedanke, dass diese uralten Wege in früheren Zeiten Bäche oder Flussbetten gewesen sein mussten. Die hohen Böschungen mit dem verflochtenen Wurzelwerk waren eine Metropole für Wildtiere, deren Spuren Caine überall entdeckte.

Hatte Meister Tu ihn nicht die Kunst der Gehmeditation gelehrt? *Lege deine Achtsamkeit in deine Berührung mit der Erde. Sei bei jedem Schritt achtsam.* Der gute alte Tu. Ein Weiser – und in jeder Hinsicht das Gegenteil von McAble. »Füge niemandem Schaden zu«, hatte er stets betont.

Während Caine gleichmäßig einherschritt, spürte er endlich, wie sich der bedrückende Bardo der Sonnenwende löste. Er atmete tief ein und aus, und zum ersten Mal seit Tagen fühlte er sich wieder im Gleichgewicht. Er hatte sich gehen lassen. Aus der Bahn geworfen vom Mittwinter. Von dem Verbrechen. Von der Begierde. Er hatte sich von einer Flut von Emotionen und Verlangen mitreißen lassen.

Das Geräusch eines sich von hinten rasch nähernden Fahrzeugs riss ihn aus seinen Gedanken. Blitzschnell drückte sich Caine in das Gestrüpp der Böschung. Ein Wagen kam den Hügel heraufgeschlittert, ein weinroter Derby Bentley.

Es ist erstaunlich, wie viele Informationen das Gehirn in einem flüchtigen Augenblick aufnehmen kann, denn obwohl Caines ganze Konzentration darauf ausgerichtet war, sich in Sicherheit zu bringen, brannte sich doch ein Bild in seine Retina ein: des Fahrers und seiner Beifahrerin, die in eine Auseinandersetzung verstrickt schienen. Vor seinem geistigen Auge sah er den großen Kopf des Fahrers mit Filzhut und Brille, daneben einen blonden Teenie mit Schlapphut, der ihn definitiv anschrie.

Er hatte den Bentley schon einmal gesehen – es handelte sich um den auf Hochglanz polierten Oldtimer unter der Plane in der offenen Eichenholzgarage des alten Pfarrhauses. Der überkragende Hinterkopf und die eulenhafte Brille gehörten Quentin Lovell-Finch. Aber wer war der streitlustige Teenager? Quentin selbst hatte keine Kinder in diesem Alter.

Während Caine noch darüber nachdachte, hörte er hinter der nächsten Kurve lautes Geschrei. Er beschleunigte seinen Schritt, bis er sah, was er bereits geahnt hatte: Eine dichte Menge von hoch motivierten Journalisten füllte die Zufahrt zur Old Vicarage. Die Geschichte war herausgekommen und hatte sich rumgesprochen. Das erklärte natürlich, warum sich die Meute vor dem Besucherzentrum verkleinert hatte. Die Identität des Ermordeten war aufgeflogen und damit auch die Identität seines berühmt-berüchtigten Sohnes, des rechten Parlamentsabgeordneten Quentin Lovell-Finn.

Als er näher kam, sah Caine auch vier unglückliche Streifenpolizisten, welche die undankbare Aufgabe hatten, die Medienleute im Zaum zu halten. Quentin hämmerte wie verrückt auf die Hupe und versuchte, in seine Zufahrt einzubiegen. Er kurbelte sogar das Seitenfenster hinunter und lehnte sich halb hinaus, um die Reporter anzuschnauzen.

»Wie geht es Ihnen nach dem tragischen Tod Ihres Vaters?«

»Wissen Sie nicht, was Privatsphäre bedeutet? Die Familie wird über die entsprechenden Kanäle eine Erklärung abgeben.«

»Dürfen wir erfahren, wann das sein wird, Sir?«

»Wann immer wir es für angebracht halten. Und jetzt treten Sie endlich zur Seite!«

»Was für ein Mann war Ihr Vater, Sir?«

»Constable, wären Sie so freundlich, diese Personen wegen Landfriedensbruch zu verhaften?«

Nach einigem Hin und Her gelang es den unglücklichen Uniformierten, den Weg zu räumen, und der Wagen verschwand die Zufahrt entlang.

Caine schlich hinter der verschneiten Lorbeerhecke in Richtung Haus. Dort angekommen, hörte er erhobene Stimmen und das Geräusch zuschlagender Autotüren. Das schrille, arrogante Gequengel von Quentin Lovell-Finch erkannte er sofort, die andere Stimme dagegen war ihm unbekannt – laut, herrisch, gereizt.

Als Caine vorsichtig durchs Blattwerk spähte, entdeckte er den Derby Bentley, der gleich neben dem Eingang parkte. Der schlaksige Parlamentarier versuchte, seine jugendliche Begleiterin die Stufen zur Haustür hinaufzuschleifen. Jugendlich? Obwohl sie einen Minirock, Pelzmantel und einen lila Schlapphut auf den wallenden blonden Locken trug, war Quentins Begleiterin alles andere als jung, wie Caine mit einem verblüfften Blick in das stark geschminkte, knochige Gesicht mit den an Spinnenbeine erinnernden Wimpern und dem orangeroten Lippenstift bemerkte.

»Verdammte Hacke!«, blaffte Tiggy Antrobus-Lovell-Finch. »Hättest du mir gesagt, dass eine ganze Horde von Journalisten und Paparazzi heraußen lauert, wäre ich niemals mitgekommen. Bring mich ins Haus, aber *pronto*. Das ist ja der reinste Medienzirkus vor dem Vestibül!«

Sie sagte *heraußen* und *Vestibül*.

»Nun, wenn du dann bitte meinen Arm nehmen würdest, Mummy …«

»Was glaubst du denn, wie ich das anstelle, wenn du nicht da bist? Wenn ich in diesem gottverdammten Sanatorium mit all den abscheulichen alten Knackern gefangen bin?«

»Du hast mir gesagt, du bist glücklich in dem Heim für ehemalige Stars.«

»Glücklich? Ich weiß gar nicht mehr, was das Wort bedeutet. Ich zähle die Tage bis zur Vergeltung!«

»Der große Tag kommt vielleicht früher, als wir zu hoffen gewagt haben, Mummy.«

Die Haustür mit dem opulenten Weihnachtskranz öffnete sich, und Caine erblickte eine verdrossene Petronella Lovell-Finch, groß und blass, das Neugeborene im Arm, einen dicklichen Jungen am Rocksaum.

»Frohe Weihnachten, Tiggy«, sagte sie nervös. »Ich freue mich so, dass du mit uns feierst. Komm doch herein und lerne deine Enkelin kennen. Ihr Name ist Valeria Velveteen Lovell-Finch.«

»Du siehst aus wie eine fette Raupe«, sagte Tiggy zu dem Säugling. »Wehe, du hast vor, mich die ganze Nacht über wach zu halten!«

Unter lautstarkem Protest wurde die jung-alte Matriarchin ins Haus geschoben, dann schloss Quentin fest die Tür.

Während der ganzen Strecke nach Lovell Court versuchte Caine zu verarbeiten, was er da gesehen hatte. Kabbeleien innerhalb der Familie waren gerade an Weihnachten normal, das stimmte, aber warum hatte Quentin seine Mutter als »verwirrt, benebelt und abwesend« beschrieben?

Seine Schilderung hatte sich bei ihrem fruchtlosen Besuch im Pflegeheim bestätigt, doch jetzt, da sie sich fluchend die Stufen hinaufgekämpft hatte, schien Tiggy durchaus *compos mentis* zu sein – um es wie Quentin auf Latein auszudrücken.

Caine dachte an die Legosteine in Shantis Saab, und in seiner Vorstellung fiel ein weiterer Legostein an Ort und Stelle und setzte sich mit einem lauten Klicken fest auf einen anderen.

Vorsichtig überquerte Caine das Viehgitter und schritt unter dem wappengeschmückten Torbogen hindurch auf das Anwesen der Lovell-Finchs. Für einen Moment blieb er stehen, um die Stille des Ortes in sich aufzunehmen, die nur durchbrochen wurde von dem gelegentlichen Flattern eines gold-grünen Fasans auf der das Gelände umgebenden Mauer.

Caine gefiel es hier. Er mochte die verwilderte weiße Landschaft und die wogenden Ozeane aus überfrorenem Gras. Er mochte die Vielfalt von Flora und Fauna und spürte, wie seine Seele leichter wurde.

Shanti hatte bemerkt, dass er eine Menge gemein habe mit den Menschen von Lovell Court – Evol, wie es nun hieß –, den liebenswerten, bunt zusammengewürfelten Evolutionären. Den ungezähmten Kindern. Und mit Sky, dem außergewöhnlichen, begabten Mädchen, dessen Weisheit seinen Lebensjahren weit voraus war.

Zwischen den mit Raureif überzogenen Bäumen sah er äsendes Rotwild in stiller Gemeinschaft mit den langhornigen Rindern. Sein Geist reagierte auf diese zaunlose, savannenähnliche Art der Tierhaltung. Ohne Grenzen waren die Tiere frei zu gehen, wohin sie wollten.

Ohne Grenzen? Als er sich der immer brennenden Feuertonne näherte, stellte er fest, dass er hier auf einen Widerspruch stieß:

Finch mied Zäune und Grenzen, warum also hatte er darauf bestanden, dass eine Phalanx von Evolutionären an der Schranke Wache schob? Warum überhaupt diese behelfsmäßige Barriere? Was schützten diese Menschen? Wen hielten sie von Lovell Court fern?

»Hallo, Silas. Ich bin's wieder, Vincent Caine.«

Silas starrte Caine durch seine gelben Brillengläser an.

»Wo ist Ihr Auto? Wo ist Ihre Frau?«

»Es ist ein herrlicher Tag, deshalb habe ich beschlossen, einen Teil des Weges zu Fuß zu gehen. Shanti hatte anderes zu tun. Ich bin gekommen, um mit Sky und Constanza zu reden.«

Silas drehte sich zu seinen Kumpels um. »Lasst ihn durch. Ich bringe ihn zum Haus.«

Zusammen mit Silas setzte Caine seinen Weg fort, vorbei an den lärmenden Kindern, die den Hang bei den riesigen Holzbuchstaben hinunterrodelten – EVOL oder LOVE, je nach Perspektive.

»Ich würde Sie gern etwas wegen der Schranke fragen«, sagte Caine. »Zunächst habe ich überlegt, ob das womöglich so ein Selbstisolationsding sein könnte, doch dann ist mir der Gedanke gekommen, dass sie womöglich einem anderen Zweck dient. Immerhin hatte Finch Feinde. Sie haben mir erzählt, dass er all die Jahre seit der Schlacht im Bohnenfeld viele Leute gegen sich aufgebracht hat.«

»Diese Fragen sollten Sie sich lieber für Sky aufheben.«

»Helfen Sie mir auf die Sprünge, Silas. Wofür dient die Schranke? Um die Menschen drinnen oder draußen zu halten?«

»Reden Sie mit Sky, Mann. Reden Sie mit Sky.«

Sie hatten die Siedlung Evol erreicht, wo die friedfertigen Bewohner zwischen ihren Tipis, Wohnwagen und Baumhäusern umherschlenderten. Silas wirkte erschöpft. Als wäre er die ganze Nacht über auf den Beinen gewesen. Er nickte Caine zu, dann verschwand er in seinem Zuhause, dem alten Bücherbus mit den zerschmetterten Fenstern, der immer noch darauf wartete, repariert zu werden.

An den breiten Steinstufen zu dem riesigen Haus angelangt, wurde Caine von einem bebenden Ganesh begrüßt, der gekommen war, um ihn hineinzugeleiten.

Kapitel neunundzwanzig

RETTET DEN SONNENAUFGANG

Ich wusste, dass Sie ein Naturtalent sind, Shantala.«

Der Major hatte recht behalten, das graue Pony war sanftmütig und fügsam, ganz anders als McAbles Hengst namens Rufus – ein riesiges schwarzes Ungetüm und genauso kribbelig wie sein Reiter.

Sie rief sich ihre Reitstunden samstagvormittags auf der City Farm in Erinnerung, auf Scooby, einem braven, stinkenden Klepper. Sie hatte es geliebt, zwischen den Ölfässern Slalom zu traben, aber das hier? Das hier war wie eine Szene aus einem von Mums überkandidelten Filmen, in der der Regisseur auf genau die richtige Klischee-Bilderbuchkulisse schwenkte – die endlose, schneebedeckte Hochebene unter einem wolkenlosen Himmel. Der monumentale Steinkreis von Stonehenge in der Ferne, in strahlendes Sonnenlicht getaucht, sah absolut unecht aus.

Sie ritten in einem ruhigen Trab nebeneinanderher, die Hufe durchbrachen knirschend den eisverkrusteten Schnee. Etwa eine halbe Meile von der Kaserne entfernt bogen sie in einen Reitweg ein, der zu beiden Seiten von Hecken gesäumt war – genau wie McAble gesagt hatte. Gerade breit genug für zwei Pferde, aber zu schmal für ein großes Fahrzeug.

»Nur um mich zu vergewissern: Sie bringen mich an den Ort, an dem Sie Finch das letzte Mal gesehen haben?« Shanti musste sich Mühe geben, mit dem Pony an Rufus' Seite zu bleiben. »Zu der Stelle, an der er gegraben hat?«

»Ja, sie liegt ganz in der Nähe des Ortes Imber Village. Ist das nicht herrlich? Es hat zwar einige Überredungskunst gebraucht, aber ich wusste, dass Sie den Ausritt genießen würden.«

»Haben Sie keine Familie, Major?«

Er schüttelte den Kopf. »Keine Menschenseele, die mir verbunden ist. Ich weiß nicht, warum, aber ich scheine Frauen einzuschüchtern. Vielleicht fürchten sie, sie könnten mir nicht auf Augenhöhe begegnen.«

»Nun, wie ich bereits erwähnte, bin ich eine alleinerziehende Mutter, und alleinerziehende Mütter schüchtert so schnell nichts ein. Aus irgendeinem Grund jedoch neigen sie dazu, sich ständig schuldig zu fühlen, vor allem an Geburtstagen und Weihnachten.«

»Kinder sind gewiss eine große Last. Ich darf mich wohl glücklich schätzen, dass meine Freizeit mir gehört.«

»Auch wenn Sie sich das nicht vorstellen können: Ich liebe meinen Sohn über alles, und ich wünschte, ich könnte jetzt bei ihm zu Hause sein.«

Sie erinnerte sich schwach daran, dass sie ihr mütterliches Dilemma Caine gegenüber erwähnt hatte, und obwohl sie nicht mehr genau wusste, was er erwidert hatte, meinte sie, er habe etwas mehr Einfühlungsvermögen gezeigt.

Während des Ritts griff Troy in die Tasche seiner Tarnjacke und zog einen ledernen Flachmann hervor. Er schraubte den Deckel ab und bot ihn ihr an.

»Das vertreibt die Spinnweben im Kopf«, sagte er. »Wird hier in der Gegend hergestellt, das Rezept ist angeblich seit Tausenden von Jahren unverändert. Wirkt unglaublich gut.«

Ihr entsetzter Gesichtsausdruck sagte alles.

»Erzählen Sie mir von dem Gebäude auf dem Gelände von Everkill«, forderte sie ihn auf. »Das, worüber sich Finch so schrecklich aufgeregt hat. Was für eine Geschichte steckt dahinter?«

»Die Königin der Fragen«, sagte er und klopfte dem Hengst auf den Nacken. »Ich fürchte, sie ist nicht wegen unseres guten Aussehens hier, Rufus.«

»Was stand noch gleich auf dem Plakat, Major? ›Rettet den Sonnenaufgang‹?? Das andere war ... ja, jetzt weiß ich's wieder: ›Schützt die Steine‹.«

McAble nahm einen großen Schluck aus dem Flachmann und schauderte voller Entzücken. Wieder bemerkte Shanti, dass seine Finger zitterten, als er den Deckel aufsetzte und zuschraubte.

»Ich sehe schon, Sie geben keine Ruhe, bis ich es Ihnen erzähle. Finch bekam Wind davon, dass ein neues Gebäude auf dem Militärgelände in Planung war – ein Lager, völlig unspektakulär, aber am Horizont, und Finch behauptete, es würde bei der Sommersonnenwende den Sonnenaufgang an den Steinen verstellen. Ich muss zugeben, es war ziemlich amüsant, ihn derart aus der Haut fahren zu sehen. Er teilte uns mit, dass die ersten Sonnenstrahlen Stonehenge in einem ganz bestimmten Winkel treffen – das Monument sei ein ›komplexer Sonnenkalender‹, ja, genau diesen Ausdruck hat er benutzt. Er war der Ansicht, der Bau des Gebäudes käme einer Entweihung gleich.«

»Klingt so, als hätten Sie ihn verspottet.«

»Aber nicht doch, ganz und gar nicht. Wir hatten im Laufe der Jahre ein paar offene Gespräche, und ich muss zähneknirschend zugeben, dass ich tatsächlich so etwas wie Respekt für den Mann verspürte. Er hätte alles mit seinem Erbe anstellen können, daher konnte man an der Aufrichtigkeit seiner Absichten nicht zweifeln, so naiv sie auch waren.«

»Aber so dachten nicht alle?«

»Einige der Jungs ... Nein, das sollte ich nicht sagen.«

»Sie hatten sich bereit erklärt, meine Fragen zu beantworten.«

»Sie müssen verstehen, dass Menschen, die im Irak oder in Afghanistan ihr Leben riskiert haben, es nicht allzu gut auffassen, wenn ein langhaariger Aristokrat über die Unmoral des Krieges doziert und ihnen weismachen will, sie hätten kein Recht dazu, auf der Hochebene Manöver durchzuführen. Ich nehme an, Finch zu foppen wurde für sie zu einer Art Sport. Doch wie ich Ihrem verlotterten Kollegen bereits mitteilte, wurde ich als Kind in der Schule gemobbt, deshalb dulde ich ein solches Verhalten nicht. Am Ende konnten Finch und ich uns auf einen Kompromiss einigen.«

»Auf was für einen Kompromiss?«

»Ich schwor ihm, dass wir eine Lücke zwischen den Lagereinheiten lassen würden, damit das Sonnenlicht ungehindert einfallen kann.«

»Und was war dann das Problem?«

»Nun, in der Nacht vor der Sommersonnenwende tranken ein paar der Kameraden etwas zu viel von diesem Zeug hier …« Er zog den Flachmann hervor und nahm einen weiteren großen Schluck. »Entgegen meiner Anweisungen fanden sie es lustig, über Nacht eine Fertighalle aufzustellen. Sobald ich davon erfuhr, gab ich den Befehl, die Halle unverzüglich zu entfernen, doch Finch hatte bereits Wind davon bekommen und glühte vor Zorn. Daher das Spektakel bei der Parade.«

Sie hatten das Ende des Reitwegs erreicht, und die Pferde trabten nun über die scheinbar endlose Ebene. Das Gebiet wurde ganz offensichtlich für Militärübungen genutzt, wie die narbenartigen Spurrillen im Schnee, die nur von Panzern oder schwerer Artillerie stammen konnten, eindeutig bezeugten.

Zu ihrem Schrecken entdeckte Shanti mehrere große Schilder.

MILITÄRÜBUNGSGELÄNDE
Gefahr durch Blindgänger
Zutritt für Zivilisten verboten

»Ach du lieber Himmel«, sagte sie. »Ist es hier sicher?«

»Ich hatte Sie gewarnt«, erwiderte McAble gelassen. »Finch war ein verdammter Narr, seine Spielchen ausgerechnet hier zu spielen. Und ich sage Ihnen noch etwas: Es wäre ein echtes Ärgernis gewesen, wenn er hier etwas gefunden hätte – irgendwelche alten Gräber oder sonst was –, denn es hätte bedeutet, dass Bauarbeiten und Militärübungen während der Ausgrabungen komplett zum Stillstand gekommen wären, womöglich für Jahre. Leute wie Finch sind clever, sie wissen die Bedeutung historischer Funde auszuschlachten, um unsere Arbeit in Everkill zu torpedieren, die, wie jeder Idiot sehen kann, im nationalen Interesse liegt … Halten Sie sich dicht neben mir, Shantala, ich weiß genau, welche Strecke wir nehmen müssen. Wir reiten dorthin – in die Nähe des Hügels.«

»Sie haben mir von Ihren Kameraden erzählt. Wo kann ich diese Männer finden?«

»Sie weilen nicht mehr unter uns, Shantala.«

»Sie sind *tot?*«

»Nein, nicht tot. Sie wurden rausgeschmissen, Pardon, ehrenhaft entlassen.«

»Wer …? Ich meine, warum wurden sie entlassen?

»Die Jungs waren … sagen wir, ein wenig labil. Sie hatten in Helmand höllische Dinge erlebt und drehten durch, leider. Man hat jedem von ihnen psychologische Betreuung angeboten, die sie aus ganz persönlichen Gründen ablehnten. Manche von ihnen hatten Aggressionsprobleme, und so etwas kann man sich in der Armee nicht leisten. Da geht es um strenge Disziplin, wenn Sie wissen, wovon ich rede.«

»Und wo sind diese Männer jetzt?

McAble warf ihr einen ärgerlichen Blick zu. »Hören Sie, können Sie nicht endlich aufhören, mir so verdammt viele Fragen zu stellen? Sie lassen nicht locker, seit wir uns begegnet sind. Ich hatte mich wirklich darauf gefreut, Zeit mit Ihnen zu verbringen, und jetzt verderben Sie alles. Ich wünschte, Sie würden verstehen, dass solche Leute unberechenbar sind.«

»Ich kann gut auf mich aufpassen.«

»Daran habe ich keinen Zweifel. Sie sind eine toughe Frau, Shantala, aber letztendlich sind Sie bloß ein Officer von der Zivilpolizei. Sie sind besessen von dem Tod eines einzigen Mannes, doch die Menschen, von denen ich rede, sind einmal durch die Hölle und zurück gegangen.« Er zog wieder seinen Flachmann hervor und drückte dem Hengst die Fersen in die Seiten. »Auf alle Fälle geht es mir heute nicht so gut. Wie ich schon sagte: Ich nehme Medikamente, und die Ärzte haben mir dringend geraten, auf Alkohol zu verzichten.«

»Dann sollten Sie vielleicht …«

»Nein, Sie wollen doch wissen, wo ich Finch zuletzt begegnet bin. Sehen Sie, dort unten …«

Sie standen auf dem Scheitel eines Hügelkamms und blickten hinunter in ein Tal. Unter ihnen erstreckte sich ein Dorf mit einer alten Kirche und verschneiten Dächern. Der Ort hatte etwas Statisches an sich – starr vor Frost, erstarrt in der Zeit. Auf den Straßen fuhren keine Fahrzeuge. Auf den weißen Feldern war kein einziges Tier zu sehen. Auf den Gehwegen kein einziger Mensch. Nichts regte sich, außer einer Elsternfamilie, die durch die skelettartigen Bäume flatterte.

»Was ist das für ein Dorf?«, fragte sie.

»Das ist Imber Village«, antwortete er.

»Und was ist so besonders an Imber?«

»Es ist ein Geisterdorf, Shantala. Streng verboten für Zivilisten. In den 1930ern wurde der Ort vom Militär zum Wohl der Nation beschlagnahmt und dient seitdem als Übungsgelände. Man hat den damaligen Dorfbewohnern Ersatzunterkünfte angeboten, aber viele fielen in Depressionen, ein paar begingen angeblich sogar Selbstmord. Einige ihrer Nachfahren hegen bis heute einen Groll gegen die Armee. Ich sage Ihnen etwas, Shantala: Ich war in Kriegsgebieten auf der ganzen Welt, aber ich bin nur selten auf so viele Konflikte und Feindseligkeit gestoßen wie hier in Wiltshire.«

Und dann hörte Shanti etwas, was ihre Haut zum Kribbeln brachte – ein Summen wie von einem ganzen Stock aufgebrachter Bienen oder vielmehr das Brummen von Motoren, die sich aus der Ferne näherten. Am Ende der ehemaligen Hauptstraße war Bewegung auszumachen, und dann wusste sie plötzlich, was sie da sah: einen Motorradkonvoi. Auf den Maschinen saßen Männer mit flatternden Kapuzengewändern.

Kapitel dreißig

TAGEBUCH EINES TOTEN

Das Mädchen saß hinter dem überladenen Schreibtisch seines Vaters in dessen sonnigem, türkisgrün gestrichenem Arbeitszimmer, das voller Bücher war.

»Hast du gehört, Ganesh?«, fragte sie den Hund mit liebevoller Stimme. »Mr. Caine hat deinen Bruder gefunden. Ja, Albion kommt nach Hause.«

Es war, als hätte Ganesh sie verstanden. Er wedelte mit dem Schwanz und drückte seine Nase gegen ihre Hände.

Caine ließ den Blick durch den Raum schweifen und bemerkte zahlreiche anthropologische Artefakte: gerahmte Mandalas, Bilder von Sonne und Mond neben Gottheiten wie Christus, Brahma und seinem »Kumpel« Buddha, wie Shanti es ausdrücken würde.

An die Wand über einem chaotischen Bücherregal hatte jemand in goldener Schönschrift geschrieben:

Wir haben die Erde nicht von unseren Vorfahren geerbt, wir borgen sie von unseren Kindern.

»Das gefällt mir«, sagte er.

»Es war Finchs Lieblingszitat«, erwiderte Sky.

Auch Caine nahm am Schreibtisch Platz, ihr gegenüber. »Hast du das Tagebuch gefunden?«, fragte er.

Sie nahm ein dickes, ledergebundenes Buch aus der Schublade, räumte einen kleinen Fleck auf der Schreibtischplatte frei und blätterte darin. In ihren dunklen Augen glitzerten Tränen.

»Ich war die halbe Nacht wach und habe darin gelesen«, sagte sie leise. »Er hat alles aufgezeichnet: seine Erfolge, seine Träume, aber auch die Konflikte.«

»Dein Vater war ein Mann mit starken Überzeugungen«, sagte Caine. »Und wie diese Propheten dort« – er zeigte auf die Bilder an der Wand – »hat er sich unweigerlich Feinde gemacht. Nimmt er irgendwo Bezug auf sein jüngstes Projekt? Warum er auf der Hochebene gegraben hat?«

»Ja, das steht hier, auf den letzten Seiten …« Sie drehte das Tagebuch so um, dass Caine die engen, handschriftlichen Aufzeichnungen ihres Vaters sehen konnte, begleitet von Diagrammen, Skizzen und Karten. »Das sind die Koordinaten, wenn Ihnen das weiterhilft. Finchs Schrift ist schwer zu entziffern, aber hier steht: ›Aufregender Tag! Das Magnetometer führt mich an eine bestimmte Stelle in der Nähe von Imber, vier Meilen nordwestlich von den Steinen. Die Armee hat Warnschilder aufgestellt, aber ich lasse mich nicht abschrecken …‹«

»Lies weiter«, drängte Caine. »Was schreibt er noch?«

»Er denkt, er hat das entdeckt, wonach er immer gesucht hat – eine heilige Stätte, die es mit Stonehenge aufnehmen kann. Mit zunehmender Aufregung beginnt er zu graben, manchmal arbeitet er die ganze Nacht. Am dritten Morgen legt er Werkzeug aus Feuerstein frei und stößt tatsächlich auf Knochenfragmente. Inzwischen ist er überzeugt, dass es sich um eine jungsteinzeitliche Grabstätte handeln muss. Und das ist alles. An der Stelle enden seine Aufzeichnungen.«

Sky legte das Tagebuch auf den Schreibtisch und blätterte weiter, um Caine zu zeigen, dass etwa die Hälfte der Seiten so weiß war wie die Hochebene unter ihrer Schneedecke. So weiß wie die leeren Seiten einer unvollendeten Geschichte.

In einem Sessel neben dem großen Kamin saß Constanza. Sie wirkte heute klarer, aber ihr Englisch bereitete ihr Probleme. Auf

Portugiesisch teilte Sky ihrer Mutter mit, dass Albion gefunden wurde, allerdings noch nicht wieder ganz auf dem Damm war. Caine sah, wie sich Constanzas Gesicht bei der Neuigkeit aufhellte. Sie teilte Sky etwas mit, die *»Não, mãe, não!«* antwortete. »Constanza denkt immer noch, dass auch Finch wiederkommt«, sagte sie anschließend an Caine gewandt.

»Wir sollten besser nichts erzwingen.« Er wiegte nachdenklich den Kopf. »Wenn die Zeit dafür da ist, wird sie es verstehen. Glaubst du, deine Mutter würde mir ein paar Fragen beantworten?«

»Ja, sie freut sich, wenn sie helfen kann.«

»Constanza ist bewandert in Heilkräuterkunde. Wäre sie in der Lage, Schierling zu erkennen?«

Seltsamerweise war es hilfreich, dass sie nicht dieselbe Sprache sprachen, denn es bedeutete, dass Caine ihren Gesichtsausdruck genauestens beobachten konnte, während sie Skys Übersetzung lauschte. Es war schwer vorstellbar, dass die trauernde Mutter und die trauernde Tochter irgendetwas anderes als reine Liebe für den Mann empfanden, den sie verloren hatten.

»Meine Mutter sagt, als sie nach England kam, musste sie ihre botanischen Kenntnisse erst wieder auffrischen«, übersetzte Sky. »Sie hat Finch die Kunst des Sammelns gelehrt, und sie sagt, er sei nie ohne eine Handvoll Pilze, Kräuter oder Beeren zurückgekehrt. Zuerst aber hat sie ihm selbstverständlich beigebracht, Giftpflanzen zu erkennen – das ist oberstes Gesetz, wenn man die Nahrung zu sich nehmen möchte, die die freie Natur einem bietet. Also ja: Sie weiß, wie Schierling aussieht und wozu man ihn verwenden kann.«

»Hm«, sagte Caine. »Ich fürchte, ich muss deiner Mutter ein paar schwierigere Fragen stellen …«

»*Questões mais difíceis …*« Constanza nickte mit Nachdruck.

»Hat Finch Constanza gegenüber irgendwann einmal Probleme mit einigen der Reisenden erwähnt?«

Constanza hielt inne, als zögere sie, eine bedrückende Erinnerung hochkommen zu lassen. Als sie schließlich doch antwortete, kamen ihre Worte schleppend und unsicher, und Caine sah, wie sich eine dunkle Wolke auf Skys Gesicht legte.

»Meine Mutter sagt, sie möchte mich nicht beunruhigen, aber vielleicht sei ich inzwischen alt genug, die Dinge zu verstehen, die sie mir vorenthalten haben …«

Sie besprach sich weiter mit ihrer Mutter, stellte Rückfragen und bat sie, einzelne Sätze zu wiederholen, bis sie ganz sicher war. Anschließend drehte sie sich wieder zu Caine um.

»Also, einiges davon wusste ich bereits – es kursierten stets Gerüchte und Geschichten unter meinen Freunden in Evol. Constanza hat erzählt, dass sich unter den ursprünglichen Reisenden mehrere Unruhestifter befanden, aggressive Anarchisten, wie sie sie nennt, die ihre Argumente gern mit Fäusten oder Messern vortrugen. Sie waren nicht bereit, den friedlichen Spirit von Evol zu akzeptieren. Finch öffnete ihnen sein Herz und sein Zuhause, aber sie missbrauchten seine Gastfreundschaft. Am Ende blieb meinem Vater keine andere Wahl: Er forderte sie auf zu gehen, was sie nur widerstrebend taten. Sie griffen ihn sogar mehrfach an. Finch war Pazifist, aber er war auch ein großer Mann und außergewöhnlich tapfer …«

»Wo sind diese Leute jetzt?«

Wieder wechselte sie einige Worte mit ihrer Mutter.

»Angeblich kehrten die meisten von ihnen dorthin zurück, woher sie gekommen waren, aber ein paar blieben in der Gegend.«

»Erklärt das die Schranke an der Zufahrt?«

Constanza, die seine Frage offenbar verstanden hatte, antwortete in stakkatohaftem Portugiesisch, unterbrochen von englischen Ausdrücken und Sätzen. »Schlacht im Bohnenfeld«, schnappte Caine auf.

»Meine Mutter sagt, Ihre Kollegen damals seien nicht so hilfsbereit gewesen – sie hegten Ressentiments wegen der Schlacht im Bohnenfeld. Also mussten Finch und die Evolutionäre zusehen, dass sie allein klarkamen. Sie stellten ihre eigene Schutztruppe zusammen, und seitdem wird Lovell Court Tag und Nacht bewacht.«

»Ich muss wissen, wer diese Aufwiegler sind. Vielleicht kennt deine Mutter ihre Namen?«

Eine weitere Diskussion, bei der Sky von Sekunde zu Sekunde aufgewühlter zu werden schien.

»Das ist seltsam«, sagte sie. »Laut Constanza haben sich die Kerle einer einheimischen Bande angeschlossen … Stimmt das, Mutter? *Gangue local?* Ja, eine Bande, die noch immer in dieser Gegend ihr Unwesen treibt. Mit den Jahren wurde sie immer größer, und Finch erzählte Constanza, dass er ihretwegen sogar einen Pakt mit einigen der übergriffigen Polizisten eingegangen sei, die wegen exzessiver Gewaltanwendung bei der Schlacht im Bohnenfeld entlassen wurden.«

Der ängstliche Ausdruck, der in Constanzas Gesicht trat, bedurfte keiner Übersetzung.

»Meine Mutter sagt, die meisten von ihnen sind inzwischen schon älter, aber sie sind ziemlich Furcht einflößend. Sie fahren auf Motorrädern durch die Gegend, viele in Leder, aber einige von ihnen kleiden sich wie …«

»Wie Druiden?«, fiel Caine ihr ins Wort.

»Genau. Ich denke, ich habe diese Leute schon mal gesehen, Mr. Caine. Sie tragen Kapuzen und weite Gewänder. Laut Constanza sind sie so etwas wie der Ku-Klux-Klan von Wiltshire.«

»Das ist ausgesprochen wichtig«, sagte Caine. »Bitte frag deine Mutter, ob sie irgendwo eine Basis haben, einen Ort, an dem sie sich versammeln.«

Sky übersetzte seine Frage, und Caine wartete ungeduldig auf eine Antwort.

»Hm. Das ist echt unheimlich. Auf der Ebene, ganz in der Nähe von Finchs Ausgrabungsstätte, gibt es einen Ort, der für Zivilisten streng verboten ist. Ein Dorf, das während des Zweiten Weltkriegs vom Staat beschlagnahmt und seitdem ausschließlich für militärische Übungszwecke genutzt wurde. Im Grunde ein Geisterdorf.«

»Imber?«

»Ja, genau. Imber Village. Finch ging davon aus, dass die Typen in den verlassenen Gebäuden herumlungern, wenn sie nicht mit ihren Motorrädern durch die leeren Straßen dröhnen.«

Constanza sagte etwas zu ihrer Tochter. Ihre Stimme klang ernst.

Als sie fertig war, sah Sky Caine mit gerunzelter Stirn an. »Das, was sie mir gerade mitgeteilt hat, wusste ich nicht: Meine Mutter sagt, Imber habe zum Lovell-Finch-Anwesen gehört. In den 1920er- und 1930er-Jahren war Finchs Großvater als adeliger Gutsherr so etwas wie ... nun, ich denke, man könnte ihn den Dorfbesitzer oder Dorfherrn nennen. Obwohl es sich um eine von der Regierung angeordnete Zwangsräumung handelte, machten ihn viele Bewohner für den Verlust ihrer Häuser verantwortlich.«

Constanza war mittlerweile völlig aufgewühlt. Mit durchgestrecktem Rücken saß sie in ihrem Sessel, starrte in die Flammen und fügte einige Sätze auf Portugiesisch hinzu. Caine fing einzelne Satzfetzen auf. »*Soldados do exército ...*«

Jedes Mal, wenn Sky übersetzen wollte, unterbrach ihre Mutter sie und fügte weitere Details hinzu.

Irgendwann platzte Sky dazwischen: »Das ist reine Spekulation, aber meine Mutter denkt, dass diesem Mob auch mehrere ehemalige Soldaten angehören, die aus der Armee geflogen sind.«

Caines Besorgnis wurde zunehmend größer. »Dann haben sie womöglich Zugang zu militärischen Standorten?«, fragte er.

Constanza sagte einen letzten Satz zu ihrer Tochter, danach seufzte sie vernehmlich und ließ sich erschöpft und mit verschränkten Armen in den Sessel zurücksinken.

Die letzten beiden Worte sagte sie auf Englisch. Sie hinterließen eine erschreckende Resonanz.

»Laut meiner Mutter haben diese bösen Menschen, diese *caras maus,* in der Gegend einen Namen: Die Leute nennen sie das ›Psycho-Kommando‹.«

Kapitel einunddreißig

DER FINSTERE LORD DES TODES

Das Psycho-Kommando«, sagte Troy McAble.

»Wie bescheuert ist das denn?«, fragte Shanti kopfschüttelnd.

»Ich glaube, anfangs war es eher ein Scherz, doch irgendwie ist der Name hängen geblieben. Hören Sie, Shantala, Sie sind ein liebenswertes Mädchen …«

»Ich bin eine Frau, Major McAble.«

»Gewiss doch. Die Sache ist die: Ich möchte Sie nicht überfordern. Deshalb habe ich auch so lange gezögert, Sie damit zu konfrontieren. Manche Dinge sollte man besser auf sich beruhen lassen. Heilige Madonna! Das Zeug haut wirklich rein!«

»Sie sollten lieber mit dem Trinken aufhören, Major.«

»Dafür ist es wohl ein bisschen zu spät …« Er legte den Kopf in den Nacken und schüttete sich auch die letzten goldgelben Tropfen in den Rachen. »Sehen Sie – das Zittern hört auf!« Er streckte einen Arm aus, der über der Kirchturmspitze dort unten im Tal hin und her zu wanken schien.

»Ich möchte, dass Sie mich jetzt zu der Ausgrabungsstätte bringen, Major, und zwar sofort. Anschließend würde ich gern aufbrechen.«

»Früher habe ich das Soldatentum geliebt, Shantala, aber die posttraumatische Belastungsstörung und die Medikamente verursachen allerlei Probleme. So sind zum Beispiel all meine Beziehungen zerbrochen, und unter uns: Ich habe ziemlich hohe

Spielschulden angehäuft. Es ist unglaublich erleichternd, mit jemandem darüber reden zu können ...«

Aus seinen blutunterlaufenen Augen strömten Tränen.

»Was ist das für ein Zeug, das Sie da trinken, Major?«, wollte Shanti wissen.

»Met. Von den Bienen der Hochebene. Hergestellt von Druiden. Angeblich hat sich das Rezept nie geändert. ›Hochgefühle garantiert‹, verspricht der Slogan. Ziemlich clever, finden Sie nicht? Hochebene, Hochgefühle ... Ich glaube nicht, dass sich da jemand beschwert.«

»Was sind das da unten für Leute? Ich dachte, das Dorf wäre militärisches Sperrgebiet?«

»Fragen, Fragen, Fragen. Jetzt habe ich mal eine Frage an Sie, DI Shantala Wie-immer-Sie-heißen: *Voulez-vous couchez avec moi sisswah?*«

Er lallte und schwankte im Sattel hin und her, einen irren Ausdruck in seinem gut aussehenden Gesicht.

»Wissen Sie was?«, sagte Shanti. »Machen wir Schluss für heute. Sie haben behauptet, diese Gegend sei für Fahrzeuge nicht zugänglich, aber das stimmt definitiv nicht. Ich werde heute Nachmittag ein Team herschicken, das sich Hector Lovell-Finchs Grube mal genauer ansehen soll. Und kommen Sie mir jetzt nicht mit Sperrgebiet, Major, denn wir ermitteln hier in einem Mordfall.«

Sie nahm die Zügel fester, wendete das Pony und trabte zurück in die Richtung, aus der sie gekommen waren.

»STOPP!«, brüllte McAble. »ICH BEFEHLE IHNEN, STEHEN ZU BLEIBEN, SOFORT!«

Seine Stimme hallte meilenweit über die Ebene.

»Sie dürfen nicht allein reiten! Sie haben die Schilder doch gesehen ... Wenn Sie Ihr Leben riskieren möchten, bitte sehr, aber ich werde nicht zulassen, dass Sie das Leben der beiden Pferde aufs Spiel setzen. Sie warten jetzt auf mich, Shantala, haben Sie verstanden? Reiten Sie weder nach links noch nach rechts. Das ist ein Befehl!«

Shanti zog ihr Handy hervor und rief Caines Nummer auf. Das Telefon war tot.

»Was ist mit meinem Handy los, Major?«

»*Was ist mit meinem Handy los, Major?*«, äffte er sie mit verächtlicher Jammerstimme nach. »Mit Ihrem Handy ist nichts los, Detective Inspector. In Imber gibt es einfach nur keinen Empfang. Auch keine Elektrizität, nicht mal fließendes Wasser. Hier geht es ums Überleben, Shantala. Jeder Mann für sich. Und jetzt würde ich Sie gern mit einigen meiner Freunde bekannt machen.«

Sie kamen aus Wald und Forst.

Schwirrten über die Hochebene.

Wie Bienenschwärme.

Auf Motorrädern.

Mit Beiwagen.

In olivgrünen Jeeps.

Die Männer in den wallenden Gewändern.

Die Männer mit den Kapuzen.

Die Druiden.

In Lovell Court war es mit Caines Gelassenheit vorbei. Verzweifelt tippte er auf sein Handy ein, wählte wieder und wieder Shantis Nummer, doch er bekam nur ihre ruhige, leicht seltsam klingende Stimme auf dem Anrufbeantworter zu hören.

Als Nächstes probierte er es bei Benno. Niemand ging dran. Nach mehreren Versuchen meldete sich endlich seine Frau. Es sehe Benno gar nicht ähnlich, das Telefon in seiner Uniformjacke zu vergessen, teilte sie Caine mit, aber er habe sich so beeilt, rechtzeitig zum Bahnhof zu gelangen, um die Tochter und den Schwiegersohn mit den Enkelkindern abzuholen, dass er wohl einfach nicht ans Handy gedacht habe. Sie versicherte Caine, dass er nicht länger als eine Stunde weg sein würde, und versprach, ihm sobald er nach Hause käme Bescheid zu geben, dass Caine angerufen habe. Anschließend wünschte sie ihm ein friedliches Weihnachtsfest. Er würde sich doch sicherlich darüber freuen, auch mal die Füße hochlegen zu können.

Caine atmete tief durch.

Es gab eine Zeit der Besinnung. Es gab eine Zeit zum Handeln.

»Sky, ich muss sofort zu dieser Grabungsstätte. Könntest du mich nach Imber Village bringen?«

»Ich bin vierzehn, Mr. Caine. Denken Sie, ich kann Auto fahren?«

»Natürlich nicht. Das vergesse ich immer wieder. Vielleicht einer von den Evolutionären?«

»Ich habe eine bessere Idee«, sagte sie. »Folgen Sie mir einfach.«

In Wanderstiefeln, dickem Wintermantel und Fliegermütze ging Caine dem schmächtigen Mädchen in dem abgerissenen grünen Dufflecoat und der Wollmütze hinterher. Mit nackten Füßen huschte sie aus dem großen Haus in Richtung Werkstatt. Es war noch nicht einmal fünf, doch die hügelige Wildnis von Lovell Court war bereits in das Blutrot der untergehenden Sonne getaucht.

»Ich weiß, dass ich eigentlich nicht hineingehen soll«, sagte Sky. »Aber so ist es am Besten.«

Sie zog den Schlüssel zur Werkstatt aus der Manteltasche, sperrte auf und ging eilig hinein. Ein paar Minuten später schossen sie die Zufahrt entlang. Caine, der hinter Sky auf dem Schneemobil saß, klammerte sich an den Seiten des Rücksitzes fest.

Als die Schranke in Sicht kam, rief Sky den Wachleuten eine Warnung zu, die eilig den Weg frei machten.

Als sie über das Viehgitter holperten, brüllte Caine ihr ins Ohr: »Soll ich fahren, Sky?«

»Keine Sorge, Mr. Caine. Finch war ein guter Lehrer! Hier, vielleicht können Sie die gebrauchen.« Sie reichte ihm eine Schutzbrille nach hinten.

»Wie lange wird die Fahrt in etwa dauern, Sky?«

»Vielleicht zwanzig Minuten. Nicht viel länger. Wir können querfeldein nach Imber fahren.«

Auf der verschneiten schmalen Straße zwischen den steilen Böschungen schaltete Sky die Scheinwerfer an, und Caine stellte fest, dass sie recht hatte: Sie war eine souveräne Fahrerin. Er ergab sich dem Irrsinn des Augenblicks. Was sollte er sonst tun?

»Da hinten solltest du besser vom Gas gehen«, warnte er sie vor. »Vorhin war da eine Riesenmeute.«

Sie waren immer noch da, die Fernsehteams, Journalisten, die Reporter, die Streifenpolizisten. Sky bremste auf Schrittgeschwindigkeit ab und umrundete die Horde vor den Toren der Old Vicarage. Am Ende der Einfahrt brannten warme Lichter.

Als die Straße wieder frei war, gab Sky Gas und schoss den Hügel hinauf, selbst bei der Auffahrt zur A303 bremste sie kaum. Heute Abend herrschte ohnehin kein Verkehr – jeder halbwegs vernünftige Mensch machte es sich zu Hause mit seinen Lieben gemütlich.

Zu Caines Überraschung überquerte sie die Fahrbahn nur und hielt auf ein kleines Tor in dem Zaun zu, der das Gelände von English Heritage umgab. Caine stellte fest, dass sie sich auf einem der schmalen Pfade befanden, die die Hochebene kreuz und quer durchzogen. Kurz darauf rutschten und holperten sie über den unebenen Boden, vorbei an Hecken und Stacheldrahtzäunen.

Das hier war – und war es immer schon gewesen – heiß umkämpftes Land. Die Armee wollte es für sich haben, genau wie English Heritage. Archäologen. Druiden. Jeder erhob Anspruch darauf. Es war das gelobte Land der Reisenden zur Thatcher-Ära gewesen, wofür Silas einen so hohen Preis gezahlt hatte.

Die Sonne wich dem Mondlicht, die Scheinwerfer erhellten ihren Weg. Sky raste ungebremst über die Hochebene. Eissplitter, aufgewirbelt von den Ski des Schneemobils, schnitten Caine ins Gesicht. Er war dankbar für die Schutzbrille. Mit zusammengekniffenen Augen spähte er über die silbrige Schneewüste, in deren Mitte er unter dem wachsamen Blick des Mondes den Kernpunkt all der Rivalitäten sah. Still. Menschenleer. Prachtvoll. Der Heilige Gral von Stonehenge.

Was Caine nicht wusste, war, dass Shanti dort lag, auf dem Altarstein, mit Stricken an Händen und Füßen gefesselt.

Hoch über ihrem Kopf ging der runde, pfirsichrosa Mond auf. Wenn sie den Kopf zur Seite drehte, konnte sie den Buswendehammer in der Nähe der mobilen Toilettenhäuschen sehen, wo sich die Motorradfahrer und andere Gestalten versammelt hatten.

Die Szenerie hatte etwas typisch Englisches, befand Shanti. Was sie beruhigt hätte, wenn sie nicht gleich würde sterben müssen.

Inmitten der geparkten Motorräder und ausrangierten Militärfahrzeuge gingen alle ihren Aufgaben nach. Die Männer waren bärtig und tätowiert, ihre vorgewölbten Bäuche verrieten eine Vorliebe für Bier. Auch Frauen waren dabei.

Sie hatten keine Eile bei ihren Vorbereitungen – im Gegenteil, sie plauderten freundlich miteinander, während sie ihre Druidenkleidung anlegten. Die Frauen begrüßten die Neuankömmlinge fröhlich, die GoodGuys-Wachleute umarmten ihre Druidenkollegen.

Kurz nachdem man sie auf dem Hügelkamm oberhalb von Imber geschnappt hatte, hatte Shanti Troy McAble aus den Augen verloren. Das Letzte, was sie sah, war sein entgleistes Gesicht. Er war völlig aus dem Häuschen – ein sicheres Zeichen dafür, dass sich in seinem Lederflachmann mit Hochebenen-Met noch etwas anderes befunden hatte als fermentierter Honig – und geriet so sehr in Rage, dass sich sein Hengst auf die Hinterbeine stellte.

Der Stein, auf dem sie lag, war kalt wie Granit. Unbequem, doch unter ihrem Rücken tasteten Shantis Finger nach scharfen Ecken und Kanten. Was immer zur Hölle hier passierte, sie würde nicht einfach hier herumliegen wie eine Jungfrau in Nöten.

Ja, dachte sie nun, Dawn arbeitete wirklich gründlich. Sie hatte nicht nur den Turm entfernen lassen, sondern auch jedes Fitzelchen Klebeband, sämtlichen Müll, jede einzelne Trittplatte und das Forensikzelt nebst komplettem Inhalt. Das Monument wurde wieder seiner grüblerischen Schlichtheit überlassen. Jeder Monolith war mit einer hohen weißen Kappe versehen, bis auf den Deckstein, auf dem der bedauernswerte Finch gelegen hatte.

Mittlerweile war das Psycho-Kommando in voller Montur und durchwühlte die Kofferräume und Beiwagen der Motorräder nach den Gegenständen, die ihnen für ihr Vorhaben noch fehlten.

Der Oberdruide stattete Shanti einen kurzen Höflichkeitsbesuch ab, um sich zu vergewissern, dass sie es so bequem hatte, wie es unter den gegebenen Umständen möglich war. Er entschuldigte sich für die Verzögerung und versicherte ihr, es werde nicht mehr lange dauern, bis sie mit der Zeremonie beginnen könnten.

Eine Meile hinter Stonehenge endete der schmale Pfad. Das Schneemobil flog über die weitläufige Ebene, ein ultravioletter Lichtschweif im silbrigen Mondlicht. Als Sky den Motor an seine Grenzen trieb, sausten Caine die Schneeflocken wie Geschosse um die Ohren.

»Wir müssten bald da sein!«, rief Sky. »Imber liegt hinter diesem Hügelkamm, unten im Tal. Dort muss Finch laut seiner Skizzen auch die Grabungen vorgenommen haben!«

Es war offensichtlich, dass sie nicht das erste Vehikel waren, das heute Abend hier entlanggefahren war. Zu seinem Schrecken konnte Caine zahlreiche Reifenspuren, darunter auch von Motorrädern, im Schnee erkennen – außerdem die Hufabdrücke von Pferden.

Noch mehr Sorge allerdings bereiteten ihm die großen Schilder, die im Lichtkegel ihrer Scheinwerfer reflektierten.

MILITÄRÜBUNGSGELÄNDE
Gefahr durch Blindgänger
Zutritt für Zivilisten verboten

Caine fühlte sich hilflos wie ein Kind. Eingeschüchtert vom Militär, den Fahrkünsten eines Teenagers ausgeliefert.

»Ich denke, uns wird nichts passieren, wenn wir den Spuren folgen!«, rief Sky nach hinten. »Laut Tagebuch ist das die Route, die Finch immer genommen hat.«

Caine staunte über ihre Kompetenz und ihren Mut. Das Mädchen hatte seinen Vater verloren, und dennoch fuhr es furchtlos dem Unbekannten entgegen.

Die Vorstellung, auf einen Blindgänger zu treffen, war angsteinflößend, aber Caine tröstete sich mit dem Gedanken, dass all die anderen Fahrzeuge die Strecke unbeschadet überstanden hatten. Vielleicht waren die Schilder rein präventiv und dienten lediglich der Abschreckung potenzieller Eindringlinge.

Als sie weiterfuhren, glaubte er, seine Theorie bestätigt zu sehen, denn die anderen Fahrer waren im Zickzack über die brüchige Schneedecke gerast, hatten spielerische Schlenker gezogen wie Kinder, die sich mit ihren Fahrrädern ein Wettrennen lieferten und einander zu immer neuen Kapriolen anstachelten.

Caine verspürte das brennende Verlangen, Shanti zu sehen. Sich zu vergewissern, dass es ihr gut ging. Cheng-Lis Lehrsätze bezüglich des Loslassens mochten sicherlich weise sein, aber was verstand ein alter chinesischer Mönch schon von der Liebe?

Warum wurde Sky jetzt langsamer? Warum hielt sie an, hier draußen im Nichts, vier Meilen von Stonehenge entfernt, ein Stück vor ihrem Ziel – Imber Village und Finchs Grabungen? Sie hatten doch nicht etwa einen Motorschaden? Das wäre in der Tat unerträglich.

»Gibt es ein Problem, Sky?«

Anstelle einer Antwort legte sie einen Finger vor die Lippen. »Pst! Horchen Sie mal!«

Das Schneemobil war zum Stillstand gekommen. Auf den Lenker gestützt, richtete Sky sich auf und blickte mit weit aufgerissenen Augen in die Dunkelheit. Dann deutete sie auf den Hügelkamm vor ihnen.

Caine spürte es, bevor er es sah – ein Rumpeln unter seinen Füßen. Von irgendwo tief unten. Unter der Erdkruste.

Einen Moment später sah er es. Die erste von vier Erscheinungen, die an Monster aus der Kreidezeit erinnerten und sich drohend über die Hügelkuppe erhoben. Riesig ... schwerfällig ... bedrohlich.

»Was ist das, Mr. Caine?«, fragte Sky, plötzlich wieder ein kleines Mädchen.

Die Untiere schienen sie entdeckt zu haben. Und es gab in dieser endlosen Wildnis unter der hellen Scheibe des Mondes keinen Ort, an dem sie sich verstecken konnten.

Die erste Kreatur schwang ihren langen Rüssel in ihre Richtung, hielt für eine Millisekunde inne, dann donnerte sie über die Hügelkuppe und hangabwärts, näherte sich ihnen rasselnd und keuchend.

»Panzer!«, rief Caine. »Das sind Panzer. Und sie kommen auf uns zu!«

»Soll ich umkehren, Mr. Caine? Was soll ich tun?«

»Sie sind zu schnell! Wir werden ihnen niemals entkommen. Hör zu, Sky, hab keine Angst, ich bin mir sicher, sie wollen nichts von uns. Womöglich sind wir … ja, das ist es. Wir sind unbefugt in militärisches Sperrgebiet eingedrungen. Sie werden uns ein Bußgeld abknöpfen oder sonst etwas. Wenn sie feststellen, wer ich bin und dass ich in einem Mordfall ermittle, dann werden sie sicher mit sich reden lassen.«

Er faselte unsinniges Zeug, und das wusste er. Zum Teil, um das Mädchen zu beruhigen, zum Teil, um sich selbst zu beruhigen, aber hauptsächlich deshalb, weil die vier Metallbiester mit besorgniserregender Geschwindigkeit auf sie zurasten und keinerlei Anstalten machten, das Tempo zu drosseln.

»Also gut, Sky. Bei genauerem Nachdenken komme ich zu dem Schluss, dass diese Leute keine … du weißt schon … Botschafter der Liebe sind.«

»Sie meinen, sie werden nicht anhalten.«

»Nun, es ist schon ein wenig seltsam, dass sie so gar nicht langsamer werden. Ehrlich gesagt, ich weiß nicht, was sie vorhaben.«

»Mist. Nun, ich habe keine Lust, zu warten, bis wir es wissen. Kommen Sie, Mr. Caine … Laufen wir!«

Das Mädchen sprang vom Schneemobil und rannte barfuß durch den Schnee.

Caine, der den Großteil des Tages bewusst und achtsam gewesen war, fühlte sich paralysiert wie das sprichwörtliche Reh im Scheinwerferlicht. Nur dass dieses Reh mitten auf einer verschneiten Hochebene stand, während ein Panzerkonvoi in seine Richtung raste.

Hinter dem Hügelkamm gab es einen erschreckend lauten Knall, dann erhellte ein Blitz den Horizont, gefolgt von einem weiteren. Ohrenbetäubender Lärm ließ die Luft vibrieren.

Das müssen Leuchtgeschosse sein, dachte Caine. Hier draußen würde doch sicher niemand scharfe Munition abfeuern – oder doch?

Er war immer schon zu empfindsam gewesen. Während seiner Teenagerzeit hatten seine Freunde Kriegsfilme geliebt – je lauter und blutiger, desto besser. Manchmal hatte Caine so getan, als würde er lachen über das Grauen, das er auf der Leinwand oder dem Bildschirm sah, in Vietnam oder auf den Schlachtfeldern in Kambodscha. In Wirklichkeit aber fühlte er sich traumatisiert, als wäre er dort gewesen, unter den unter Beschuss genommenen Bauern, deren Dörfer und Familien in Stücke gerissen wurden. Doch diese aberwitzige Szene, die sich nun vor seinen Augen abspielte, war tausendmal verstörender als jeder dieser Filme.

Er blickte sich um, doch er konnte das Mädchen nicht sehen. Das war gut, auch wenn er nicht die leiseste Ahnung hatte, wo Sky sich versteckte.

Während er die sich nähernden Panzer und die Explosionen in der Ferne betrachtete, erwog Caine seine Optionen. Vielleicht könnte er sie für eine Weile aufhalten, wie der Mann, der sich den Panzern auf dem Platz des Himmlischen Friedens entgegengestellt hatte. Doch was dachte er da? Wie sollte er einen Panzer in voller Fahrt stoppen können, geschweige denn vier Panzer?

Über den Lärm der Panzer und Geschosse hinweg hörte er weiteres lautes Getöse. Hinter dem Hügelkamm erhoben sich noch mehr Metallmonster, andere, aber nicht weniger bedrohlich. Starr vor Schreck sah Caine die Bäuche zweier Maschinen, die über seinem Kopf brummten wie riesige mechanische Fliegen. Klappernd, donnernd, angsteinflößend.

Helikopter!

Ihre Suchscheinwerfer zuckten über die Hochebene, bis sie ihn erfasst hatten. Hilflos stand Caine da, exponiert, und hatte das Gefühl, als würde das ohrenbetäubende, gleißend helle Chaos auch den letzten seiner Nerven blank legen.

Er war geschlagen. So einfach war das. Machtlos gegen die Maschinen. Der einsame Bauer auf dem Schlachtfeld. Der letzte

Sioux-Krieger gegen die Armee der Konföderierten. Mit einer Hand die Augen vor dem grellen Licht beschirmend, die andere Hand erhoben zum Zeichen, dass er sich ergeben würde, wartete er auf das, was nun kommen würde.

Und dann wurde Caine Zeuge von etwas so Seltsamem, Realitätsfernem, dass die letzten Willensreserven aus seinem Körper wichen.

Die Kommandoluke eines Panzers öffnete sich, und eine Gestalt stemmte sich heraus. Es war ein Mann. Ein grotesk aussehender Mann – mit einem großen Schnurrbart, gekleidet in einen Tarnanzug –, der vor Begeisterung und irrer Hingabe kreischte. Es war Major Troy McAble. Auf dem Kopf trug er ein gewaltiges Hirschgeweih.

Kurz bevor der mächtige Panzer das Schneemobil zu Brei zermalmte, hörte Caine das jubelnde Gebrüll des Hirschmannes, das über die Hochebene hallte und bis in den letzten uralten Winkel von Stonehenge vordrang.

»JA! ICH BIN EIN GOTT! ICH BIN EIN WARLORD! ICH BIN DER FINSTERE LORD DES TODES!«

Kapitel zweiunddreißig

BLUT VON MEINEM BLUTE

Shanti betrachtete das Feuerwerk draußen auf der Hochebene, begleitet von Blitzen und brummenden Himmelsfahrzeugen.

Doch so eigenartig das auch war, ihr momentaner Fokus lag auf den Druiden, die jetzt zu singen anfingen und in einem losen Kreis um sie herumtanzten. Wallegewänder und Bärte. Bärte und Wallegewänder. Frauen, die sich in weißen Kleidern unter dem rosa glühenden Mond wiegten.

Der Oberdruide trat vor, und der Kreis teilte sich respektvoll. Er trug einen weißen Umhang, auf dem ein Drache prangte.

Mit immer größer werdender Aufregung schwirrte und summte der Zirkel um Shanti herum wie ein Bienenschwarm. Über den hypnotischen Gesang hinweg hörte sie, dass ein weiteres Fahrzeug eintraf.

»Sie sind da«, murmelten die Druiden. »Sie sind endlich angekommen.«

Auf dem Wendehammer vor den Toiletten hielt zwischen den Motorrädern und anderen Fahrzeugen ein glänzender, weinroter Oldtimer, ein Bentley. Die Fahrertür öffnete sich, und Shanti hörte kultivierte Stimmen, im Streit erhoben.

Eine spindeldürre Gestalt mit dicker Brille, Filzhut und Kamelhaarmantel mit Wollkragen stieg aus. Die Gestalt huschte zum Kofferraum, nahm einen Faltrollstuhl heraus und widmete sich der komplizierten Aufgabe, das Ding mit Händen und Füßen in Form zu bringen. Endlich klappte es mit einem so heftigen Ruck auseinander, dass es die Gestalt durchfuhr und sich der Filzhut verabschiedete. Darunter kam ein langer, überkragender Kopf mit einem Wasserfall aus Haaren zum Vorschein. Quentin Lovell-Finch. Der um sein Erbe betrogene Sohn.

Der Politiker schob den Rollstuhl zur Beifahrertür. Eine gertenschlanke Person in Minirock, Pelzmantel und mit langen blonden Locken unter einem lila Schlapphut stieg aus. Das skelettartige Gesicht war selbst auf die Entfernung unverkennbar. Hier kam Tiggy Antrobus-Lovell-Finch, deren Familie, wie Quentin betonte, einst Stonehenge gehört hatte.

Quentin legte eine schottengemusterte Wolldecke über ihre knochigen Knie und lenkte den Rollstuhl vorsichtig die leichte Schräge hinauf. Sie hörten nicht auf zu zanken.

Während die Druiden geduldig warteten, navigierte Quentin den Rollstuhl in den Steinkreis, wo sich der Oberdruide ehrerbietig verbeugte.

Es gab eine kurze Diskussion darüber, warum sie zu spät kamen – jeder schob dem anderen die Schuld in die Schuhe. Anschließend wurde es still, und der Oberdruide begann mit der Beschwörung.

Die Hände gerötet vor Kälte, bot er dem Mond einen Kelch an. Seine Worte wölkten wie der Atem eines Drachen durch die Luft.

»Freunde, wir sind hier versammelt, um den Übertritt des Ilexkönigs ins Jenseits zu zelebrieren. Blut von meinem Blute«, dröhnte er.

»Blut von meinem Blute!«, riefen die übrigen Anwesenden.

»Gebein von meinen Gebeinen, Fleisch von meinem Fleische. Ich werde in euren Herzen weiterleben. Führ mich jetzt ...«

»Führ mich jetzt ...«

»... ins Sommerland.«

Die Druiden setzten ihren hypnotischen Tanz fort, wobei sie brennende Fackeln in die Höhe reckten.

»Hilfe!«, rief Shanti vom Altarstein. »So hilf mir doch jemand!«

Als hätte sie einen Zauberspruch gesprochen, tauchte Quentin an ihrer Seite auf.

»Sind Sie das, verehrte Dame? Ich wähnte, diesen lieblichen Nordlondon-Ton zu kennen …«

»Um Himmels willen, helfen Sie mir!«, schrie Shanti. »Diese verfluchten Mistkerle haben meine Hände und Füße gefesselt!«

»Ist sie das?«, kreischte Tiggy. »Die Schlampe, von der du mir erzählt hast? Die in meinem Apartment im Heim aufgekreuzt ist?«

»Sagen Sie mir, verehrte Dame, wo ist Ihr ungewaschener Freund, Detective Caliban?«

»Er ist … er ist auf dem Weg hierher. Er weiß, wo ich bin.«

»Das bezweifle ich. Wir haben Polizisten unter uns, und die Wachleute haben wir ebenfalls gekauft. Haben Sie mir nicht zugehört, als ich sagte, ich sei ein einflussreicher Mann? Ich habe Sie gewarnt, Sie sollten sich mich besser nicht zum Feind machen, verehrte Dame. Hatte ich nicht erwähnt, dass meine Kontakte bis in die mächtigsten Kreise reichen?«

»Sie sind verrückt«, stellte Shanti fest. »Vollkommen durchgeknallt.«

Er starrte sie durch seine dicken Brillengläser an.

»Sehen Sie, das ist das ewige Problem: Wenn sich unwissende Massen über ihren Stand erheben, ist Ärger vorprogrammiert. Nehmen Sie all die einfachen Leute um Sie herum. Sie sollten Ihnen ein Beispiel sein. Genau wie Sie sind sie ungebildet, aber sie wissen, wo sie stehen. Deshalb sind sie nützlich. Sie, verehrte Dame, sind es nicht.«

»Ich will telefonieren.«

»Telefone sind hier nicht erlaubt. Das gehört zum Spaß dazu. Unsere eigene kleine Welt, in der man bis zum Tee spielen kann, mitunter sogar noch länger. Sagen Sie mir, wer hat Sie hierhergebracht? Doch nicht etwa McAble? Wo ist der Major? Hat jemand von euch McAble gesehen?«, wandte er sich an die Druiden.

»Wir haben ihm ein Mittel verabreicht«, antwortete der Oberdruide.

»Er hat Schierling getrunken?«

»Nein, mein Herr. Hauptsächlich Met, versetzt mit Psilocybin.«

»Ihr seid doch alle verrückt!«, schrie Shanti.

»Nun, *er* ist verrückt«, entgegnete Quentin feixend. »Das Psilocybin wächst im Herbst in Hülle und Fülle überall auf der Hochebene. Manche behaupten, diese hübschen kleinen Pilze seien geformt wie winzige Penisse. Unsere Vorfahren nutzten sie, um sich in Trance zu versetzen. Um zwischen dieser Welt und der Welt der Geister hin- und herwandern zu können.«

Nun konnte Tiggy nicht länger an sich halten. Sie schleuderte die Schottenkarodecke zur Seite, sprang aus ihrem Rollstuhl und fing an, Jive zu tanzen – ihre stockartigen Beinchen schwangen unter dem Minirock im Takt der Druidengesänge.

Neben ihr schüttelte Quentin Lovell-Finch seinen schlaksigen Körper in einem wilden, heidnischen Tanz. Sein ovaler Kopf schwankte.

Und der rosarote Mond spiegelte sich zuckend in den Gläsern seiner Eulenbrille.

Caine starrte auf den Bauch des Panzers, der haushoch vor ihm aufragte, und nahm in stillem Staunen hin, dass dieser ihn und das Schneemobil gleich zu Pizza verarbeiten würde. Eine ungewöhnliche Art für einen Buddhisten, zu sterben, aber was bedeutete schon der Tod?

Über das Dröhnen der Motoren hinweg hörte er Sky schreien, und als er zur Seite blickte, sah er, ohne dass er es fühlte, wie sie heftig an seinem Arm riss. Sie zerrte ihn vom Schneemobil und warf ihn zu Boden.

Sie fingen an zu rollen, Caine und das Mädchen, rollten durch den Schnee, weiter und weiter, bevor sie schließlich in einen tiefen Graben plumpsten. Caine bedeckte den Kopf schützend mit den Händen. Er hörte das knirschende, ächzende Geräusch, als das Schneemobil pulverisiert wurde wie ein Pappwohnwagen auf einem Autofriedhof.

Jetzt rollten die riesigen Raupenketten eines der Panzer wie Förderbänder über ihre Köpfe hinweg und ließen eine Kaskade aus Schnee und Metallsplittern auf sie herabregnen.

Als er fort war, öffnete sich der Himmel über ihnen wie eine Falltür, und Caine blickte direkt auf den Mond. Der Moment der Stille war flüchtig – einen Augenblick später wurde der Graben erneut in Dunkelheit getaucht, als der zweite Panzer folgte. Dann der dritte. Und, nach einem weiteren kurzen Moment der Ruhe, endlich der vierte.

Wieder wurde die Welt um sie herum still, eine Erleichterung für Caines angeschlagene Sinne. Nur das Grollen der abziehenden Panzer und das Donnern der Hubschrauberrotoren waren noch zu hören, doch es wurde von Sekunde zu Sekunde leiser.

Endlich konnte er Bilanz ziehen. Er sah sich um und stellte fest, dass sie in einem tiefen Kreidegraben kauerten, halb bedeckt von einer braunen Plane.

»Alles in Ordnung?«, fragte Sky. »Lassen Sie mich mal sehen, Mr. Caine. Ja, Sie hatten Glück. Ich glaube, Sie sind unverletzt.«

»Aber … wo sind wir hier?«

»Das muss die Ausgrabungsstätte meines Vaters sein. Finch hat uns gerettet.«

»Nein, du hast mich gerettet, Sky. Eine Sekunde später, und ich wäre Matsche gewesen.«

Sky spähte über den Rand des Grabens.

»Sie sind fort«, stellte sie fest. »Die Panzer sind in die Richtung gerollt« – sie wies mit dem Finger dorthin –, »wahrscheinlich zur

Kaserne. Das ist verrückt, nicht wahr? Ich glaube, die wollten uns tatsächlich umbringen.«

»Daran hege ich keinen Zweifel. Aber was ist das hier?« Er musterte das chaotische Durcheinander, das in dem Graben herrschte. Durch das Gewicht der Panzer waren die Seitenwände teilweise eingebrochen, die Plane, die die Grabungsstätte vor den Elementen hatte schützen sollen, lag großteils zusammengeknüllt zu ihren Füßen. Aber da war noch etwas anderes – möglicherweise handelte es sich um archäologische Artefakte, auch wenn diese, so wunderte sich Caine, erstaunlich gut erhalten schienen. Fellklumpen und Tierhäute ragten aus den eingestürzten Wänden, außerdem … außerdem etwas, das sein hämmerndes Herz einen Schlag aussetzen ließ. Knochen. Gebrochene Knochen, an denen noch Fleischfetzen und Haare hingen.

Caine kämpfte gegen die aufsteigende Übelkeit an und versuchte, den grausigen Anblick vor dem Mädchen zu verbergen. Er schob Sky aus dem Graben, warf einen weiteren Blick auf die grässlichen Überreste, dann ließ er sich von ihr beim Hochklettern helfen. Oben angekommen, klopfte er sich den Schnee vom Mantel und stellte fest, dass seine Beine wie verrückt zitterten.

Trotz des ganzen Durcheinanders hatte Caine eine Sache nicht losgelassen – ein nagendes Gefühl der Dringlichkeit. Das Mädchen und er waren am Leben, aber was war mit Shanti?

»Hör mal, Sky. Ich muss los, und zwar schnell. Ist es in Ordnung für dich, wenn du allein nach Lovell Court zurückkehrst? Fühlst du dich sicher?«

»Vergessen Sie's. Ich komme mit.«

Er sah sie an und begriff, dass es keinen Sinn machte, diesem Mädchen zu widersprechen.

Sie schlugen einen gleichmäßigen Laufschritt an, und trotz allem, was sie durchgemacht hatte, bewegte sich Sky mit ihren nackten Füßen erstaunlich schnell. Es tat gut, sich zu bewegen, fand Caine. Das Adrenalin und die Furcht, die sich in seinem Körper angesammelt hatten und seine Arterien verstopften, hinauszulassen. Jetzt öffnete sich seine Brust, und die kalte, süße Luft der Salisbury Plain war wie Balsam für seine Lungen.

Oben auf dem Hügelkamm blieben sie stehen und blickten hinab auf die mondbeschienenen Steine. Von hier aus konnten sie eine Ansammlung von Fahrzeugen, zuckende Flammen und taumelnde Gestalten erkennen.

»Ich muss schneller laufen, Sky«, sagte Caine und beschleunigte seine Schritte. »Versuch nicht, mit mir mitzuhalten, okay? Du folgst mir in deinem eigenen Tempo. Und halte dich in Gottes Namen von den Steinen fern. Wir haben es mit gefährlichen Leuten zu tun – ich bin mir sicher, du weißt das.«

Und dann fing er an zu rennen. Schneller, als er seit Jahren gerannt war. Er schlidderte und rutschte und sprang über Steine, die in Schneewehen vergraben waren. Doch ganz gleich, wie rasch er vorankam, das Mädchen blieb hinter ihm.

Als sie sich dem Monument näherten, duckte sich Caine, so tief er konnte. Dieser verfluchte Mond! Warum sonst sollten sich die Druiden heute Nacht hier versammelt haben, wenn nicht wegen des Kalten Mondes, des Dezembervollmonds kurz vor dem Julfest?

Sky schloss zu ihm auf. Caine ging hinter einem der geparkten Fahrzeuge in Deckung, dann flitzte er zum nächsten, darauf bedacht, nicht bemerkt zu werden. Ein Wagen erweckte seine besondere Aufmerksamkeit: ein weinroter Derby Bentley.

Jetzt waren sie so nahe, dass sie die Personen mit den weißen Kapuzengewändern erkennen konnten. Es waren über zwanzig, schätzte Caine, die dort im zuckenden Licht der Fackeln tanzten. Constanza hatte sie den »Ku-Klux-Klan von Wiltshire« genannt.

Und dann fiel Caines Blick auf den Altarstein. Darauf lag eine Gestalt. Mit Bommelmütze und Lederjacke. Das Opfer war Shanti.

Shanti hatte schreckliche Angst, daran gab es nichts zu rütteln. Aber außer Angst verspürte sie noch etwas anderes: Zorn. Sie hatte sich so lange hin und her gewunden, bis sie eine scharfe Kante am Altarstein fand, gegen die sie das Nylonseil drückte, mit dem sie gefesselt war. Nun war sie damit beschäftigt, unauffällig die Handgelenke auf und ab zu bewegen, um es durchzuscheuern. Eine mühsame Aufgabe, und sie ging nur langsam voran, aber Shanti spürte, dass sie Erfolg hatte.

Die Wallegewänder hatten jetzt aufgehört zu tanzen und bildeten einen Kreis um den Altarstein. Sie standen so dicht bei ihr, dass sie ihren Schweiß riechen konnte. Sie sah muskelbepackte Arme, die aus den weißen Gewändern ragten, Tattoos, Leder und Ketten. Ja, die kräftigen Kerle des Psycho-Kommandos waren in der Tat gefährlich.

Liebevoll half Quentin Tiggy wieder in den Rollstuhl und legte ihr die Decke über die dürren Knie, dann schob er sie so, dass sie mitverfolgen konnte, was nun geschah.

Auf ein Zeichen von Quentin trat der Oberdruide vor. Zu Shantis absolutem Entsetzen hielt er ein Feuersteinbeil in der Hand.

»Wer will die Klinge führen?«, fragte er mit donnernder Stimme.

Ein Raunen ging durch die im Kreis stehenden Menschen, das Shanti an das Summen von Bienen erinnerte.

»Ich«, meldete sich ein großer Druide, der etwas abseits stand, und trat vor. »Ich will die Klinge führen.«

Er nahm das Beil entgegen und verneigte sich vor dem Oberdruiden.

Shanti blickte den Mann in seinem weißen Kapuzengewand an und sah ihr Leben vor ihrem inneren Auge an sich vorbeiziehen. Sie sah die Menschen, die sie geliebt hatte: ihren verstorbenen Vater, ihren geliebten Sohn Paul, ihre Mum Amma, die ihr stets treu zur Seite gestanden hatte und die immer für sie da gewesen war.

Und als sich der hochgewachsene Druide über sie beugte, das Gesicht von der Dunkelheit verhüllt, dachte Shanti voller Zärtlichkeit an den Mann namens Caine.

»Macht Platz«, forderte er die anderen auf. »Tretet zurück. Zurück!«

Sky sah als Erste die Blinklichter, die sich vom Besucherzentrum her näherten. Zwischen den Motorrädern und Armeefahrzeugen versteckt, beobachtete sie die zuckenden Blaulichter, begleitet von dem eindringlichen *Wuuu-wuuu-wuuu* der Sirenen.

Die Heiden drehten sich alle auf einmal um, und auch Shanti gelang es, den Kopf so zu bewegen, dass sie sehen konnte, was vor sich ging. Eine ganze Reihe von Streifenwagen raste auf die Steine zu, vorneweg ein Land Rover. Als er näher kam, konnte sie die voluminöse Gestalt von Benno hinter dem Steuer erkennen.

Beim Anblick der anrückenden Kavallerie flohen die Druiden mit wehenden Gewändern auf die Hochebene. Mehrere Streifenwagen scherten aus dem Konvoi aus, um die Verfolgung aufzunehmen.

»Schlag zu!«, brüllte der Oberdruide. »Schlitz ihr die Kehle auf!«

Der große Kapuzenmann kniete sich neben Shanti und hob das Beil.

»Wenn Sie sich zur Seite drehen, kann ich das Seil durchtrennen«, sagte er mit sanfter Stimme.

»Herrgott, Caine«, stieß Shanti atemlos hervor. »Immer auf den letzten Drücker.«

Kapitel dreiunddreißig

DER TEMPEL DER WINDE

Im zeitlosen Kreis der Steine eroberten die Rabenvögel ihr Terrain zurück, und das empörte *Kra! Kraa! Kraaa!* ihrer Schreie begann zu verstummen. Nur zwei der törichten Sterblichen waren zurückgeblieben.

»Ich habe mir solche Sorgen um Sie gemacht, Shanti. Sie sollten sich unbedingt medizinisch durchchecken lassen. Ich wünschte, Benno dürfte Sie ins Krankenhaus fahren.«

»Herrgott, Caine. Es ist Heiligabend, wenn auch erst zwei Uhr morgens. Ich habe anderes zu tun, als in der Notaufnahme herumzuhängen.«

Sie saßen nebeneinander auf dem Altarstein, und zum ersten Mal stellte Caine fest, dass die schneebedeckten, im Mondschein glänzenden Monolithen von Stonehenge einem Hain gigantischer, weißkapuziger Steindruiden glichen.

»Ich bin froh, dass Benno Sky nach Lovell Court zurückbringt«, sagte er. »Sie hat mir das Leben gerettet. Sie hätten sie sehen sollen, Shanti, ein außergewöhnliches Mädchen, wirklich außergewöhnlich. McAble hat getobt. Er war völlig außer Rand und Band.«

»Troy. Um Himmels willen … Sie haben ihn noch nie gemocht, oder?«

»Ich nehme an, man kann ihm seine narzisstische Persönlichkeitsstörung nicht zum Vorwurf machen, doch eines ist unverzeihlich …«

»Was denn, Caine?«

»Der Schnurrbart, Shanti.«

Hoch über ihren Köpfen wurden Sterne geboren und starben im Schmelztiegel des Weltraums.

Das Druidengewand, das Caine in einem der Motorradbeiwagen entdeckt hatte, war aus dickem Leinenstoff gefertigt. Shanti zog es fest um ihre Schultern.

»Ich dachte, Druiden wären friedliche Menschen«, sagte sie.

»Na ja, das sind keine richtigen Druiden.«

»Um ehrlich zu sein, verwirrt mich dieser Fall noch immer. Aber Sie haben die Puzzleteile längst zusammengesetzt, oder?«

»Ich war immer etwas misstrauisch, Troy betreffend. Erinnern Sie sich, dass man uns während der Ausbildung beigebracht hat, in der frühesten Phase der Ermittlungen besonderes Augenmerk darauf zu legen, wer anwesend ist? Manche Killer können sich einfach nicht vom Ort des Verbrechens fernhalten. Sie mischen sich sogar in die Polizeiarbeit ein.«

»Und Troy war vor Ort, noch bevor wir eingetroffen sind.«

»Genau. Außerdem hat mir Tull spät in der Nacht etwas Entscheidendes mitgeteilt …«

»Das ist faszinierend, Caine, aber hat es vielleicht bis Tagesanbruch Zeit? Ich habe das Gefühl, mir explodiert gleich der Kopf.«

»Selbstverständlich. Es tut mir so leid. Sie müssen erschöpft sein, Shanti. Möchten Sie mit zur Rundhütte kommen?«

»Sie haben recht, Caine, ich bin fix und fertig. Und anders als Tull kann ich es kaum erwarten, mit meiner elektrischen Heizdecke wieder vereint zu sein. Doch im Augenblick möchte ich nirgendwo hingehen, und dieser Ort hier ist … Wie ist noch gleich das Wort?«

Sie sah sich in dem lumineszierenden Steintempel um.

»Magisch, Shanti?«

»Über das Adjektiv hatten wir bereits gesprochen. Aber ja, genau das ist er.«

Seite an Seite lauschten sie den seltsamen Klängen – dem leisen Krächzen der Geistervögel in ihren Nestern und der sonderbaren Melodie des Windes, der durch die zerklüfteten Zähne der Sarsensteine strich.

»Hören Sie nur«, sagte Caine. »Wissen Sie, wie Thomas Hardy diesen Ort genannt hat? Den Tempel der Winde!«

»Hören *Sie* eigentlich jemals auf zu plappern, Caine?«

»Tess von den d'Urbervilles legte sich genau auf den Stein, auf dem Sie jetzt sitzen, um sich ein wenig auszuruhen.«

»Das kann ich ihr nicht verdenken. Ich würde selbst gern ein Nickerchen machen.«

Caine strich den restlichen Schnee von der Steinplatte, knöpfte seinen Mantel auf und breitete ihn für sie aus.

»Sie werden sich erkälten, Caine. Hier gibt es keine Zentralheizung.«

»Angel Clare stand an ihrer Seite und bewachte sie …«

»Ich kann auf mich selbst aufpassen, vielen Dank.«

»Sie sind der stärkste Mensch, den ich kenne, Shanti.«

Sie legte sich auf den Rücken und schloss die Augen, und bald schon hörte er sie gleichmäßig atmen. Lange Zeit blieb er bei ihr sitzen, hielt ihre Hand und dachte die ganze Zeit über den seltsamen Fall nach, über Hector Lovell-Finch, den Ilexkönig, bis schließlich auch der letzte Puzzlestein an Ort und Stelle rückte.

Und obwohl ihm der eisige Wind in die Knochen kroch, regte Caine sich erst, als er einen schwachen Lichtstreif zwischen den Monolithen erblickte – der anbrechende Tag am Rande der Erde. Als der Himmel heller wurde, flatterten die Rabenvögel aus ihren Nestern und paradierten zwischen den Steinen.

Caine sah, wie sich etwas vom Besucherzentrum her näherte. Ein Land Rover.

Er hielt auf dem Wendehammer an, kurz darauf betraten Benno und Masako den Steinkreis.

»Wir sollten sie ausschlafen lassen«, sagte Caine leise.

Benno nickte.

Geduldig warteten sie, bis ein Sonnenstrahl auf ihre schlafende Gestalt fiel und Shanti sich regte.

»Sind sie meinetwegen gekommen, Caine?«

»Ja. Das sind sie.«

Shanti stand auf und streckte sich, dann reichte sie Caine den Mantel und Benno das Druidengewand.

»Ich bin bereit«, sagte sie ruhig. »Zeit, den Fall abzuschließen und nach Hause zu fahren.«

Kapitel vierunddreißig

EIN TEUFLISCHES DÉNOUEMENT

Am strahlend schönen Morgen des Heiligabends saßen sie draußen vor dem Besucherzentrum an einem Holzpicknicktisch und hörten zu, wie Caine das Rätsel des Grünen Königs entschlüsselte.

Shanti und Benno tranken Kaffee aus Pappbechern, Caine und Masako bevorzugten Tee. Auf dem Gelände gingen Dutzende Polizisten ihrer Arbeit nach, der Besucherparkplatz stand voller Einsatzfahrzeuge. Die Horde von Journalisten vor der Schranke war noch größer und noch frenetischer als sonst.

»Erzählen Sie weiter«, drängte Shanti. »Das tun Sie doch sonst so gern – uns ins Bild setzen. Kommen wir zum Dénouement, so sagt man doch, oder?«

Caine rührte seelenruhig einen Löffel *Henge Hives*-Honig in seinen Tee, wobei er sich scheinbar noch mehr Zeit ließ als sonst. *Von fleißigen Bienchen* stand auf dem kleinen Gläschen. Shanti fiel auf, dass er sich zwischendurch gewaschen und rasiert hatte. Ein Teil von ihr vermisste die dunklen Stoppeln.

»Vielleicht sollten wir ins Jahr 2007 zurückgehen«, kam er ihrer Aufforderung nach. »Genauer gesagt, zum vierten August, als ein junges Paar aus der Dorfgemeinschaft von *Unsere Nachbarn aus der Jungsteinzeit* zum Sammeln auf die Hochebene hinauszog.«

»Talin Tull und seine holländische Freundin«, ergänzte Masako.

»Versehentlich oder mit Absicht gerieten sie in militärisches Sperrgebiet in der Nähe von Imber Village. Als sie sich in der Heide liebten, wurde das unglückselige Paar von einem querfeldein rasenden Armeefahrzeug mit Troy McAble am Steuer erfasst. Um jedwede Konsequenzen von vornherein auszuschließen, vergrub er sie noch an Ort und Stelle.«

»Ach du liebe Güte«, sagte Shanti. »Und Ned Tull glaubte als Einziger fest daran, dass seinem Sohn etwas Schreckliches zugestoßen war!«

»McAbles Geheimnis blieb unentdeckt, bis Finch vor ein paar Monaten mit seinem Magnometer auf das Grab stieß«, fuhr Caine fort. »In seinem Tagebuch beschreibt er, wie er Werkzeuge aus Feuerstein ausgrub und dachte, er sei auf eine Grabstätte aus der Jungsteinzeit gestoßen. Doch dann legte er zu seinem Entsetzen Knochen frei, an denen noch Fleischreste und Haare klebten.

Troy McAble war auf Rotwildjagd, als er auf Finch traf, der emsig das Grab aushob. Ihm war klar, dass Finch kurz davorstand, sein Verbrechen zu enthüllen. Voller Verzweiflung bat er daher seinen ehemaligen Klassenkameraden Quentin Lovell-Finch um Rat.«

»Was keine gute Idee war«, schlussfolgerte Shanti.

»Während der Schulzeit war Troy gnadenlos von Quentin und seinen aufgeblasenen Internatskumpanen gemobbt worden.«

»›Troy, Troy, der Arbeiter-Boy‹«, erinnerte sich Shanti.

»Quentin sah eine neue Möglichkeit, McAble zu schikanieren, genau wie die Chance, seine rechtmäßige Nachfolge als Earl von Lovell Court einzufordern. Als Erstes rannte er mit dieser Geschichte in das Pflegeheim für ehemalige Stars zu seiner Mutter Tiggy.«

»Und das ist der Teil, den ich nicht verstehe«, sagte Shanti. »Als wir bei Tiggy waren, wirkte sie verwirrt, durcheinander, desorientiert.«

»Alles gespielt.« Caine seufzte dramatisch. »Der schreckliche Schlaganfall, der auf ihre Scheidung von Finch folgte, war reines Theater, die letzte große Rolle für den untergehenden Stern. Ihr Schwanengesang, wenn man es so formulieren möchte.«

»Mir fällt gerade ein, dass du beim ersten Briefing überlegt hast, ob der Mörder vielleicht jemand ist, der ins Rampenlicht drängt«, schaltete sich Benno ein. »›Eine Person, die gern im Fokus der Öffentlichkeit stehen möchte‹, hast du gesagt, Vince.«

»Das war lediglich eine Vermutung«, erwiderte Caine bescheiden.

»Jemand, der sich im wahrsten Sinne des Wortes eine Plattform wünscht«, sagte Masako schaudernd. »Also, ist es in Ordnung, wenn ich das so in meine Diplomarbeit schreibe?«

»Eine ausgesprochen extrovertierte Person«, fügte Shanti nachdenklich hinzu. »Oder aber das Gegenteil: jemand, der sich unbeachtet oder unbedeutend fühlt. Ja, das haben wir gleich am Anfang vermutet. Ich nehme an, beides trifft auf Tiggy Antrobus-Lovell-Finch zu. Schon während Quentins Kindheit war es mit ihrer Karriere so gut wie vorbei, und als Finch dann auch noch einer Gruppe Reisender auf dem Familienanwesen Zuflucht gewährte, war dies das endgültige Aus für ihre Ehe. Vielleicht war der Schlaganfall geschauspielert, aber wie auch immer – Tiggy begriff, dass er ihr Macht gab …«

»Denn ihre Anwälte zwangen Finch dazu, die horrenden Rechnungen für ihre Pflege zu bezahlen«, ergänzte Caine. »Und, wie ich vermute, auch das Schweigegeld für ihre Betreuer.«

»Was ihr alle Zeit der Welt verschaffte, ihre Rolle als entkräftete Invalidin zu perfektionieren«, schlussfolgerte Shanti. »Und die ganze Zeit über träumte sie von nichts anderem, als eines Tages nach Lovell Court zurückzukehren und Rache an Finch und seiner jungen brasilianischen Braut zu nehmen.«

»Wollen Sie etwa behaupten, Tiggy ist die Mörderin?«, fragte Masako verblüfft.

»Es ist etwas komplizierter.« Caine zögerte, dann fuhr er fort: »Gestern Nacht fiel mir etwas aus dem Geschichtsunterricht in der Schule ein. Haben Sie jemals den schrecklichen Ausdruck ›Krawattennazis und Stiefelnazis‹ gehört?«

»Was zur Hölle bedeutet das?«, fragte Shanti.

»Denker und Schläger. Dieses Phänomen durchzieht die ganze Geschichte. Die Stiefelnazis erledigten die Schmutzarbeit für die, die an der Macht waren, nämlich die Krawattennazis. Die Oberschicht, die sich nicht gern die Hände schmutzig macht oder den Konsequenzen stellt.«

»Also«, sagte Masako. »Wir reden hier von einer Kommandokette, richtig? Mit Tiggy an der Spitze. Dann folgt Quentin und nach ihm Troy McAble …«

»Ja, aber Sie greifen mir vor«, sagte Caine mit einem geheimnisvollen Lächeln. »Als Quentin Tiggy von McAbles verzweifeltem Hilferuf, Finch zum Schweigen zu bringen, erzählte, erkannte sie, dass ihre Stunde endlich gekommen war …«

»Und die ehemalige Nackte Vampirin begriff, dass die perfekte Zeit und der perfekte Ort, um für maximales Drama zu sorgen, die Wintersonnenwende in Stonehenge war«, fügte Shanti hinzu.

»Der Höhepunkt des alten Jahres, bei dem Urkräfte freigesetzt werden«, pflichtete Caine ihr bei.

»Entschuldigt mich.« Benno stand auf. »Das ist mir alles etwas zu kompliziert. Ich denke, die Kollegen drinnen können Hilfe mit den Verhafteten brauchen.«

»Ich muss zugeben, dass ich mich schrecklich fühle wegen Tull«, sagte Shanti, als er weg war. »Auch wenn ich davon ausgehe, dass er Talin nun endlich loslassen kann.«

»Bedauerlicherweise hatte ich ebenfalls Zweifel«, räumte Caine ein. »Dabei war es Ned, der mich zu einem Moment des Erwachens geführt hat.«

»Spucken Sie's aus, Caine. Sie versuchen doch schon den ganzen Morgen, mir Tulls Theorie darzulegen.«

»Neds Forschungen über den Bau von Stonehenge haben mich darauf gebracht. Er hat mir erzählt, das Schlüsselwort sei *Teamwork* – Stonehenge wurde in Teamarbeit unter den Anweisungen eines Oberhaupts erbaut. Unter Neds Anweisungen demonstrierten etwa hundert junge Soldaten, wie Sarsensteine von über fünfunddreißig Tonnen auf Holzschlitten oder Rollen Hunderte Meilen weit transportiert werden konnten. Er glaubte, dass Stonehenge auf ganz ähnliche Weise von einer riesigen, eng verbundenen Gemeinschaft geschaffen wurde – der Menschheitsfamilie, wenn Sie so möchten.«

»Hm«, sagte Shanti. »Aber was hat das mit Finchs Tod zu tun?«

»Ned hat mir klargemacht, dass hier dasselbe greift – ein so komplexer Mord wie dieser muss von einem hierarchisch strukturierten Team durchgeführt werden. Er hat mich überzeugt, dass wir uns auf eine Gemeinschaft – einen Stamm – unter der Leitung eines gerissenen Anführers konzentrieren sollten – das Äquivalent zu einem Stammesführer –, anstatt Jagd auf einen Einzeltäter zu machen. Masako hat es als ›Kommandokette‹ bezeichnet. Ned und ich waren die halbe Nacht wach und haben uns das Gehirn zermartert über all die Gruppen und Gemeinschaften, die in dieser Gegend operieren: die Evolutionäre, die Druiden, GoodGuys … sogar English Heritage haben wir in unsere Überlegungen mit einbezogen. Die am striktesten durchorganisierte Gemeinschaft aber ist …«

»… die Armee«, beendete Masako den Satz für ihn.

»Ja, wir alle kennen Ihre pazifistische Haltung, Caine, allerdings möchte ich Sie darauf hinweisen, dass gerade die Everkill-Garnison für ihre Wohltätigkeitsarbeit bekannt ist«, gab

Shanti zu bedenken. »Beim diesjährigen Weihnachtsball der Offiziere ist eine hübsche Summe für hiesige Charityprojekte zusammengekommen.«

»Das ist ein wichtiger Einwand«, pflichtete Caine ihr bei. »Vielleicht könnte man sagen, dass der Mord gruppenfinanziert war.«

»Ein gruppenfinanzierter Mord? Sie meinen Crowdfunding?« Shanti sah ihn verwirrt an.

»Denken Sie darüber nach, Shanti – McAble hat einen gewissen Ruf als Fundraiser. Er hat außerdem zugegeben, dass er Spielschulden hat. Ich bin überzeugt, dass er und das Psycho-Kommando für ihre Dienste ordentlich Geld von Tiggy und Quentin kassieren. Ah, sehen Sie nur, was für ein perfektes Timing!«

Er nickte in Richtung der automatischen Schiebetüren, wo Benno und die Kollegen die Festgenommenen zu den wartenden Mannschaftswagen führten.

Zunächst kam das Psycho-Kommando – ein Haufen raubeiniger Banditen, die sich aggressiv gegen die Officer zur Wehr setzten.

»Okay, mal sehen, ob ich das richtig verstehe«, sagte Shanti. »Wir reden hier von einem hierarchisch strukturierten Stamm, und diese Typen sind das unterste Glied der Kommandokette?«

»Korrekt.« Caine nickte. »Die Älteren sind ehemalige Polizisten, die wegen groben Fehlverhaltens nach der Schlacht im Bohnenfeld gefeuert wurden. Vielleicht befinden sich ja auch diejenigen darunter, die Silas zusammengeschlagen haben. Das Ironische an der Sache ist, dass zu der Gruppe, der sie sich angeschlossen haben, auch die Reisenden gehören, die Finch seines Grundstücks verwiesen hatte.«

Wie Sträflinge aus einem dickensschen Gefängnis schlurften sie hinaus auf den Parkplatz, manche noch im Druidengewand, die Kapuze tief in die übernächtigten Gesichter gezogen. Andere trugen Leder, mit Überbleibseln ihrer Militärkleidung.

»Sind auch aus dem Wehrdienst entlassene Soldaten darunter?«, fragte Masako.

Caine nickte. »Sie haben in den Kriegsgebieten furchtbare Dinge erlebt. Das hat sie verrohen lassen, und gleichzeitig hat es sie zusammengeschweißt.«

»Ein verschworener Haufen, so sagt man doch, oder?«, überlegte Shanti. »Und Troy war ihr Kontakt.«

»Also«, schaltete Masako sich ein. »Diese Leute haben einen völlig unterschiedlichen Hintergrund: Reisende, Soldaten, Polizisten und ein paar Druiden.«

»Ja, aber eines haben sie gemeinsam«, stellte Caine fest, »sie schleppen alle ein riesiges Problem mit sich herum. Fühlen sich ausgeschlossen aus der Gesellschaft, aus ihrer jeweiligen Gemeinschaft – ihrem Stamm – verbannt. Ich bin mir sicher, Ned würde Ihnen das alles aus einer anthropologischen Perspektive erklären. Ausgestoßen zu werden ist das Schrecklichste, was einem Menschen passieren kann: Der Einzelgänger stirbt.«

»Oder schließt sich einem Stamm anderer Außenseiter an«, ergänzte Masako.

»Genau. Ein Zusammenschluss tickender Zeitbomben. Jeder dieser Ausgestoßenen lodert innerlich vor Zorn.«

»Und die hier hegten alle Groll gegen Finch«, führte Shanti den Gedanken weiter.

»Sie verabscheuten seine Antikriegsideologie, genau wie sein ökologisches Engagement und seine Aversion gegen Uniformen aller Art. Zweifelsohne hat Finch über die Jahre hinweg eine Menge Menschen gegen sich aufgebracht.«

»Er hat Feinde gesammelt wie Tull neolithische Beile und Axthämmer.«

»Ich vermute, die Motocrossspielchen rund um die Steine

waren eine bewusste Provokation«, sagte Caine. »Genau wie das Gebäude, das die Kerle aufgestellt haben, um die Strahlen der aufgehenden Sonne zur Sommersonnenwende zu blockieren.«

»Man könnte sie beinahe als Söldner bezeichnen«, sagte Shanti.

Als das Psycho-Kommando im Mannschaftswagen saß, wurde ein fettbäuchiger Mann mit einem an eine Kumuluswolke erinnernden Bart und einem wallenden Gewand, verziert mit einem feuerspeienden Drachen, herausgeführt. Blinzelnd blickte er ins grelle Tageslicht.

»Der Oberdruide«, sagte Caine. »Er ist der Imker, der diesen wundervollen Honig von den Bienen der Hochebene herstellt. Er hat sich außerdem auf Met spezialisiert. Ich hege keinen Zweifel daran, dass er sich auch mit Schierling und Psilocybin bestens auskennt. Außerdem – welch eigenartiger Zufall – wurde seine Familie in den 1930er-Jahren aus Imber Village exmittiert. Finchs Großvater war damals der Gutsbesitzer von Lovell Court und damit Dorfherr. Ich frage mich, ob Hass tatsächlich vererbt wird.«

Jetzt erschien Troy McAble zwischen zwei Polizistinnen. Er trug Handschellen und machte einen derangierten Eindruck, sein Schnurrbart hing an den Enden schlaff herunter wie die Flügel eines toten Vogels.

Als er sich den Detectives näherte, heftete er den Blick verächtlich auf Caine. Auf Shantis Höhe blieb er stehen und stemmte sich gegen seine beiden uniformierten Begleiterinnen, die ihn weiterziehen wollten.

»Wir hätten Spaß miteinander haben können«, sagte er arrogant. »Schon als ich Sie zum ersten Mal gesehen habe, wusste ich, dass Sie etwas Besonderes sind, Shantala. Eine Göttin. Und ich dachte, Sie würden den alten Troy ebenfalls mögen.«

»Klar, ich hatte immer schon ein Faible für kontrollsüchtige Soziopathen.«

»Das ist die Einstellung, die ich bewundere. Ich bereue nur eins …«

»Und das wäre?«

»Um es militärisch auszudrücken: Ich bedauere, dass ich nie in Ihren Schützengraben eindringen durfte.«

In ihrem peripheren Gesichtsfeld sah Shanti, wie sich bei Caine die Nackenhaare aufstellten – ein ungewohnter Anblick bei einem friedliebenden Mann wie ihm.

»Sie werden jede Menge Zeit haben, diese Fantasie zu genießen, Troy. Ich habe das Gefühl, Ihr nächster Einsatz wird ziemlich lang sein. Bringen Sie ihn weg, bitte«, sagte sie an ihre beiden Kolleginnen gewandt.

Die zwei zogen McAble in Richtung Parkplatz, wo sie ihn in den wartenden Mannschaftswagen schoben und fest die Tür hinter ihm schlossen.

Vielleicht bildete er es sich nur ein, aber für einen kurzen Moment meinte Caine, Shanti sei ein paar Millimeter näher gerückt.

»Ich nehme an, dass er auf eine vordergründige Art attraktiv wirkt«, sagte er.

»Traue nie einem Mann, der keine Kinder mag, das ist mein Credo«, sagte Shanti.

»Ich liebe Kinder.«

»Das weiß ich, Caine. Und nur damit das klar ist: Lassen Sie sich nie einen Schnurrbart wachsen, es sei denn, Sie möchten aussehen wie ein Pornostar aus den Siebzigern. Wie dem auch sei, bei dem Fall gibt es für mich nach wie vor ein monumentales, ungelöstes Mysterium: Wie zur Hölle hat man Finch auf diesen Trillerton hieven können? Der Mann wog gute hundertfünfzig Kilo.«

»Ich denke, Sie kennen die Antwort.«

»Tatsächlich?«

»Sie müssen sie letzte Nacht gehört haben.«

»Ich habe letzte Nacht alle möglichen Geräusche gehört.«

»Apachen.«

»Haben Sie zu viel Met getrunken, Caine?«

»Kampfhubschrauber, Shanti. Am Nachmittag vor der Wintersonnenwende ist Finch mit seinen Hunden von Lovell Court zu seiner Ausgrabungsstelle in der Nähe von Imber Village spaziert, gekleidet in das grüne Gewand des Ilexkönigs. McAble und seine Kumpel haben auf ihn gewartet. Sie haben ihn entführt und in das verlassene Dorf geschafft. Während die Druiden die Feierlichkeiten zum Mittwinter vorbereiteten, haben sie ihn gezwungen, Met, versetzt mit Geflecktem Schierling, zu trinken. Ich hoffe von ganzem Herzen, dass er nichts gespürt hat. Als sich der Schneesturm zusammenbraute, haben sie einen Apache-Helikopter von Everkill nach Imber kommen lassen. Noch vor Tagesanbruch wurde der bewegungsunfähige Aristokrat nach Stonehenge geflogen und auf den Deckstein des Trilithen herabgesenkt. Das erklärt das Fehlen von Fußspuren auf der verschneiten Erde.«

»Und irgendwer hat seinen Bart angehoben und ihm mit dem Feuersteinbeil, auf dem Neds DNA und Fingerabdrücke hafteten, die Kehle durchtrennt?«

»Ich fürchte ja. Die Ex-Polizisten des Psycho-Kommandos wussten genau, wie man sämtliche Spuren verwischt.«

»Ich nehme an, jemand von den GoodGuys-Sicherheitsleuten hat das Beil aus Neds Lager gestohlen …«

»Und später so platziert, dass Dawn es finden musste.«

»Dreister geht's nicht!«, rief Shanti. »Dawn war sich sicher, dass sie beobachtet wurde, und ich hatte das gleiche Gefühl. Ich wette, die haben sich sogar unter die Suchtrupps auf der Hochebene gemischt.«

»Der arme alte Ned«, sagte Caine. »Er hatte die Druiden bereits beleidigt, als er ihnen den Anspruch auf die Steine absprach. Sie wussten, dass er als Meister der Steinmetzkunst galt, und sie wussten auch, dass wir ihn automatisch mit dem Beil in Verbindung bringen würden.«

»Sie meinen, dass *ich* ihn damit in Verbindung bringen würde.«

»Als erfahrene Sammler gingen sie zudem davon aus, dass der Schierling in Finchs Magen den Verdacht gegen Ned noch erhärten würde. Sie wollten ihn zum Sündenbock für alles machen – zum Opferlamm.«

»Aber was ist mit den Hunden?«, fragte Shanti.

»Ganesh konnte wohl entwischen, aber Albion hatte nicht so viel Glück …«

»Und dann haben die Sicherheitsleute von GoodGuys ihn betäubt und in Tulls Rundhütte geschafft, um uns zu warnen und Tull weiter zu belasten.«

»Oh, sehen Sie nur, wer da kommt«, sagte Caine.

»Was für ein wundervoller Anblick«, schwärmte Shanti und verzog die Lippen zu einem zufriedenen Grinsen.

Zwei hochgewachsene Männer verließen das Besucherzentrum. Einer kräftig und korpulent, der andere dürr und schlaksig, mit dicker Brille und im Kamelhaarmantel. Des einen Weste weiß wie der Schnee auf der Hochebene, des anderen Seele schwarz wie die finsterste Finsternis. Sergeant Benno Bennett und Quentin Lovell-Finch.

»Das nennt man Karma, oder, Caine?«

»Ich möchte nicht pedantisch klingen, Shanti, aber Karma ist ein Wort aus dem Sanskrit. Es bedeutet so viel wie ›Handeln‹ oder ›Tat‹, und es wird oft fehlinterpretiert als ›Rache‹ oder ›Gerechtigkeit‹. Jedes Handeln zieht unweigerlich eine Konsequenz nach sich – ›Karmaphala‹, die ›Frucht unseres Handelns‹. Aber Sie haben recht: Eine buddhistische Weisheit besagt, dass man das zurückbekommt, was man gibt. Ganz ähnlich der christlichen Allegorie: Was man sät, das erntet man …«

»Ich ziehe die Rache vor.«

Als das ehrenwerte Parlamentsmitglied sich den DIs näherte, hob es für die Unterwelt die in Handschellen gelegten Hände und zog seinen Filzhut. Dann verbeugte es sich theatralisch, sodass Shanti einen Blick auf die fettigen Haarkaskaden an seinem überkragenden Hinterkopf werfen konnte.

»Es sieht so aus, als gehörte der Sieg Ihnen. *Sic vita est.*«

»Nun, man kann eben nicht immer gewinnen, Quinty.«

»Für den Moment gebe ich mich geschlagen, verehrte Dame, aber nur für den Moment. Ich beschäftige die besten Anwälte, die für Geld zu haben sind. Schon während wir reden, arbeiten sie an einer wasserdichten Strategie, die selbstverständlich eine formelle Beschwerde bezüglich Ihrer Professionalität – oder vielmehr Ihrer mangelnden Professionalität – beinhaltet.«

»Meine Kollegin hat höchst angemessen gehandelt«, widersprach Caine ruhig.

»Ach, Inspector Caliban, abgerissen wie immer. Wissen Sie, was folgender Satz bedeutet? *Vir prudens non contra ventum mingit?*«

»*Ventum* ist das Wort für Wind. *Mingit* bedeutet … uriniert.«

»In der Tat. Das Sprichwort lautet: ›Ein weiser Mann uriniert nicht gegen den Wind‹, Inspector. Eine Warnung an Untergebene, sich nicht mit ihren Vorgesetzten anzulegen, weil sie sonst mit nassen Beinkleidern dastehen. Meine Leute sind zuversichtlich, dass ich in Kürze wieder auf freiem Fuße bin. Sobald dies der Fall ist, werde ich mich daranmachen, diese Ganoven zu vertreiben und Lovell Court seinen früheren Glanz zurückzugeben.«

Er sagte *Beinkleider* und *Ganoven.*

»Ich würde Sie gern mit Masako bekannt machen«, sagte Shanti. »Sie ist ein wichtiges Mitglied unseres Teams. Meines Erachtens hat sie eine steile Karriere vor sich. In den vergangenen Tagen hat Masako uns zum Beispiel einen tiefen Einblick in Ihre Geschäftsaktivitäten gegeben – faszinierende Gutenachtlektüre.«

Jadegrüne Augen zuckten hinter dicken Brillengläsern.

»Ich warne Sie, ich bin ein wichtiger Mann.«

»Es ist sicher nett, wichtig zu sein, Mr. Lovell-Finch, aber noch viel wichtiger ist es, nett zu sein.«

»Ein wundervoller Satz«, schwärmte Caine.

»Bitte führ ihn ab, Benno«, sagte Shanti.

»Mit Vergnügen, Chefin«, erwiderte Benno mit einem breiten Grinsen. »Ich habe doch gesagt, dass ihr ihn am Ende schnappen werdet, du und Vince. Ihr zwei schafft es einfach immer. Ach, übrigens, der Tierarzt hat angerufen: Albion ist wohlbehalten nach Hause zurückgekehrt. Die Bewohner von Evol sind außer sich vor Freude und Erleichterung.«

»Verwenden Sie nicht diesen grässlichen Namen!«, ereiferte sich Quentin Lovell-Finch. »Lovell Court! Das Anwesen heißt Lovell Court!«

Sie beobachteten, wie Benno den schlaksigen Politiker zum Parkplatz führte, wo er in einem separaten Mannschaftswagen Platz nahm.

»Da kommt unser letzter Galgenvogel«, sagte Shanti und wies in Richtung der automatischen Schiebetüren, die gerade ein weiteres Mal auseinanderglitten.

Ein Rollstuhl wurde nach draußen geschoben. Darin saß ein gertenschlankes altes Mädchen in Minirock und Pelzmantel.

»Tiggy Antrobus-Lovell-Finch«, sagte Caine.

»Ich frage mich, ob sie singen wird«, erwiderte Shanti nachdenklich.

Tiggy flatterte mit den spinnenbeinbewehrten Lidern und starrte sie mitleiderweckend an. Sie sagte kein Wort.

»Sie sind sehr still heute Morgen«, stellte Shanti fest. »Als ich Sie das letzte Mal gesehen habe, haben Sie getanzt, als wäre es 1963.«

Der lila Schlapphut senkte sich, doch als sie an den Detectives vorbeigeschoben wurde, meinte Shanti den Anflug eines Lächelns auf den orangeroten Lippen der alten Schauspielerin zu entdecken.

»Ihren letzten Auftritt wird sie im Saal des Obersten Gerichtshofs haben«, sagte Caine. »Vor einem dankbaren Publikum aus Richtern und Geschworenen sowie Medienvertretern aus aller Welt. Ich wäre nicht überrascht, wenn sie die Aufmerksamkeit auf bizarre Weise genießen würde.«

»Denken Sie nur an die ganzen Zeitungsberichte … Die beiden werden doch nicht etwa davonkommen, oder, Caine?«

»Ich hoffe nicht, Shanti. Ich wünschte, ich könnte Ihnen versprechen, dass sie eine gerechte Strafe erhalten, aber Silas ist das beste Beispiel dafür, dass dies längst nicht immer der Fall ist. Der Adel ist nun mal seit Anbeginn aller Zeiten mit fast allem durchgekommen, sogar mit Mord.«

Sie sahen den davonfahrenden Mannschaftswagen nach, die sich der bewachten Schranke näherten. Davor drängten sich die Paparazzi. Kameras blitzten auf, Reporter hielten Mikrofone in die Höhe.

»Können wir *jetzt* nach Hause fahren?«, fragte Shanti.

Caine nickte. »Ich denke schon. Wenn Sie mich in Yeovil absetzen, erwische ich noch den letzten Bus nach Lyme. Von dort gehe ich zu Fuß weiter. Eigentlich müsste ich es noch vor Einbruch der Dunkelheit zur Undercliff schaffen.«

Als sie das Gelände verließen, umringte die Medienmeute zum letzten Mal den Saab. Die Journalisten gierten nach einer saftigen Weihnachtsstory mit sämtlichen fettigen Beilagen.

»Ich empfinde gerade das Gleiche wie Sie in Everkill, Caine. Ich ertrage es einfach nicht«, sagte Shanti.

»Keine Sorge.« Caine warf ihr einen beruhigenden Seitenblick zu. »Es wird Zeit, dass ich meinen Beitrag zur Öffentlichkeitsarbeit leiste.«

»Aber Sie werden seltsame Dinge sagen.«

»Das passt schon. Sie bleiben einfach sitzen. Lassen Sie mich mal machen.«

Er ließ das Fenster hinunter und lächelte in das Gewitter aus Kamerablitzen und donnernden Fragen.

»DI Caine, soeben hat man etwa dreißig Verdächtige abgeführt …«

»Wer von ihnen hat Hector Lovell-Finch ermordet?«

»Das ist kompliziert«, antwortete Caine.

»Könnten Sie sich etwas genauer ausdrücken, Inspector?«

»Lassen Sie uns einfach weiterfahren, Caine«, drängte Shanti.

»Bitte haben Sie Geduld mit mir, Shanti«, bat Caine. »Ich denke, das hier könnte eine glückliche Fügung sein. Ich habe versucht, meinen Traum zu deuten, und gestern Nacht, als Sie auf dem Altarstein geschlafen haben, ist mir endlich die Erleuchtung gekommen. Ich glaube, ich sollte den Augenblick nutzen, um der Welt eine Botschaft zu übermitteln.«

»Um Himmels willen, Caine …«

Aber Caine stieg bereits aus, schlängelte sich zwischen den drängelnden Reportern hindurch zur Front des Saabs und kletterte auf die Motorhaube. Mit flatternden Haaren und Ohrenklappen wandte er sich an die Menge – und an ein millionenfaches Livepublikum.

»Ich danke Ihnen für Ihre Geduld. Ich bin mir sicher, Sie wollen nicht, dass ich einem zukünftigen Prozess vorgreife, daher werde ich nicht auf die Einzelheiten des Falls eingehen …«

»Das verstehen wir, DI Caine. Aber Sie können uns doch bestimmt irgendetwas mitteilen?«

»Wie ist Finch gestorben?«

»Wie ist er auf diesen Stein gekommen, Inspector? Er war ja nicht gerade ein zarter Bursche.«

»Unser Publikum würde gern wissen …«

»Wer hat Hector Lovell-Finch umgebracht – mehr wollen wir doch gar nicht wissen!«

Caine konzentrierte sich auf seine Mitte und wartete auf Inspiration.

»In gewisser Weise«, sagte er nach einer Weile ruhig, »haben wir alle ihn getötet.«

»Was soll das denn bedeuten?«

»Wieso haben wir alle ihn getötet?«

Sie sahen einander an und fingen an zu lachen.

»Ich habe ihn ganz sicher nicht umgebracht.«

»Ich auch nicht.«

»Ich meine, dass es bei diesem Fall um die Fragilität der Natur geht«, erklärte Caine. »Wir alle sind verantwortlich für den Tod des Grünen Königs.«

»Wir können Ihnen nicht ganz folgen …«

Caine räusperte sich und fuhr fort: »Wir wollen gern glauben, unser Planet wäre unsterblich. Dass er ewig besteht. Dass die Erde weiterhin klaglos alles hinnimmt, was wir ihr zumuten, während wir ihre Ressourcen plündern – Regenwälder abholzen, Tiere schlachten, die Ozeane vergiften. Doch die Wahrheit ist …«

»Was ist die Wahrheit, Mr. Caine?«

»Die Wahrheit ist, dass die Erde sehr klein ist und zerbrechlich. Und die Erde ist müde.«

Teleobjektive fingen zwei Tränen ein, die aus seinen dunklen Augen kullerten.

»Haben Sie was geraucht, DI Caine?«

Er schüttelte den Kopf. »Mir geht es gut«, versicherte er dann und fuhr fort: »Vielleicht wird irgendwer da draußen nachvollziehen können, was ich zu sagen versuche. Wenn du mich hören kannst, Sky, dann weiß ich, dass zumindest du es verstehst. Und ich bin fest davon überzeugt, dass Finch es ebenfalls getan hätte.

Du bist die Zukunft, Sky. Du und deine Generation, ihr werdet den Weg weisen …«

»Den Weg wohin, Inspector?«

Die Journalisten schnappten nach Luft.

Caine spürte, wie sich das Blech unter seinen Stiefeln bewegte. Er verlor die Balance und fiel auf die Motorhaube, wo er sich an den Scheibenwischern festhielt. Durch die Windschutzscheibe starrte er Shanti an, die den Wagen entschlossen durch die Menge lenkte.

Mehrere Journalisten nahmen die Verfolgung auf, doch Shanti gab Gas. Caine klammerte sich noch fester, kämpfte um sein nacktes Leben. Als sie die Auffahrt zur A303 erreichten, trat Shanti auf die Bremse und beugte sich aus dem Seitenfenster.

»Steigen Sie ein, Caine. Sofort.«

»Selbstverständlich, Shanti. Sind Sie wütend auf mich?«

»Wovon zur Hölle haben Sie da geredet? ›Wir alle sind verantwortlich für den Tod des Grünen Königs …‹«

»Aber es ist die Wahrheit!«

»Caine, können Sie mir einen Gefallen tun? Einen klitzekleinen Gefallen?«

»Aber sicher, Shanti. Alles, was Sie wünschen.«

»Tun Sie nichts, Caine. Sagen oder tun Sie nur ein einziges Mal in Ihrem bescheuerten Buddhistenleben *nichts*. Bleiben Sie einfach still sitzen, bis wir in Yeovil sind. Und wenn Sie unterwegs einen Laden sehen, der offen hat, und sei es auch nur eine Tankstelle, wo ich meinem Sohn etwas annähernd Weihnachtliches kaufen kann, dann geben Sie Bescheid. Aber sonst sagen Sie nichts. Warten Sie einfach im Auto auf mich …«

»Es tut mir leid, Shanti, aber etwas muss ich noch sagen. Erinnern Sie sich daran, dass ich Ihnen erzählt habe, Ned habe ein Geschenk für Paul gebastelt? Ich habe es in den Kofferraum gelegt, neben das schöne rote Kleid.«

In Shantis Handtasche vibrierte das Handy.

»Wenn das Mum ist, sagen Sie ihr bitte nicht, dass sie für die Zerstörung des Planeten verantwortlich ist und dass ihre Tochter die halbe Nacht als Druidenopfer auf einem Altarstein verbracht hat … Verflixt, wo ist denn bloß das Telefon?«

»Ich werde nichts Falsches sagen, Shanti, das verspreche ich. Ich würde ihr nur gern frohe Weihnachten wünschen. Lassen Sie mich mal sehen … Hier ist es doch, warten Sie, ich stelle auf Lautsprecher.«

Ammas Stimme füllte das Wageninnere.

»Shanti? Bist du endlich unterwegs?«

»Ja, Mum.«

»Du musst erschöpft sein, Liebling.«

»Mir geht es gut.«

»Ist Vincent bei dir? Mir geht es immer besser, wenn du mit ihm zusammen bist. Ich habe den Eindruck, ihr passt aufeinander auf.«

»Hallo, Amma«, sagte Caine. »Wie geht es Ihnen?«

»Mir geht's gut. Wie schön, Ihre Stimme zu hören, Vincent. Möchten Sie uns beim Essen Gesellschaft leisten? Ich weiß, dass Paul begeistert wäre.«

»Ein unglaublicher Junge …«

»Caine muss nach Hause, Mum. Er ist Hals über Kopf mitten in einer Meditation aufgebrochen, die er unbedingt zu Ende bringen muss.«

»Paul hat geweint, Shanti.«

»Ach du liebe Güte! Ist er da? Kann ich ihn sprechen?«

»Er will nicht mit dir reden.«

»Bitte, Mum. Ich bin in einer Stunde zu Hause. Paul? Paul, bist du da?«

»Was?«, klang eine mürrische Kinderstimme aus dem Lautsprecher.

»Paul, hör zu, mein Schatz …«

»Du hast es versprochen. Du hast mir das beste Weihnachtsfest aller Zeiten versprochen!«

»Aber Weihnachten ist morgen, Liebling. Heute ist doch bloß Heiligabend.«

»Du bist eine blöde Mum.«

»Oh, Paul, das ist nicht fair!«

»He, Paul«, schaltete sich Caine dazwischen. »Wie geht es dir? Warte nur, bis ich dir erzähle, was deine Mum unterdessen so alles gemeistert hat. Ich verrate nur so viel: Eine Menge Cops glauben, dass sie Superkräfte hat. Du wirst so stolz auf sie sein!«

»Sie hat mir das beste Weihnachtsfest aller Zeiten versprochen. Jetzt ist es zu spät, um zu Dad zu fahren, und jetzt werden wir gar nicht Weihnachten feiern.«

»Du solltest deine Mum nicht unterschätzen, Paul. Ich sage dir: Sie ist eine Superheldin. Wenn sie dir das beste Weihnachtsfest aller Zeiten versprochen hat, dann wirst du genau das bekommen.«

»Wirklich?«

»Vertrau mir, Paul. Vertrau deiner Mum. Aufgeregt?«

»Vielleicht.«

»Sie wird bald bei dir sein. Und jetzt musst du alles vorbereiten, denn sie hat sehr hart gearbeitet und möchte sich etwas ausruhen … wie der Weihnachtsmann. Du könntest ihr eine Tasse Tee machen. Habt ihr Plätzchen gebacken? Mince Pies? Wie wär's mit einem Superwoman-Schaumbad?«

»Okay.«

»Und, Paul …«

»Ja?«

»Bleib nicht zu lange auf. Du weißt, warum?«

»Weihnachten.«

»Genau. Ein magischer Tag.«

»Alles klar, Vince.«

»Prima, Paul.«

Er drückte das Gespräch weg.

»Tut mir leid, Shanti. Ich weiß, dass ich nichts sagen sollte.«

»Ach, jetzt ist es auch schon egal. Danke, dass Sie versucht haben, ihn aufzubauen. Ich muss zugeben, er klang am Ende schon ein kleines bisschen fröhlicher. Sie können wirklich gut mit Kindern umgehen, Caine, das muss man Ihnen lassen. Allerdings verstehen Sie nicht, dass Sie möglicherweise psychische Narben schlagen, wenn Sie ihm Hoffnungen machen, die Sie doch nicht erfüllen können. Ich will nicht, dass er so wird wie McAble.«

»Paul kommt klar. Er ist ein großartiger Bursche. Sie haben wirklich einen ausgezeichneten Job gemacht, Shanti.«

»Danke, aber was zum Teufel soll ich morgen tun?«

»Oh, uns wird schon etwas einfallen.«

»Uns wird schon etwas einfallen? Was soll das denn heißen? Im Grunde ist es doch längst zu spät …«

Endlich fuhren sie durch die leeren, grauen Straßen von Yeovil. An der Ecke zu Shantis Haus nahm Caine seinen Leinenbeutel, setzte die Fliegermütze auf und stieg aus, dann hob er grüßend die Hand und machte sich auf den Weg über die matschige Straße.

Shanti ließ das Seitenfenster hinunter.

»Warten Sie eine Minute!«, rief sie ihm hinterher.

»Was ist denn, Shanti?«

»Sie haben meine Frage nicht beantwortet. Was zum Teufel soll ich morgen tun? Es ist Weihnachten, wenn Sie verstehen, was ich damit meine. Ihnen mag das vielleicht nichts bedeuten, aber die zukünftige Beziehung zu meinem Sohn hängt davon ab!«

Er trat ans offene Fenster und beugte sich zu ihr.

»Wie ich schon sagte, Shanti, es ist ganz einfach …«

Er teilte ihr mit, was er sich überlegt hatte, dann ging er zur Bushaltestelle.

Und der einsame Buddhist nahm den letzten Bus nach Lyme Regis.

Kapitel fünfunddreißig

DAS WEIHNACHTSGESCHENK

Schnee.
Leise rieselte der Schnee.

Leise rieselte der Schnee auf die Undercliff in Lyme Regis.

Zunächst bildete sich eine leichte Puderzuckerschicht auf den gefrorenen Bäumen, dann tanzten dicke Flocken durch die Luft. In den frühen Morgenstunden erhob sich der achtsame Mr. Caine aus seinem Bett und setzte den Wasserkessel auf.

Auf seinem Teebecher stand: *Nichts klingt so gut wie* OM.

Als er sich gewaschen und rasiert hatte, trat er ans Bücherregal und suchte den Band heraus, den der alte Meister Tu ihm vor so langer Zeit geschenkt hatte. Anschließend blätterte er die Seiten durch, bis er auf die Passage von Cheng-Li stieß, die ihm schon die ganze Woche über durch den Kopf gegeistert war.

Da war sie. Kürzer und noch perfekter, als er sie in Erinnerung hatte. Er las die Worte sorgfältig, dann legte er das aufgeschlagene Buch auf den Schrein. Mit übereinandergeschlagenen Beinen setzte er sich auf das Meditationskissen, danach las er sie noch einmal. Es ging um den Zustand des Dukkha, des Leidens …

Wenn ihr traurig seid, lasst den Grund für eure Traurigkeit los.

Was war es, was ihn traurig machte? Die Polizeiarbeit? Vielleicht. Shanti? Nein, sie bescherte ihm mehr Glück, als er ertragen konnte.

Er schloss die Augen und tauchte endlich in den Zustand der Ruhe ein, der unter den Worten liegt.

Und als er wieder an die Oberfläche fand, war sein Zuhause voller Licht.

Caine stand auf, band sich eine Schürze um und putzte die Hütte, dann fing er an, eine Mahlzeit zuzubereiten. Mehr als eine Mahlzeit – ein Festessen. Und während er den Tisch mit Ilexzweigen schmückte, deren Beeren rot glänzten wie Blut, dachte er voller Wärme an den Mann, den er nie hatte kennenlernen dürfen – den Ilexkönig, Hector Lovell-Finch.

Irgendwann hörte er, wie vom Wald her Stimmen herüberschallten, die ein Weihnachtslied sangen.

Caine schob eine Kasserolle in den Ofen und trat ans Fenster, um das Winterwunderland zu bewundern, das sich vor ihm erstreckte.

Auf dem kurvenreichen Küstenpfad sah er drei Gestalten – zwei Frauen und einen Jungen auf einem handgefertigten Schlitten –, die zur Hütte heraufstapften.

In Lyme Regis hatten Shanti, Amma und Paul den Sonnenaufgang über der »Cobb« betrachtet, der mächtigen Hafenmauer, die sich weit ins Meer hineinschlängelte – rosa, orange und malvenfarben.

Anschließend hatten sie sich aufgeregt auf die Wanderung über den verschlungenen Küstenpfad gemacht, der durch den weißen Urwald der Undercliff führte. Eine Stunde später hatten sie den Ort erreicht, an dem ein einsamer Schornstein in die Höhe ragte. Shanti schaute hinauf zu Caines Holzhütte, von der aus man bis zum Horizont blicken konnte.

»Paul, ich schaffe es nicht, dich den Hügel hochzuziehen«, sagte sie. »Du wirst den Schlitten hierlassen müssen. Stell ihn doch hinter den Baum dort drüben.«

»Und was, wenn ihn jemand klaut, Mum?«

»Wer sollte ihn klauen, Schatz? Hier ist doch weit und breit keine Menschenseele. Niemand außer Caine.«

Als sie den steilen Aufstieg begannen, bemerkte Shanti plötzlich etwas Außergewöhnliches. Auf dem Dach neben dem Schornstein saß eine riesige, einsame Kreatur. Ein Bussard, der nun die Flügel ausbreitete, träge über ihre Köpfe hinwegsegelte und sie mit einem klagenden *Bijäää, bijäää!* begrüßte.

Shanti sah, wie ein hochgewachsener Mann ans Fenster der Hütte trat, eine dunkle Silhouette vor dem hell erleuchteten Inneren, und zu ihnen herabblickte. Als er sie entdeckte, fing sein Gesicht an zu strahlen wie die aufgehende Sonne über der Hafenmauer.

Das war gefährlich. Es war verrückt. Caine war ihr Kollege. Noch dazu ein nervtötender. Polizisten träumten nicht. Und sie verliebten sich nicht.

Paul rannte ihnen voran und blieb neben dem Eingang zur Hütte stehen.

Herrje, als wären die Baumwurzeln nicht schon gefährlich genug, hatte das Eis den Pfad noch dazu in eine Skipiste verwandelt. Das war sicher eine Gefahr für Leib und Leben, und sie hätte darauf gewettet, dass Caine nicht einmal eine Haftpflichtversicherung abgeschlossen hatte.

Und da war er, kam herausgeeilt, um sie zu begrüßen. Er umarmte und küsste den Jungen und hielt sich an dem Seil fest, das als eine Art Handlauf diente. Sie zogen und schoben Amma nach oben, die keuchte und schnaufte und lachte.

»Es ist so schön, euch zu sehen«, sagte er, als sie drinnen waren. Seine Stimme zitterte vor Emotionen.

Amma, die noch nie hier zu Besuch gewesen war, bekam eine Führung von Paul.

»Und ich schlafe in der Hängematte auf der Terrasse!«, rief er.

»Heute Nacht nicht«, widersprach Caine. »Es ist viel zu kalt draußen.«

»Oh. Müssen wir heute Abend etwa wieder nach Hause fahren?«, fragte er enttäuscht.

»Wir könnten die Hängematte drinnen befestigen«, schlug Caine vor. »In der Nähe des Ofens vielleicht.«

»Dürfen wir hierbleiben?«, quengelte Paul. »Bitte! Bitte!«

»Ich muss zugeben«, sagte Shanti, als sie Caine ihre Jacke reichte, »es sieht sehr gemütlich aus. Kuschelig.«

»Ja, und es duftet herrlich!«, pflichtete Paul ihr bei.

»Gewürznelken«, sagte Caine. »Und ein Weihnachtsessen. Bitte setzt euch, während ich zu Ende koche.«

»Ich wusste gar nicht, dass Buddhisten Weihnachten feiern«, sagte Amma und machte es sich mit einem Glas Sherry bequem.

»Ich sage es nur ungern«, sagte Caine, »aber ich denke, die Christen haben das Fest von den Heiden geklaut. Mittwinter wird in fast jeder Kultur gefeiert.«

»Ich finde das wundervoll«, schwärmte Amma. »Es gibt sogar ein echtes Kaminfeuer!«

»Für das Julfeuer müssen wir unseren Freunden, den Druiden, danken«, sagte Caine.

»Er hat das D-Wort ausgesprochen«, knurrte Shanti.

»Tut mir leid, Shanti. Aber mal ganz im Ernst: Druiden sind wunderbare Menschen. Vergessen Sie nicht, ihnen haben wir die beste Weihnachtstradition von allen zu verdanken …«

»Ach ja? Und die wäre?«

Caine sah sich in der Hütte um.

»Ach, ich habe etwas vergessen. Darum kümmere ich mich später. Vielleicht kann Paul mir helfen … So, jetzt hoffe ich erst einmal, dass ihr ordentlich Hunger mitgebracht habt!«

»Ich bin am Verhungern!«, rief Paul.

»Ich auch«, pflichtete Shanti ihm bei. »Es ist eine ganz schön lange Strecke bis hierher. Ich gehe davon aus, dass für das Festmahl kein Tier gestorben ist?«

Als sie gegessen hatten – Paul hatte sich zweimal einen Nachschlag geben lassen –, tauschten sie Geschenke aus, darunter Becher mit ulkigen Sinnsprüchen und Honig von den Bienen der Hochebene – *Bienehmt euch an Weihnachten* stand auf dem Etikett –, außerdem ein signiertes *Unsere Nachbarn aus der Jungsteinzeit*-Buch und ein richtiges Feuersteinbeil (nicht zu scharf) für Paul.

»Shanti ist eingeschlafen«, flüsterte Amma. »Ich glaube, sie hat während der Ermittlungen kein Auge zugetan. Vincent, glauben Sie, Sie könnten sie hochheben und aufs Bett legen?«

»Vielen Dank, das ist nicht nötig«, sagte Shanti und schlug ein Auge auf.

»Eine kleine Pause täte Ihnen sicher gut«, pflichtete Caine Amma bei.

»Vielleicht ziehe ich mich ein wenig zurück und lese etwas«, überlegte Shanti. »Haben Sie irgendwelche Magazine da, Caine?«

»Leider nein«, antwortete er. »Aber bevor ihr kamt, habe ich in einem hervorragenden Buch geschmökert …«

Er trat an den Schrein und reichte ihr den Band, der dort lag, dann führte er sie in sein Schlafzimmer, wo die Laken so weiß waren wie Schnee. Bevor sie in den Schlaf driftete, stellte sie fest, dass allem – dem Zimmer, dem Bett und sogar dem merkwürdigen Buch – ein lieblicher Duft anhaftete. Es roch nach ihm, dem Mann namens Caine.

»Vincent«, sagte Amma, als er leise die Schlafzimmertür hinter sich geschlossen hatte. »Sie dürfen nicht aufräumen. Es ist mir ein Vergnügen, das nach diesem köstlichen Mahl für Sie zu übernehmen.«

Also zogen Paul und Caine ihre Stiefel und Mäntel an und setzten ihre Mützen auf, dann rutschten sie den steilen Pfad hinunter, um den Schlitten zu holen, den Professor Ned Tull mit großer Sorgfalt für Paul gebaut hatte. Er war nicht gestohlen worden.

Caine zog den Jungen durch den glitzernden Wald und zeigte ihm, dass der Schnee einer Buchseite glich: eng beschrieben mit Spuren von Tieren, die erzählten, was am Abend zuvor passiert war.

Paul lag auf dem Rücken auf seinem Schlitten und blickte hinauf durch das löchrige Dach des Waldes, wo ein Bussard am Himmel kreiste, die Flügel ausgebreitet wie die Arme eines Himmelseisläufers.

Sie hörten seinen langen, einsamen Ruf: *Bijäää! Bijäää!*

Aus ihren Nestern in den Ästen der Bäume flatterte eine Schar Krähen, bereit, den majestätischen Vogel zu piesacken.

»Was machen die Vögel da, Caine?«

»Die Krähen ärgern den Bussard. Es ist ihr Territorium, deshalb versuchen sie, ihn zu verscheuchen.«

»Aber sie werden ihn verletzen, Vincent.«

»Nein, er lässt sich nicht verletzen. Dafür ist er viel zu schlau. Warte …«

Mit Zen-ähnlicher Ruhe machte sich der Bussard die Thermik zunutze, erhob sich anmutig über den Abgrund und schwebte über den milchigen Ozean.

Vom Rand der Klippen sahen Caine und Paul zu, wie er durch die Luft segelte. Zu ihrer Freude gesellte sich ein Partner zu dem einsamen Vogel, und die beiden Bussarde glitten zusammen über den eisblauen Himmel.

»Draußen ist es schon dunkel«, stellte Shanti fest. »Habe ich lange geschlafen?«

Caine hatte ihr Tee ans Bett gebracht, in einer ordentlichen Tasse mit Untertasse.

»Der Wind hat aufgefrischt«, sagte er. »Ich fürchte, ihr könnt heute nicht nach Hause zurückkehren. Ich hoffe, Sie haben nichts dagegen, dass ich ein Bett für Amma auf dem Sofa hergerichtet habe. Paul und sie schlafen schon.«

»Ich hätte Paul ohnehin nicht aus dieser Hängematte bekommen. Wissen Sie, was er zu mir gesagt hat? Ich hätte weinen können …«

»Erzählen Sie's mir.«

»Er hat gesagt, heute sei das magischste Weihnachten aller Zeiten.«

»Ich dachte, das Wort wäre verboten, Shanti.«

Sie nippte an ihrem Tee und lauschte dem fernen Seufzen der Wellen.

»Erinnern Sie sich, dass ich sagte, Polizisten würden nicht träumen?«

»Sie arbeiten. Dann schlafen sie. Dann arbeiten sie wieder.«

»Genau. Bloß dass mir in letzter Zeit so vieles, was ich erlebt habe, vorgekommen ist wie ein Traum. Gestern Nacht, heute Morgen, wann immer das war, als ich auf diesem verdammten Altar geschlafen habe …«

»Sie haben so schön ausgesehen, Shanti.«

»Habe ich mir das nur eingebildet, oder haben Sie meine Hand gehalten?«

»Oh! Es tut mir leid. Das ist unverzeihlich. Ich hätte um Erlaubnis bitten müssen. Ich habe das zweite sittliche Gebot vergessen …«

»Das zweite was?«

»Das zweite sittliche Gebot besagt, dass man nicht nehmen soll, was einem nicht zusteht. Aber Sie haben geschlafen, deshalb … Nein, das klingt noch schlimmer.«

»Herrgott, Caine. Es hat mir gefallen. Jetzt halten Sie doch mal für eine Minute die Klappe.«

»Sie haben ins Buch geschaut, Shanti«, sagte er und hob es vom Boden auf. »Was halten Sie davon?«

»Ich werde nicht recht schlau daraus, aber es hat mir beim Einschlafen geholfen.«

»Ich habe Ihnen etwas aus dem Wald mitgebracht. Ein Geschenk von den Druiden. Um Ihnen zu zeigen, dass sie gar nicht so schlimm sind.«

»Dann ist es also kein Schierling? Oder Psilocybin? Darauf habe ich heute Abend so gar keine Lust.«

Caine zog einen Zweig hinter seinem Rücken hervor – dunkles Viridiangrün mit elfenbeinfarbenen Perlen.

»Ein Mistelzweig«, sagte Shanti.

»Eine alte Mittwintertradition. Doch natürlich bedeutet das nicht, dass wir uns jetzt ...«

»Was, Caine?«

»Sie wissen schon – dass wir die alte Tradition befolgen müssen. Das ist bloß optional. Alles ist optional. Man hat immer eine Wahl.«

Um ihn zum Schweigen zu bringen, schob Shanti ihre Finger in die langen Strähnen in seinem Nacken. Ihre Fingernägel brachten ihn dazu, aufzustöhnen. Caine ließ das Buch erneut fallen, das aufgeschlagen auf dem Holzboden liegen blieb, aufgeschlagen bei der weisen Passage von Cheng-Li.

Als Shanti ihn enger an sich zog, fielen sämtliche Sorgen und Ängste von ihr ab. In diesem Moment gab es keinen Schmerz. Kein Leid. Keine Trauer. Keinen Tod.

Die weltlichen Winde wehten durchs Leere.

Und die Welt war voller Liebe.

Ihr fühlenden Wesen, die ihr nach Erlösung strebt –
warum lasst ihr nicht los?
Wenn ihr traurig seid,
lasst den Grund für eure Traurigkeit los.
Seid ihr lüstern oder gierig,
lasst das Objekt eurer Begierde los.
Seid frei von euch selbst,
von Augenblick zu Augenblick.
Wo kein Selbst ist,
kann kein Leid sein, keine Begierde.
Die weltlichen Winde wehen durchs Leere.
Wem können sie schaden?

Cheng-Li

Inneren Frieden bringt nur der Tod

LAURENCE ANHOLT

DER ACHTSAME MR. CAINE

und das allerletzte Lied

KRIMINALROMAN

Auf dem Glastonbury Festival steigt die Spannung, als die Band Stigma auftritt, denn zwischen den beiden Bandleadern, den Brüdern Flynn, schwelt der Hass. Gerade stimmen sie ihren Hit While My Guitar Gently Kills an, da erleuchtet ein Blitz die Szene – und Ethan Flynn wird von seiner eigenen Gitarre durch einen Stromschlag getötet.
Zen-Ermittler Vincent Caine hatte sich eigentlich auf ein entspanntes Festival gefreut. Nur widerstrebend lässt er sich von Detective Shanti Joyce in die Ermittlungen hineinziehen. Doch dann packt ihn der Jagd-instinkt: Wer hat diesen spektakulären Bühnentod in Szene gesetzt?

Tauchen Sie ein in die Welt dieses liebenswert-schrägen Ermittlers, des achtsamen Mr. Caine.

KNAUR

»Ich setze auf die fröhlichen Seiten des Lebens!«
Alexander McCall Smith

ALEXANDER MCCALL SMITH

DER TALENTIERTE HERR VARG

KRIMINALROMAN

Kommissar Ulf Varg vom Dezernat für heikle Fälle hat das Gefühl, ganz Schweden steht Kopf. Es gilt, einen mysteriösen Fall von Erpressung zu lösen, in den Schwedens berühmtester Schriftsteller verwickelt scheint. Gleichzeitig bereitet ihm ein gewitzter Betrüger Kopfzerbrechen, der Hunde als Wölfe ausgibt. Doch Kommissar Varg kommt nicht dazu, einen klaren Gedanken zu fassen, stört Kollege Blomquist doch seine Konzentration mit hochnotpeinlichen Gesundheitstipps, und die Depressionen seines ebenso treuen wie taubstummen Hundes Martin tun ihr Übriges dazu …

»McCall Smith hat ein feines Gespür für [...] menschliche Eigenarten und bizarre Details aus dem Alltag.«
Independent

»Wunderbar humorvoll, beruhigend und entspannend.«
Telegraph

KNAUR